普通高等教育农业农村部"十三五"规划教材

生产建设项目水土保持

苏芳莉　孟繁斌　主编

内 容 简 介

本教材为普通高等教育农业农村部"十三五"规划教材。本教材在借鉴已有教材成果和相关规范标准基础上，首先对生产建设项目水土保持进行了概述，然后系统阐述了生产建设项目水土流失、水土保持调查与勘测、水土保持方案、水土保持后续设计、水土保持监测、水土保持监理和水土保持设施验收的内容及要点，同时，教材还引入了多个生产建设项目水土保持工程典型案例，及时准确地反映了行业发展趋势，增强了教材的时效性和应用性，既凸显了学科前沿，又体现了经典内容与生产实践的有机结合。

本教材主要适用于高等院校水土保持与荒漠化防治及相关专业的本科及研究生阶段的教学使用，其他从事生产建设项目水土保持管理、施工、技术审查、方案编制、勘测设计、监测、监理和验收工作的人员也可参考使用。

图书在版编目（CIP）数据

生产建设项目水土保持 / 苏芳莉，孟繁斌主编. — 北京：中国林业出版社，2023.8
普通高等教育农业农村部"十三五"规划教材
ISBN 978-7-5219-2306-3

Ⅰ.①生…　Ⅱ.①苏…②孟…　Ⅲ.①基本建设项目-水土保持-高等学校-教材　Ⅳ.①S157

中国国家版本馆 CIP 数据核字（2023）第 158869 号

策划、责任编辑：范立鹏
责任校对：苏　梅
封面设计：周周设计局

出版发行：中国林业出版社
　　　　　（100009，北京市西城区刘海胡同7号，电话 010-83143626）
电子邮箱：cfphzbs@163.com
网　址：www.forestry.gov.cn/lycb.html
印　刷：北京中科印刷有限公司
版　次：2023年8月第1版
印　次：2023年8月第1次
开　本：787mm×1092mm　1/16
印　张：14.5
字　数：345千字
定　价：48.00元

《生产建设项目水土保持》编写人员

主　　编：苏芳莉　孟繁斌

副主编：刘　霞　王　健　杨　光　吕　刚　马　力
　　　　张　帆　樊　华　罗　腾　周丽丽　宋　飞

编写人员：（按姓氏笔画排序）
　　　　马　力（长江勘测规划设计研究有限责任公司）
　　　　王　宇（吉林农业大学）
　　　　王　健（西北农林科技大学）
　　　　尹元银（长江勘测规划设计研究有限责任公司）
　　　　吕　刚（辽宁工程技术大学）
　　　　刘　霞（南京林业大学）
　　　　安淳淳（山东农业大学）
　　　　苏芳莉（沈阳农业大学）
　　　　李海福（沈阳农业大学）
　　　　杨　光（内蒙古农业大学）
　　　　杨绮梦頔（南京林业大学）
　　　　宋　飞（沈阳农业大学）
　　　　张　帆（黄河勘测规划设计研究院有限公司）
　　　　张　雪（长江勘测规划设计研究有限责任公司）
　　　　张冬梅（江河水利水电咨询中心有限公司）
　　　　张庆玮（西北农林科技大学）
　　　　罗　腾（江河水利水电咨询中心有限公司）

周丽丽(沈阳农业大学)
孟繁斌(水利部水利水电规划设计总院)
赵　欣(江河水利水电咨询中心有限公司)
贾玉华(沈阳农业大学)
高春泥(长江勘测规划设计研究有限责任公司)
崔海英(江河水利水电咨询中心有限公司)
谢艾楠(水利部松辽水利委员会流域规划与政策研究中心)
樊　华(水利部水利水电设计总院)
薛建慧(黄河勘测规划设计研究院有限公司)

主　审：贺康宁(北京林业大学)
李世锋(浙江省水利水电勘测设计院有限责任公司)

前　言

水土资源是人类赖以生存和发展的基本物质条件，也是生态文明建设的空间载体。党的十八大以来，生态文明建设得到了党中央及社会各界的高度重视，党的十九大报告又提出了"推动绿色发展，促进人与自然和谐共生"的发展要求，以满足人民日益增长的美好生活和优美生态环境需要。当前，各类基础设施建设和资源开发利用活动频繁，人为水土流失防治形势十分严峻。切实加强生产建设项目水土保持监督管理，严格实行水土保持"三同时"制度，有效防治人为水土流失是落实推动生态文明建设的有效途径。

生产建设项目在建设和生产过程中，不可避免地对原地表造成扰动，造成不同形式、不同程度的水土流失，导致水土资源的破坏和损失。生产建设项目的这一特点以及生态文明建设的需求，决定了生产建设项目水土保持在水土保持与荒漠化防治专业课程体系中不可或缺的地位与作用。同时，随着经济社会和科学技术的发展，新的水土保持理念和技术需要及时纳入该专业的教学当中，以满足国家和社会对水土保持人才的需求。为进一步完善水土保持与荒漠化防治专业课程体系，推动该专业教学的规范化和科学化，根据普通高等教育农业农村部"十三五"教材规划编写本教材。

本教材参考了最新国家和行业标准规范，包括《生产建设项目水土保持技术标准》（GB 50433—2018）、《生产建设项目水土流失防治标准》（GB/T 50434—2018）、《水土保持工程调查与勘测标准》（GB/T 51297—2018）、《水土保持工程设计规范》（GB 51018—2014）以及《水利水电工程水土保持技术规范》（SL 575—2012），借鉴了《水土保持设计手册（生产建设项目卷）》，同时引入了"十三五"以来正在实施或已完工的多个工程案例，增强了教材的规范性、时效性和实用性，以满足当前和未来生产建设项目水土保持教学和相关工作的需求。

本教材由苏芳莉、孟繁斌担任主编，刘霞、王健、杨光、吕刚、马力、张帆、樊华、罗腾、周丽丽、宋飞担任副主编。各章编写分工如下：第1章由杨光、宋飞、李海福编写；第2章由刘霞、杨绮梦頔、李海福编写；第3章由周丽丽、安淳淳、谢艾楠编写；第4章由马力、高春泥、张雪、尹元银编写；第5章由张帆、薛建慧编写；第6章由王健、贾玉华、张庆玮编写；第7章由吕刚、王宇编写；第8章由樊华、罗腾、崔海英、赵欣、张冬梅编写。全书最后由苏芳莉和宋飞进行了统稿，贺康宁教授和李世锋教授级高级工程师担任本教材的主审。

本教材在编写中引用了大量的论文、专著、教材和生产建设实践成果，因篇幅所限未能一一列出，谨向作者表示诚挚谢意。在本教材即将出版之际，谨向所有关怀、支持和参与编写出版工作的领导、专家和参与者们表示感谢。限于我们的知识水平和实践经验，遗漏和缺点在所难免，期望广大读者在使用过程提出批评和建议，以期进一步完善。

苏芳莉　孟繁斌
2023 年 2 月

目 录

前 言

第1章 生产建设项目水土保持概述 (1)
1.1 概念 (1)
1.2 生产建设项目分类 (1)
1.3 水土流失及危害 (4)
1.4 水土保持 (4)
1.5 相关法律法规 (7)
1.6 不同建设阶段的工作内容 (9)

第2章 生产建设项目水土流失 (14)
2.1 概述 (14)
2.2 水土流失的特点 (18)
2.3 水土流失的形式及危害 (23)
2.4 水土流失防治目标、指标及标准 (30)

第3章 生产建设项目水土保持调查与勘测 (36)
3.1 概述 (36)
3.2 水土保持调查 (38)
3.3 水土保持测量 (49)
3.4 水土保持勘察 (51)
3.5 调查与勘测的主要技术 (58)

第4章 生产建设项目水土保持方案 (64)
4.1 概述 (64)
4.2 水土保持方案编制 (66)

第5章 生产建设项目水土保持后续设计 (123)
5.1 水土保持后续设计概述 (123)
5.2 水土保持后续设计流程 (125)
5.3 水土保持后续设计要求 (128)
5.4 水土保持后续设计管理 (131)

第6章 生产建设项目水土保持监测 (133)
6.1 概述 (133)
6.2 监测范围、时段与内容 (137)
6.3 监测方法与频次 (141)
6.4 监测点布设 (155)
6.5 重点监测对象 (158)
6.6 监测实施方案制订与监测报告编制 (162)

第7章 生产建设项目水土保持监理 (167)
7.1 概述 (167)
7.2 监理机构、人员及设施 (169)
7.3 监理工作程序、方法和制度 (172)
7.4 主要监理内容 (175)
7.5 监理成果编写 (192)

第8章 生产建设项目水土保持设施验收 (200)
8.1 概述 (200)
8.2 资料收集 (206)
8.3 现场查勘 (207)
8.4 实施情况分析 (214)
8.5 验收报告 (218)
8.6 现场验收与报备 (218)

参考文献 (223)

第1章

生产建设项目水土保持概述

1.1 概念

基本建设项目简称建设项目,指在一个场地或几个场地上,按照一个独立的总体设计兴建的一项独立工程,或若干个相互有内在联系的工程项目的总体。根据《中华人民共和国水土保持法》(以下简称《水土保持法》)以及相应工作任务要求,对建设项目在建设或生产过程中可能引起水土流失的,要采取措施预防、控制和治理生产建设活动导致的水土流失,减轻对生态环境可能产生的负面影响,防止水土流失危害。对这类可能产生水土流失的建设项目,统称为生产建设项目或开发建设项目,本教材统一称其生产建设项目。

1.2 生产建设项目分类

(1) 按行业管理及建设生产特点分类

根据我国现行的生产建设项目行业管理和建设生产特点,可将生产建设项目大致划分为16类:公路铁路工程、涉水交通工程、机场工程、电力工程、水利工程、水电工程、金属矿工程、非金属矿工程、煤矿工程、煤化工工程、水泥工程、管道工程、城建工程、林纸一体化工程、农林开发工程和移民工程。

(2) 按项目布局及水土流失分布特征分类

根据生产建设项目的布局及可能造成水土流失的分布特征,生产建设项目可分为线型生产建设项目和点型生产建设项目。

①线型生产建设项目。指布局跨度大、呈线状分布的公路、铁路、管线(输水、油、气等)、输电线路、渠道等生产建设项目。

②点型生产建设项目。指布局相对集中、呈点状分布的火力发电、水利枢纽、煤炭、冶金、核电等生产建设项目。

除上述线型生产建设项目和点型生产建设项目外,还有一些项目属于点线结合型。例如,在采选冶炼一体的矿山项目中,采矿场、选矿厂、尾矿库、冶炼车间均属于点型生产建设项目,连接选矿厂与冶炼车间的精矿输送管线、连接选矿厂与尾矿库之间的尾矿输送管线属于线型生产建设项目；又如在供热项目中，锅炉房、储煤间等属于点型生产建设项目，而供热管线则属于线型生产建设项目。

(3) 按建设性质分类

生产建设项目按建设性质不同可划分为新建项目、扩建项目、改建或更新改造措施项目、迁建项目和恢复项目。

①新建项目。指根据国民经济和社会发展的近远期规划，按照规定的程序立项，从无到有，新开始建设的项目。对原有的建设项目扩建，其新增加的固定资产价值超过原有全部固定资本价值3倍的，也属于新建项目。

②扩建项目。指企业为扩大原有产品的生产能力和效益，或增加新产品的生产能力和效益而增建的生产车间、独立生产线；行政事业单位增建的业务用房等。

③改建或更新改造措施项目。列入基本建设计划的称为改建项目，列入更新改造措施计划的称为更新改造措施项目。

a. 改建项目。指企业、事业单位对现有设施、工艺条件进行技术改造或更新的项目。现有企业原有产品生产作业线由于各工序(车间)能力不平衡，为填平补齐充分发挥原有生产能力而增建或扩建一些附属、辅助车间或非生产性工程，应作为改建项目。现有企业、事业、行政单位增建或扩建部分公用辅助工程或生活福利设施也作为改建项目。改建项目将扩大原有固定资产规模，但一般不增加主要产品的生产能力或效益。

b. 更新改造措施项目。指经国家或主管部门批准的具有独立设计文件的固定资产更新、技术改造措施项目，或企业、事业单位及其主管部门制订的具有独立发挥效益的更新改造措施计划方案内所包括的全部工程项目。

④迁建项目。指原有企业、事业单位根据自身生产经营和事业发展的需要，按照国家调整生产力布局的经济发展战略需要或出于环境保护等各种原因，迁移到另外的地方建设的项目。

⑤恢复项目。指原有企业、事业、行政单位，因自然灾害、战争或人为灾害等原因使原有固定资产遭受全部或部分报废，需要进行投资重建来恢复生产能力、业务工作条件和生活福利设施等的工程项目。

(4) 按水土流失的发生过程分类

根据水土流失的发生过程，可分为建设类项目和建设生产类项目。

①建设类项目。是指基本建设竣工后，在运营期基本没有开挖、取料、弃渣等生产活动的公路、铁路、机场、水工程、港口、码头、水电站、核电站、输变电工程、通信工程、管道工程、城镇新区等生产建设项目。

②建设生产类项目。是指基本建设竣工后在运营期仍存在开挖地表、取料、弃渣等生产活动的燃煤电站、建材、矿产和石油天然气开采及冶炼等生产建设项目。

(5) 按建设规模分类

按照项目分级管理的需要，将生产建设项目分为大型、中型、小型3类；更新改造措施项目分为限额以上和限额以下两类。不同等级标准的生产建设项目，在项目依法报建时，其审批机构或报建程序有所不同。按照建设规模划分的标准如下：

①大型项目、中型项目和小型项目是按照项目的建设总规模或总投资额来划分的。应

按照批准的可行性研究报告所确定的总设计能力或投资总额，并依据国家颁布的《关于基本建设项目和大中型划分标准的规定》进行划分。

②生产单一产品的工业项目，按产品的设计生产能力划分；生产多种产品的工业项目，按其主要产品的设计生产能力来划分；生产品种繁多，不易分清主次，难以按产品的设计生产能力划分时，可按投资总额划分。

③对国民经济和社会发展具有特殊意义的建设项目，虽然设计能力或全部投资不够大、中型项目标准，经国家批准已列入大、中型计划或国家重点建设工程的项目，也按照大、中型生产建设项目进行管理。

④更新改造措施项目一般只按投资额分为限额以上项目和限额以下项目，不按生产能力或其他标准划分。

(6) 按投资作用分类

生产建设项目按其投资在国民经济各部门中的作用，分为生产性建设项目和非生产性建设项目。

①生产性建设项目。是指固定资产的形成是直接为物质生产服务的项目，如矿山、工业企业等。生产性建设项目主要包括以下几类：

工业建设项目：包括工业、国防和能源建设项目。

农业建设项目：包括农、林、牧、渔、水利建设项目。

基础设施建设项目：包括交通、邮电、通信、地质普查、勘探建设项目。

商业建设项目：包括商业、饮食、仓储、综合技术服务建设项目。

②非生产性建设项目。是指固定资产投资的形成是直接服务于社会而不直接为物质生产服务的项目，如公路、水利工程、学校、医院等。非生产性建设项目主要包括以下几类：

办公用房：包括各级党政机关、社会团体、企业管理机构的办公用房等建设项目。

居住建筑：包括住宅、公寓、别墅等建设项目。

公共建筑：包括科学、教育、文化艺术、广播电视、卫生、博览、体育、社会福利事业、咨询服务、宗教、金融、保险等建设项目。

其他建设项目：不属于上述各类的其他非生产性建设项目。

(7) 按照项目的投资效益和市场需求分类

按照生产建设项目的投资效益可划分为竞争性项目、基础性项目和公益性项目。

①竞争性项目。指投资效益比较高，竞争性比较强的生产建设项目，如商务办公楼、酒店、度假村、高档公寓等项目。这种项目的投资主体一般为企业，由企业自主决策。

②基础性项目。指具有自然垄断性、建设周期长、投资额大而收益较低的基础设施生产建设项目或需要政府重点扶持的一部分基础工业生产建设项目，以及直接增强国力的、符合经济规模的支柱产业生产建设项目，如交通、能源、水利、城市公用设施等生产建设项目。

③公益性项目。指为社会发展服务、难以产生经济效益的生产建设项目，主要包括科技、文化、卫生、体育和环保等设施，公、检、法等行政机关以及社会团体、国防等生产建设项目。公益性项目的投资主要来自财政资金。

(8) 按照项目的投资来源分类

按照生产建设项目的投资来源可划分为政府投资项目和非政府投资项目。

①政府投资项目。指为了适应和推动国民经济或区域经济的发展，满足社会的文化、生活需要，以及出于政治、国防等因素的考虑，由政府通过财政投资、发行国债或地方财政债券、利用外国政府赠款和国家财政担保的国内外金融组织的贷款等方式独资或合资兴建的生产建设项目。按照其营利性，政府投资项目又可分为经营性政府投资项目和非经营性政府投资项目。经营性政府投资项目是指具有营利性质的政府投资项目，政府投资的水利、电力、铁路等项目都属于经营性项目；非经营性政府投资项目一般是指非营利性的、主要追求社会效益最大化的公益性生产建设项目。

②非政府投资项目。指企业、集体单位、外商和私人投资建设的生产建设项目。这类项目一般均实行项目法人责任制，使项目的建设与建成后的运营实现全过程管理。

1.3 水土流失及危害

生产建设项目水土流失是指项目工程建设和生产运行过程中，由于开挖填筑、取料、弃渣(土、石、尾矿、尾砂、矸石、灰渣等)等活动，扰动、挖损、占压土地，导致地貌、土壤和植被损坏，在水力、风力、重力及冻融等外营力作用下造成的岩石、土壤、废弃物的混合搬运、迁移和沉积，导致水土资源的破坏和损失，最终使土地生产力下降甚至完全丧失。生产建设项目水土流失较通常意义上的水土流失更加剧烈，属于人为水土流失的范畴。

生产建设项目水土流失的主要原因是将富含有机质的表土层甚至整个土壤层剥离，造成原始地表土壤的位移和土地生产力的下降。生产建设项目建设过程中清除了大量的地表植被，降低了项目区的植被盖度，使裸露的土地更易遭受风蚀、水蚀等外力侵蚀，从而造成水土流失。生产建设项目建设运行期间产生的弃土、弃渣，形成大量的松散堆积体，在外营力作用下也易造成严重的水土流失。生产建设项目对原始地貌的开挖、堆垫、采掘等活动，形成大量的人工坡面、悬空面和采空区等，易发生边坡滑塌、滑坡、采空塌陷等水土流失情况。水土流失形式和强度因项目类型及建设阶段差异显著。

1.4 水土保持

1.4.1 水土保持的内涵

水土保持是由我国科技工作者首先提出并被广泛接受的学术概念。《水土保持法》第二条规定："本法所称水土保持，是指对自然因素和人为活动造成水土流失所采取的预防和治理措施。"《中国水利百科全书·农业卷》(1990)将水土保持定义为："防治水土流失，保护、改良与合理利用山丘区和风沙区水土资源，维护和提高土地生产力，以利于充分发挥水土资源的经济效益和社会效益，建立良好生态环境的综合性科学技术。"水和土是人类赖以生存的基础资源，是发展农业生产的基本要素。水土保持工作对开发建设山丘区和风沙区，整治国土，治理江河，减少水、旱、风等灾害，维护生态平衡，具有重要的作用。

水土保持是在合理利用水土资源的基础上，综合运用水土保持林草措施、水土保持工程措施、水土保持农业措施、水土保持管理措施等形成水土保持综合措施体系，以达到保持水土、提高土地生产力、改善山丘区和风沙区生态环境的目的。

水土保持是集土壤学、水文学和生态学等于一体的专业名词，顾名思义，水土保持就是保护水土资源；有些国家称其为土壤侵蚀控制或水土保育；相关教科书将其解释为保护（保育）、稳定、固持、改良土壤，提高土地生产力。近代的生态演变、发展状况表明，水土流失的加剧主要是由人类不合理的活动造成的，如乱砍滥伐、过度垦殖、超载放牧、开采资源、工程建设等，鉴于此，《水土保持法》专门确立了水土保持方案制度，其主要目的是有效预防和治理生产建设活动导致的水土流失，减轻对生态环境可能产生的负面影响。

水土保持是江河治理和国土整治的根本。它既是水资源利用和保护的源头和基础，也是土地资源利用和保护的主要内容。预防和治理水土流失是水土保持的基本内涵，是水土保持的精髓。水土保持有着极其丰富的内涵和外延，是一门综合性很强的学科。它既涉及生态学、地理学、社会学、经济学、农学、林学、草学以及水利学等，也涉及水利、林业、农业、环境、城建、交通和铁路等部门，还涉及千家万户，具有长期性、综合性和群众性的特点。

因此，预防水土流失就是通过法律的、行政的、经济的、教育的手段，使人们在生产活动、开发建设中，尽量避免造成水土流失，更不能加剧水土流失。主要措施可归纳为3种：①坚决禁止严重破坏水土资源的行为，如禁止毁林开荒等；②严格控制可能造成水土流失的行为，并要求达到法定的条件，如实行水土保持方案报告审批制度等；③积极采取各种水土保持措施，如植树造林等，防止产生新的水土流失。

治理水土流失就是在已经造成水土流失的区域，采取并合理配置生物措施、工程措施和耕作措施，因害设防，综合整治，使水土资源得到有效保护和永续利用。

"防"和"治"应以介入时段来界定。"防"是事前介入，一是防止新的水土流失产生，二是控制水土流失以免使现有水土流失加剧，属于积极主动的措施；"治"是事后介入，遏制现有的水土流失，减轻现有水土流失，属于消极被动的措施。

1.4.2 水土保持的作用

水土流失是我国目前面临的重要生态环境问题，在土地资源紧缺及水资源日益匮乏的形势下，严重影响着人民的生活质量。水土流失加剧了生态环境的恶化，影响了生物链的完整循环。加强水土保持工作是遏制水土流失的重要手段，也是调节水资源、改善土地生产力、恢复生态环境的重要途径。只有做好水土保持工作，才能够充分发挥生产建设项目的效益，在良好的生态环境下，创造更大的社会效益、经济效益和生态效益。水土保持提高了生态环境的良性循环，促进了生产建设的可持续发展，其主要作用表现在以下几个方面。

(1) 增强防洪排导功能，延长工程的使用寿命

防洪排导是水土保持的最重要作用之一。通过对工程区扰动坡地进行水平阶整地可以保土、保肥，增加土壤的蓄水能力(如公路、铁路大型取土场开挖边坡)，植树造林可以提高土壤的牢固性，依附主体工程(如火电厂灰场、水利水电项目厂坝区、公路及铁路路基等相关设施)修建截排水沟、蓄水池、排水涵洞及管网,将短历时大暴雨排至场外自然沟道或江河湖库,增强了防洪排导功能,保证了主体工程的安全运行,延长了工程使用寿命。植物与工程相结合的水保措施极大地降低了地表径流的冲刷强度,提高了地表的抗蚀能力(如水电站弃渣场防护)。

(2)降低工程区土壤流失量,减轻区域河库淤塞

水土保持是遏制水土流失的重要手段。通过临时措施、工程措施以及植物措施相结合的原则,可以有效降低工程建设过程中的人为水土流失,减弱和控制土壤流失量,减少和拦截部分水力挟沙(土)量,减轻对水库以及河道等造成的淤塞,减少河库清淤工作量,节省资金。

(3)维护主体工程正常运行,减少自然灾害的发生

由于水土流失而引发的自然灾害对我国的经济发展造成了严重的影响,并且威胁人们的生命财产安全,尤其是在山区,由于交通比较落后,经济发展水平较低,所以一旦发生山体滑坡、泥石流等自然灾害,将会对当地社会造成严重影响。在工程建设地质灾害多发区采取相应的水土保持防护措施,有效减小了自然灾害的发生概率,减少了对主体工程的破坏,维护了工程区周边区域居民的生命财产安全,为主体工程的正常运行及地方经济建设的发展创造了有利的环境。

(4)提高建设区水环境的质量

在全球的水资源日益紧缺的形势下,水土流失在一定程度上影响水资源的分布,并对水体造成严重污染。通过在工程建设中布设相应的蓄水池、水窖、植物过滤措施,起到拦蓄降污作用,尤其优化了水资源匮乏工程区的水量分配,节约了取水、用水成本,解决了工程人员日常用水需求。在区域时空分布上进行了平衡,并且改善了水质,为水资源的可持续利用做出了较大的贡献。

(5)改善区域生态环境及企业形象,增强企业的竞争力

部分工程因受类型、规模、占地、经济指标等因素限制,建设环境及工作条件较为艰苦,通过工程区绿化、美化,尤其是具备条件的管理区(如水电站管理区)采用高标准园林式绿化、美化措施,改善了工程区生态环境,提高了员工归属感,增强了企业凝聚力,在一定程度上促进企业的良性发展,增强了企业的竞争力,企业效益的提高又为水土保持措施的正常运行提供了资金保障。

1.4.3 水土保持的意义

目前,水土保持由三大类措施组成:水土保持农业技术措施、水土保持林草措施和水土保持工程措施。水土保持农业技术措施主要是指水土保持耕作法,结合耕作,在坡耕地上修筑有一定蓄水能力的临时性小地形,如区田、畦田、沟垄等。美国等国家还广泛采用覆盖耕作等水土保持农业技术措施。此外,还有深耕、密植、间作套种、增施肥料、草田轮作等水土保持农业技术措施。水土保持林草措施也称水土保持植物或生物措施,主要作用是改善地表植被,增大地表粗糙度,从而减轻雨滴对地面的击溅作用,增加土壤入渗,减少地表径流量,减缓流速和削弱径流冲刷力。水土保持工程措施的主要作用是通过修建各类工程改变小地形,拦蓄地表径流,增加土壤入渗,从而达到减轻或防止水土流失、开发利用水土资源的目的。根据所在位置和作用，可分为坡面治理工程、沟道治理工程和护岸工程三大类。各类措施特别是工程措施与林草措施之间，存在着互相依赖，相辅相成的关系。水土保持工作对发展山丘区和风沙区的生产和建设，整治国土、治理江河、减少干旱和风沙灾害等方面都具有重要意义。

生产建设项目水土保持意义重大，具体表现在：

①全面贯彻落实《水土保持法》及其相关法律、法规明确规定的项目建设单位防治水土流失的责任、义务和范围。

②在调查工程项目对工程建设区及周边区域水土保持设施破坏情况的基础上，预测因工程建设可能造成的新增水土流失量，提出相应的防治对策和具体的水土保持措施，为工程建设的水土保持工作指出方向、提供技术依据，最大程度减少水土流失对生态环境的破坏，同时使项目区原有水土流失得到有效治理，生态环境得到改善。

③为水行政主管部门的水土保持管理及监督执法提供依据。编制生产建设项目水土保持方案报告，对防治因工程建设造成的水土流失，减少工程施工建设过程和生产过程对周边生态环境、水土保持设施造成的破坏，减少对周边群众生产、生活造成的影响，保障工程建设和安全运营、促进地区经济社会的可持续发展具有重要意义。

1.5 相关法律法规

1.5.1 法律法规体系

在生产建设项目水土保持的管理方面，我国颁布实施了一系列法律法规。现行的水土保持法律法规体系可分为 5 个层次：第一层次为水土保持法律，即《水土保持法》；第二层次为水土保持行政法规，主要包括《水土保持法实施条例》《建设项目环境保护管理条例》；第三层次为地方性水土保持法规；第四层次为水土保持规章，由水利部及水利部会同有关部门联合制定的有关规定；第五层次为规范性文件，即省级水行政主管部门、县级人民代表大会和人民政府依据以上的法规制定的有关水土保持规范性文件。

(1) 法律

《水土保持法》于 1991 年 6 月 29 日颁布实施；2010 年 12 月 25 日经第十一届全国人民代表大会常务委员会第十八次会议修订通过，自 2011 年 3 月 1 日起施行。修订后的《水土保持法》包括总则、规划、预防、治理、监测和监督、法律责任和附则，共七章六十条。制定该法是为了预防和治理水土流失，保护和合理利用水土资源，减轻水、旱、风沙灾害，改善生态环境，保障经济社会可持续发展。该法确定了"预防为主"的水土保持工作方针，明确了各级人民政府对水土保持工作的职责，明确了人为水土流失的防治责任，确定了开发建设项目水土保持方案报告制度、水土保持设施"三同时"制度以及水土保持设施补偿制度，规定了水土保持规划的法律地位，确定了水土流失分区防治战略、水行政主管部门和水土保持机构的执法主体地位，确立了水土流失综合治理的基本方略、水土保持监测的法律地位，明确了有关水土保持优惠政策和水土保持的法律概念。

(2) 行政法规

为了更好地贯彻落实《水土保持法》，1993 年 8 月 1 日，国务院颁布《水土保持法实施条例》，细化了水土保持的相关制度，规定水土保持方案作为建设项目的环境影响评价文件的一个有效组成部分，须先经水行政主管部门审查同意。为了防止建设项目产生新的污染，破坏生态环境，1998年11月29日，国务院颁布了《建设项目环境保护管理条例》，再次强调了涉及水土保持的各类建设项目，必须有经水行政主管部门审查同意的水土保持方案。

(3) 地方性法规

各省、自治区、直辖市根据水土保持法的规定，分别制定了实施《水土保持法》的办法，对促进《水土保持法》的落实发挥了重要的作用，如《内蒙古自治区实施〈中华人民共和国水土保持法〉办法》《黑龙江实施〈中华人民共和国水土保持法〉办法》等。

(4) 规章

规章分为部门规章和地方政府规章。部门规章是指作为国务院所属的水利部在自己的权限范围内，为执行《水土保持法》及其条例的需要而制定的、只在本部门范围内有效的规范性文件，如5号令即《开发建设项目水土保持方案审批管理办法》，16号令即《开发建设项目水土保持设施验收管理规定》。地方政府规章是指由省人民政府根据法律法规的规定制定的，在本辖区内具有法律效力的规范性文件。

(5) 规范性文件

规范性文件是指规章以下的具有普遍的约束力的行政决定、命令等。这主要指水利部出台的一些文件以及省级主管部门和市（县）人大政府依据法律、法规、规章制定的具有普遍约束力的文件。如水利部和其他部委联合下发的文件等。这些虽然不是法律法规，也不是规章，但在我们实际工作中也具有很重要的意义。

1.5.2 其他相关法律法规的要求

《中华人民共和国公路法》第三十条和第四十一条规定了公路建设项目在设计和施工阶段应符合防治水土流失的要求，公路用地范围内的山坡、荒地由公路管理机构负责水土保持。

《中华人民共和国水法》《中华人民共和国防洪法》及《河道管理条例》均规定了禁止在江河、湖泊、水库、运河、渠道内弃置阻碍行洪的物体和种植阻碍行洪的林木及高秆作物，还提出了加强河道滩地、堤防和河岸的水土保持工作，防止水土流失、河道淤积的要求。

《中华人民共和国土地管理法》第三十五条和第三十八条，《中华人民共和国农业法》第五十九条，《中华人民共和国草原法》第三十一条、第四十六条、第四十九条和第五十一条均对水土流失防治工作进行了相应的规定。此外，《中华人民共和国固体废物污染环境防治法》《中华人民共和国自然保护区条例》《基本农田保护条例》和《地质灾害防治条例》也规定了水土保持的相关内容。

为推进各行业水土保持工作，水利部先后联合多个部门出台了落实水土保持方案制度的联合文件。1998年10月20日，水利部、国家电力公司联合印发了《电力建设项目水土保持工作暂行规定》，加强了部门相互配合，推进了水土保持方案的落实，促进了开发建设项目的水土保持工作。1999年2月13日，铁道部、水利部发布了《铁路建设项目水土保持工作规定》，强调1995年5月30日以后开工建设的在建铁路工程及新建项目必须在可行性研究阶段编报水土保持方案。1999年7月23日，水利部、国家煤炭工业局发布《关于加强煤矿生产建设项目水土保持工作的通知》，强调凡造成水土流失的在建项目须编报水土保持方案，并要求对已建项目组织进行水土流失治理。1999年8月30日，水利部、国家有色金属工业局发布《关于加强有色金属生产建设项目水土保持工作的通知》，规定凡可能造成水土流失的在建项目及新建项目须补报或编报水土保持方案。2001年1月16日，水利部、交通运输部发布《公路建设项目水土保持工作规定》，强调在可行性研究阶段应将水土保持工作作为路线方案比选的重要条件之一，在初步设计阶段进一步落实水土保持方案。2002年5月10日，水利部办公厅发布《关于加强水土保持方案审批后续工作的通知》，要求按照批准方案的要求，结合主体工程，及时组织水土保持初步设计、招标设计、技施设计等，保证工程建设各阶段水土保持都有相应的技术文件，特别要保证各施工单位取得相应资料，以便按照已批准水土保持方案施工进度的要求落实各项水土流失防治措施。

1.6 不同建设阶段的工作内容

从投资主体角度来看，生产建设项目可分为审批制项目、核准制项目和备案制项目3类，其前期建设程序有所差别。

(1) 审批制项目

审批制项目是指政府采取直接投资方式、资本金注入方式投资的项目，项目单位一般应编制项目建议书、可行性研究报告、初步设计，按照政府投资管理权限和规定的程序，报投资主管部门或其他有关部门审批。

对列入相关发展规划、专项规划和区域规划范围的政府投资项目，可以不再审批项目建议书；对改(扩)建项目和建设内容单一、投资规模较小、技术方案简单的项目，可以合并编制、审批项目建议书、可行性研究报告和初步设计；根据《中华人民共和国突发事件应对法》《国家突发公共事件总体应急预案》，为应对自然灾害、事故灾难、公共卫生事件、社会安全事件等突发事件需要紧急建设的政府投资项目，可以在合并编制报批文件、简化审批程序的基础上，通过建立绿色通道、部门集中会商等方式提高审批效率。对属于地方审批权限的，其建设内容单一、投资规模较小、技术方案简单的政府投资项目的具体范围，由各地方发展和改革委员会作出具体规定，报国家发展和改革委员会。

(2) 核准制项目

对关系国家安全，涉及全国重大生产力布局、战略性资源开发和重大公共利益等项目，实行核准管理。具体项目范围以及核准机关、核准权限依照政府核准的投资项目目录执行。政府核准的投资项目目录由国务院投资主管部门会同国务院有关部门提出，报国务院批准后实施，并适时调整。国务院另有规定的，依照其规定执行。企业办理项目核准手续，应当向核准机关提交项目申请书；由国务院核准的项目，向国务院投资主管部门提交项目申请书。项目申请书应当包括：企业基本情况；项目情况，包括项目名称、建设地点、建设规模、建设内容等；项目利用资源情况分析以及对生态环境的影响分析；项目对经济和社会的影响分析。

(3) 备案制项目

对核准制规定以外的项目，实行备案管理。除国务院另有规定的，实行备案管理的项目按照属地原则备案，备案机关及其权限由省、自治区、直辖市和计划单列市人民政府规定。实行备案管理的项目，企业应当在开工建设前通过在线平台将以下信息告知备案机关：企业基本情况；项目名称、建设地点、建设规模、建设内容；项目总投资额；项目符合产业政策的声明。

虽然从投资主体角度将生产建设项目分为3类，其具体的建设阶段也略有差别，但其全过程基本都会涉及水土保持相关的工作内容。下面以审批制项目为例介绍各阶段中水土保持工作的内容。

1.6.1 项目建议书阶段

项目建议书是建设单位向国家提出建设某一具体项目的建议文件，也是建设程序的最初阶段，还是投资决策前对拟建项目的轮廓设想。项目建议书应贯彻国家的方针政策，根据国家和地区发展规划的要求，按照有关技术标准，论证建设该工程的必要性，提出工程任务，对工程的建设方案和规模进行分析论证，评价项目建设的合理性。重点论证项目建设的必要性、建设规模和效益、投资和资金筹措方案。对涉及国民经济发展和规划布局的重大技术问题，应进行专题论证。项目建议书编制完成后，由相应审批部门根据国民经济中长期发展规划和产业政策确定是否立项。项目建议书经批准后，可以继续下一阶段详细的可行性研究工作，但并不表明项目一定建设，项目建议书不是项目的最终决策。

一般而言，水利水电工程由于工程失事后危害性比较大，因此较行业项目更为严格，涉及本阶段的设计，其他行业项目根据行业特点和国家法律法规的规定，可能会有减少，但不涉及水土保持工作内容。以水利水电项目为例，项目建议书阶段水土保持涉及的内容一般包括：

①概述。简述工程所在地区区域自然概况、水土流失现状；说明工程建设区涉及的水土流失重点预防区和重点治理区、水土保持区划及其他水土保持敏感区情况，以及相关要求。

②主体工程水土保持评价。分析评价工程选址、建设方案水土保持制约性因素，提出评价结论；初步评价工程总体方案和布置的水土保持符合性，并提出初步意见与要求。

③水土流失防治责任范围及防治分区。提出水土流失防治责任范围确定方法，初步确定水土流失防治责任范围；提出水土流失防治分区原则和防治分区。

④水土流失影响分析与预测。对主体工程建设方案进行水土流失影响分析，初步确定工程建设扰动原地貌、损坏植被面积；初步确定水土流失预测时段、内容和方法；初步预测工程建设造成的土壤流失总量和新增土壤流失量，分析可能造成的水土流失危害。

⑤水土流失防治标准和初步防治方案。基本确定水土流失防治标准等级和防治指标值；提出弃渣场选址原则、要求，以及弃渣场、水土保持措施级别和设计标准确定的原则；初步确定项目区表土剥离范围和可剥离量；初步确定水土流失防治措施体系和总体布局，提出主体工程设计的水土保持要求；按防治分区进行水土保持措施布局及典型设计，估算水土保持工程量。

⑥水土保持监测。初步提出水土保持监测范围、时段和监测内容；初步拟定水土保持重点监测点的布局、监测方法和监测频次。

⑦图表及附件。绘制水土流失防治责任范围和措施总体布局图、水土保持措施典型设

计图；其他相关附件。

1.6.2 可行性研究阶段和初步设计阶段

可行性研究必须在技术、经济、财务、市场、开发、环境保护等方面进行全面系统的分析论证，结果将作为项目审查、投资决策、资金申请、合同签订等的依据。可行性研究得到批准后，它将是项目的设计及施工的依据。可行性研究报告的编制内容根据各行业特点有所差别。以水利水电工程项目为例，编制可行性研究报告应贯彻国家的方针政策，根据空间规划、国家和地区经济社会发展规划的要求，按照有关技术标准，对工程项目的建设条件进行调查和勘测，在可靠资料的基础上，进行方案比较，从技术、经济、社会、环境和节水节能等方面进行全面论证，评价工程建设的可行性。重点论证工程建设的必要性、工程规模、技术方案、征地移民、环境、投资和经济评价，对重大关键技术问题应进行专题论证。可行性研究报告批准后，将作为初步设计的依据，不得随意修改和变更。如果在建设规模、产品方案、建设地点、投资等重要内容上发生变动，则应报请原审批单位同意，履行变更手续。可行性研究报告批准后，建设项目即为正式立项。

初步设计是根据可行性研究报告的内容进一步做全面且详细的安排，目的是阐明在指定的地点、时间和投资内，拟建工程技术上的可能性和经济上的合理性。初步设计报告编制内容同样根据各行业特点有所差别。以水利水电工程项目为例，编制初步设计报告应贯彻国家的方针政策，按照有关技术标准进行调查、勘测、试验、研究，在取得可靠的基本资料基础上，进行方案设计。工程设计应安全可靠，技术先进，因地制宜，注重技术创新、节水节能、节约投资，宜采用新技术、新工艺、新设备和新材料。初步设计报告应有分析、论证和必要的方案比较，并有明确的结论和意见。初步设计不可以随意改变项目可行性研究报告确定的建设规模、产品方案、建设地址和总体投资等重要内容。如有变动，则应说明原因，并重新向原审批单位报批项目的可行性研究报告，经再次论证并获得批准后，项目方可继续开展。

现阶段，水土保持方案一般要求在项目开工前获取审批部门的行政许可。因此，除水利水电工程等特殊行业项目，水土保持方案的编制通常在项目的可行性研究报告或初步设计报告完成后开展。水土保持方案的编制应贯彻落实国家水土保持方针，遵循"因地制宜、分区防治；统筹兼顾，注重生态；技术可行，经济合理；与主体工程相衔接，与周边环境相协调"的原则。在这一阶段，水土保持方案主要关注的重点是：

①对项目和项目区展开调查和勘测，包括项目基本情况、项目组成及工程布置、施工组织、工程占地、土石方平衡、工程投资、工期安排、拆迁或移民安置与专项设施改建或迁建、生产过程中产生的弃土(石、渣、灰、矸石、尾矿)及处置方案；项目区自然概况、水土流失现状和水土保持敏感区情况。

②对项目进行水土保持评价，包括评价项目选址(线)、建设方案与布局、工程占地、工程土石方、取土(石、砂)场设置、弃土(石、渣、灰、矸石、尾矿)场、施工方法与施工工艺、主体工程水土保持措施。

③明确水土流失防治责任范围及防治分区。

④对项目建设和生产过程中(生产建设类项目)可能造成的水土流失进行预测，对水土

流失危害进行分析。

⑤结合工程实际和项目区水土流失特点，因地制宜，因害设防，提出总体防治思路，明确综合防治措施体系，工程措施、植物措施和临时措施有机结合；分区措施布设应结合各区特点和各类水土保持措施的使用条件，在各区内不同部位布设相应的水土保持措施，估算水土保持工程量；明确水土保持各单项措施采用的施工方法及与主体单项工程施工相对应的进度安排。

⑥初步确定水土保持监测的范围、时段、内容、方法、频次和监测点位，估算所需的人工和物耗。

⑦进行水土保持投资估算，列出投资估算总表、分区措施投资表、分年度投资估算表、独立费用计算表、水土保持补偿费计算表、工程单价汇总表、施工机械台时费汇总表等、主要材料单价汇总表等；通过水土流失治理度、土壤流失控制比、渣土防护率、表土保护率、林草植被恢复率和林草覆盖率6项防治指标达到情况对水土保持方案实施后产生的生态效益进行分析。

⑧提出水土保持管理方案，明确建设单位水土保持管理机构与人员、管理制度等；明确后续设计、落实水土保持监测、水土保持监理、水土保持施工和水土保持设施验收的要求。

⑨附表、附件和附图。附表包括防治责任范围表(涉及县级行政区较多时)、防治标准指标计算表(分区段标准较多时)和单价分析表；附件包括项目立项的有关文件和其他有关文件；附图包括项目地理位置图、项目区水系图、土壤侵蚀强度分布图、项目总体布置图、分区防治措施总体布局图(含监测点位)以及水土保持典型措施布设图。

1.6.3 施工阶段

正式开工之前开展的各项准备工作，如征地、拆迁、场地平整、施工用水、施工用电、落实施工力量、施工机械、准备必要的施工图纸等属于施工准备阶段的任务。在按规定完成了建设准备并具备了开工条件以后，应组织开工。工程项目经批准开工建设后，项目即进入施工阶段。在施工阶段，水土保持的主要工作内容涉及水土保持监测和水土保持监理两部分。

(1)水土保持监测

开展生产建设项目水土保持监测是生产建设单位应当进行的一项法定义务，既是生产建设单位及时定量掌握水土流失及防治状况、对项目建设造成的水土流失进行过程控制的重要基础，也是各流域管理机构和地方各级水行政主管部门开展生产建设项目水土保持跟踪检查、验收核查等监管工作的依据和支撑。

对编制水土保持方案报告书的生产建设项目，生产建设单位应当自行或者委托具备相应技术条件的机构开展水土保持监测工作。承担生产建设项目水土保持监测任务的单位，应当按照水土保持有关技术标准和水土保持方案的要求，根据不同生产建设项目的特点，明确监测内容、方法和频次，调查获取项目区水土流失背景值，定量分析评价自项目动土至投产使用过程中的水土流失状况和防治效果，及时向生产建设单位提出控制施工过程中水土流失的意见建议，并按规定向水行政主管部门定期报送监测情况。

监测单位在监测工作开展前要制订监测实施方案，在监测期间要做好监测记录和数据整理,按季度编制监测报告(以下简称监测季报),在水土保持设施验收前应编制监测总结报告。监测单位应当在每季度第一个月向审批水土保持方案的水行政主管部门(或其他审批机关的同级水行政主管部门)报送上一季度的监测季报。监测单位依据扰动土地情况、水土流失状况、防治成效及水土流失危害等监测结果,对生产建设项目水土流失防治情况进行评价,在监测季报和总结报告中明确"绿黄红"三色评价结论。

(2)水土保持监理

水土保持监理应与主体工程同步开展,由主体工程监理单位负责水土保持监理工作的项目应当按照水土保持监理标准和规范开展水土保持工程施工监理。水土保持监理的主要任务是对水土保持工程的投资、进度、质量和安全进行控制,对水土保持工程的招投标、合同和信息进行管理。具体工作内容主要包括:制订监理实施细则,组建监理机构,监理人员入场;对施工单位提供的施工组织设计、开工申请报告等进行审核或审批;对材料、构配件和工程设备进行检验;对完成的工程进行质量检验;对工程进行计量和付款签证;组织工地会议。

1.6.4 竣工验收阶段

当工程项目按照设计文件的规定内容和施工图纸的要求全部建成后,便可组织验收。竣工验收是工程建设过程的最后一环,也是投资成果转入生产或使用的标志,还是全面考核基本建设成果、检验设计和工程质量的重要步骤。

工程项目全部建成后,经过各单位工程的验收,符合设计要求,并具备竣工图、竣工决算和工程总结等必要的文件资料,即可申请组织进行竣工验收。

这一阶段建设项目水土保持设施需要开展验收工作,目的是核查生产建设项目是否依法履行了水土流失防治义务,是否按照批准的水土保持方案及时有效地实施了水土流失防治措施,水土流失防治效果是否达到国家标准规定的要求。

水土保持竣工验收阶段的具体工作内容主要是对水土保持措施的质量、数量、水土保持投资、防治责任范围等进行核查,同时与水土保持方案等设计文件进行对比,确认建设项目是否按照设计完成了所有的内容。此外,需要编写水土保持设施验收报告,水土保持监测总结报告和水土保持监理总结报告,组织水土保持设施验收会议,形成水土保持设施验收鉴定书,并将验收成果文件向水行政主管部门进行报备。

复习思考题

1. 如何进行建设项目分类?简述具体分类情况。
2. 简述生产建设项目水土保持的作用。
3. 简述水土保持措施及其重要作用。
4. 水土保持法律法规体系由几个层次的内容组成?
5. 以审批制项目为例,简述生产建设项目在不同建设阶段的工作内容。

第 2 章

生产建设项目水土流失

2.1 概述

2.1.1 生产建设项目水土流失的概念

项目工程建设和生产运行过程中,由于开挖填筑、堆垫、弃土(石、渣)、排放废渣(尾矿、尾砂、矸石、灰渣等)等活动,扰动、挖损、压占土地,导致地貌、土壤和植被损坏,在水力、风力、重力及冻融等外营力作用下造成的岩石、土壤、废弃物的混合搬运、迁移和沉积,其结果导致水土资源的破坏和损失,最终使土地生产力下降甚至完全丧失。生产建设项目水土流失属于人为水土流失范畴。

2.1.2 生产建设项目与水土流失

生产建设项目是以干扰和破坏地表生态景观为特征的人类活动,其类型包括公路工程、铁路工程、火电工程、水利枢纽工程、露天煤矿、房地产工程等 36 类。不同类型工程对水土资源影响不同,均在一定程度上造成了水土流失。生产建设项目对水土资源的影响主要体现在以下方面。

①直接造成土壤的位移和损失。生产建设项目通常将富含有机质的表土层甚至整个土壤层剥离,造成原始地表土壤的位移和土地生产力的下降。生产建设项目存在扰动土层的现象,尤以采矿中的露天采矿最为严重。

②毁坏水土保持设施,削减区域水土保持能力。生产建设项目在施工过程中,需要永久性或临时性征占土地,不可避免地损坏水土保持设施,甚至破坏具有涵养水源和保持水土功能的湿地、水域等,削弱项目区及周边的水土保持功能。

③破坏地表植被,降低地表抗蚀力。生产建设项目清除原有地表覆盖,造成土地裸露,破坏土壤结构,改变土壤成分,使土体的抗蚀能力、抗冲能力减弱,使失去植被保护的土壤直接遭受雨水的击打、剥蚀、搬运,从而造成水土流失。

④改变项目区原有地形地貌和地面物质组成。地形地貌情况(地表起伏度、地面破碎程度、地面物质组成、坡度、坡长、坡向、坡型等)是影响水土流失的重要因素。生产建设项目短期内改变项目区内小尺度地形地貌,形成许多人工地形地貌,改变区域水土流失

特征。此外，在再塑地形的同时还使地表的物质组成发生极大变化。如因表土剥离，岩石及硬质土层裸露；因浇筑混凝土覆盖，导致地面硬化等。再塑地貌及地面物质组复杂，情况繁多，对水土流失造成的影响也不尽相同。

⑤生产建设活动诱发重力侵蚀。生产建设项目由于开挖、堆垫、采掘等活动，形成大量人工坡面、悬空面和采空区等，破坏了岩土层原有平衡状态，引发泻溜、崩塌、滑坡等重力侵蚀，在水力等因素的共同作用下，将造成严重的水土流失。

⑥破坏水资源循环系统，造成水资源大量损失。生产建设项目改变了原有水系的自然条件和水文特征，减少了地下径流的补给，地表径流量增大，汇流速度加快，使降水资源常以洪水的形式宣泄，造成大量地表水的无效损失。同时，生产建设活动扰动地面及地下土层，破坏隔水层和地下储水结构，造成大量地表水的渗漏损失和地下水位下降。水的大量流失一方面加剧了土壤侵蚀，另一方面又导致地表严重干旱、植物干枯死亡，加剧了土地沙化和荒漠化。

⑦产生弃土弃渣，加剧水土流失。生产建设活动剥离、搬运、堆弃的废弃岩石土壤，为水土流失提供了大量的松散堆积物。这些堆积物往往倾倒、堆积在山坡、沟渠和河道，改变水势，影响行洪能力，在强降水下容易诱发泥石流和洪水灾害，造成严重的水土流失。生产建设项目在施工期排放的大量弃土、弃渣和尾矿均较松散，稳定性差，在一定时间内无植被覆盖，既易发生水蚀，又易发生风蚀。

水土资源是人类生存和发展的基本条件，是经济社会发展的基础。随着我国经济社会高速发展，城市化、工业化、现代化进程越来越快，我国每年有大量的土地被开发建设为公路、铁路、水库、矿山、住房、商业场所及其他工程。这些开发建设造成了大量的水土流失，其土壤侵蚀量往往是开发前的数倍甚至数十倍。《中国水土保持公报》(2021)显示，2021年全国共审批生产建设项目水土保持方案11.19万个。据建设部门统计，我国每年新增建筑面积约 20×10^8 m^2，年使用水泥量占全世界的42%。《中长期铁路网规划》显示，预计到2025年，铁路网规模达到 17.5×10^4 km，其中高速铁路 3.8×10^4 km，网络覆盖进一步扩大，路网结构更加优化；到2030年，基本实现内外互联互通、区际多路畅通、省会高铁连通、地市快速通达、县域基本覆盖。水土流失与生态安全密切相关，既是世界共同关注的重大环境问题，也是生态文明和美丽中国建设的关键问题，因此，生产建设造成的水土流失不容忽视。

2.1.3 生产建设项目水土流失的基本特征

生产建设项目的主体工程及配套工程建设区破坏和影响范围少则几公顷、数十公顷，多则达几平方千米，甚至数十平方千米。如露天开采矿山、水利枢纽工程本身及建设所需设置的砂、石、土料场，与之相关的临时道路、弃渣场、施工营地、移民安置等占地面积大，均会直接或间接扰动原地貌，破坏植被和水土资源。井工开采项目虽然对地面扰动较小，但掘井可形成较大的地下采空区，形成地表塌陷，影响区域水循环及植物生长，破坏土地资源，降低土地生产力，且破坏强度大，植被恢复难。生产建设项目的水土流失是在人为作用下诱发的，它与原地貌条件下的水土流失有着天然的联系，但也存在着明显的区别，归纳起来，具有以下几方面的特征。

(1) 地域的不完整性

生产建设区域一般都不是完整的一个流域或地域，水土流失常以点、线、面的单一或组合形式出现。以点为主的生产建设项目造成的水土流失的特点是影响区域范围相对较小，但破坏强度大，水土流失防治和植被恢复难度大。由于地域的不完整性，决定了不能以完整的自然单元进行治理，而是要因地制宜，采取各种相应的措施进行防治。

(2) 物质组成的复杂性

生产建设项目扰动和再塑的地貌与原地貌相比发生了很大的变化，地面组成物质并不一定是土壤及其母质。生产建设中的工矿企业、公路、铁路、水利电力工程、矿山开采及城镇建设等，在施工和生产运行中会产生大量的废渣，除被部分利用外，尚有许多剩余的弃土、弃石、弃渣，其物质组成除表层土壤外，还有母质、风化壳及碎屑、基岩、建筑垃圾与生活垃圾、植物残体等，甚至是深埋地下几十米至数百米的矿山企业弃渣，如矸石、毛石、尾矿、尾砂及其他固体废弃物，火电类项目还有粉煤灰、炉渣等，有色金属工程、化工企业等在生产过程中还会排放有害固体废弃物。

(3) 水土流失形式的多样性

不同生产建设项目的项目组成、施工工艺、施工组织以及后期运行方式变化多样，对地表的扰动及再塑过程复杂多样，不仅使水土流失的物质组成发生变化，而且使原来的主要侵蚀营力及其组合发生变化，从而导致水土流失形式多样，常常出现原地面水蚀、风蚀、重力侵蚀等时空交错和复合，这种变化同时受到区域气候和地貌类型的影响，原有主要侵蚀营力发生变化，使生产建设项目水土流失形式变得更为复杂。例如，在丘陵沟壑区的公路施工中，路基修筑中的削坡、开挖断面及对弃渣的堆砌，使原本的风力侵蚀作用加大，变成风蚀-水蚀的复合侵蚀类型。若边坡或堆渣处置不当，还可能发生重力侵蚀；在平原区，高填路基施工后形成一定的路基边坡，使原本以风蚀为主的单一侵蚀形式在路基边坡处转为以水蚀为主的侵蚀形式；对于设置在水蚀区的干灰场来说，由于堆灰工程所引起的灰渣流失，使该区原有的侵蚀方式由水蚀变为以风蚀为主或风蚀、水蚀并存。

(4) 水土流失强度大，时空分布极不均匀

生产建设项目建设及其生产运行，使原有的土壤侵蚀分布规律发生了变化。原来水土流失不太严重的地区，将会局部产生剧烈水土流失，而且土壤侵蚀强度变大，原有的侵蚀评价和数据在局部地区已不适用。

生产建设项目一般要经历建设期（施工准备期、施工期）和生产（运行）期等阶段，建设类项目水土流失主要集中在建设期，建设生产类项目集中在建设期和生产运行期。在项目建设期内进行采、挖、填、弃、平等施工活动，使地表土壤原来的覆盖物遭受严重破坏，改变了土壤及其母质的物理结构，同时，开挖边坡打破荷载平衡，甚至使地下岩层应力释放和结构崩解，而松散的弃土、弃渣稳定性差且抗蚀力弱，因此，建设区域内的水土流失强度往往会高出原地面侵蚀强度的 3~8 倍，甚至更高。例如，福建建瓯小区观测点对松散堆填地形的试验结果表明，3°~5°坡面原地貌土壤侵蚀模数为 1000~3000 t/(km^2·年)；而当原始坡面被破坏之后，则形成 36°~40° 的坡面堆积体，土壤侵蚀模数可达 20 000 t/(km^2·年) 以上。

另外，集中进行"五通一平"及建筑、厂房等基础设施建设期，机械化程度高，施工进度比较快，采、挖、填、弃、平等工序往往在短时期内集中进行，对原地貌环境的扰动强度大，水土保持设施破坏严重，水土流失强度在短时间内成倍增加。可以说，建设期造成的水土流失具有侵蚀历时短、强度大的特点。进入运行期，随着再塑地表松散层的沉降和固结以及采取了有效的水土保持工程防护措施和植被恢复措施，水土流失强度逐步变小，进入相对缓慢的阶段。但对于建设生产类项目，如电厂工程运行期还需堆放灰渣；煤矿、铁矿等矿井工程，后期还需堆放矸石、矿渣；冶金化工类工程，生产过程中还需倾倒大量废弃物等，其产生的水土流失仍然十分严重，需要不断进行治理。

生产建设项目因不同建设场所扰动的时间及程度差别很大，因而导致水土流失的时间和空间分布极不均匀。一般开挖和取弃土石方量越大的区段水土流失越严重。例如，弃土弃渣场、取土取石场、高填深挖段等水土流失强度大，而施工生产生活区则水土流失强度小。

(5) 水土流失的潜在性

生产建设项目产生的水土流失及其危害可能是直接的，也可能是间接的，且并非全部立即显现，往往是在很多种侵蚀营力共同作用下，首先显现其中一种或几种所造成的危害，经过一段时间后，其余侵蚀营力造成的危害才慢慢显现，即水土流失危害存在潜伏期且很难预测。如北方地区弃土场使用初期，往往水力、风力和重力侵蚀同时存在，在雨季主要表现为水力侵蚀，在大风天气主要表现为风力侵蚀，而重力侵蚀及其他侵蚀形式则随着弃土场使用时间的推进，经潜伏期后慢慢显现，造成水土流失危害。又如大多地下生产项目，如采煤、采铁、淘金等，除扰动地面外，因地层挖掘、地下水疏干等活动，间接使地表河流干枯、地下水位下降、地面植被退化、地面塌陷，形成重力侵蚀，从而加剧水土流失。若生产建设过程中没有采取有效的水土保持措施，潜在的危害将在某些条件下发生突变，从而造成灾害性人为水土流失事件。

(6) 水土流失的突发性和灾难性

生产建设项目对地表进行大范围及深度的开挖、扰动、取料、弃渣等不可避免地造成水土流失，进而使可利用土地资源不断减少，使土地可利用价值和生产力大大降低。同时，弃土、弃渣被冲蚀进入河流，会造成河道淤积，毁坏水利设施，影响正常行洪和水利工程效益的发挥，甚至还会引发更大的洪涝或地质灾害，且施工扰动破坏了原有的地质结构，在诱发外营力的作用下，极易造成突发性水土流失危害，如滑坡、泥石流等。

生产建设项目造成的水土流失，往往在初期阶段呈现突发性，并且具有侵蚀历时短、强度大的特点。一些大型生产建设项目对地表进行大范围及深度的开挖、扰动，破坏了原有的地质结构，造成了潜在的危害。随着时间的推移，在生产(运行)期遇到外来诱发营力，便会造成大的地质灾害，发生崩岗、滑塌等地质灾害。例如，2000 年以后，随着采矿业的发展，尤其是大量个体业者进行采煤采矿活动，采空塌陷在各地频频发生。黑龙江鹤岗煤矿开采 70 多年，已塌陷 41.97 km^2，塌陷区需搬迁的房屋总建筑面积 139.7×10^4 m^2，仅搬迁费就需 4.9 亿元；2013 年 11 月，因煤炭开采导致黑龙江鸡西滴道区新修的建鸡高速公路局部沉陷，交通中断；2015 年 12 月 20 日，深圳光明新区的红坳渣土受纳场因忽视生产建设项目中的水土保持工作，未建设有效的截排水系统且严重超量超高堆填，发生滑坡事故，直接经济损失8.81亿元；2020年1月8日，云南镇雄宜毕高速公路建设工程发生一起山体滑坡事故；2020年9月10日，广西百色乐业县乐业大道道路工程发生隧道坍方事故。这些水土流失引发的灾害对当地的经济发展、社会稳定都产生了一定的负面影响。

(7) 受经济社会因素和技术水平影响显著

生产建设项目的水土流失不同于自然条件下的水土流失，很大程度上受经济社会因素和技术水平的影响。生产建设项目水土流失的影响因素包括自然环境因素与建设生产因素。自然环境因素决定了产生水土流失的物质基础；但建设生产因素则决定着人类对水土流失发生的控制能力，其取决于经济社会发展和技术水平。首先是生产规模受社会需求、技术进步的影响，而社会对环境的关注度和居民环境保护意识又影响决策者采取的对策；其次技术手段和水平决定着生产效率，较为先进的技术手段可使生产建设活动对环境的破坏相对减少。

工程建设技术水平和手段的提高对水土流失防治起着十分重要的作用。例如，输变电工程，随着张力架线施工专用遥控氦气飞艇及GR-1火箭架线作业装置等先进施工技术装备投入生产建设，输变电架线工程的施工工艺发生了飞跃，不仅解决了输电线路跨越森林、峡谷、经济林带、蔬菜大棚、电力线路、公路、铁路、通航河流等特殊地带张力架线施工的困难，改善了工程施工质量，提高了架线施工效率和综合效益，而且减少了工程建设过程对地表植被、地貌以及对水土保持设施的破坏，因工程建设造成水土流失量及其危害也显著减少。

2.2 水土流失的特点

2.2.1 按造成水土流失的分布和特点划分

根据生产建设项目造成水土流失的分布和特点，生产建设项目可分为点型生产建设项目和线型生产建设项目两类。

(1) 点型生产建设项目

点型生产建设项目是指布局相对集中，呈点状分布的项目，如矿山、电厂、水利枢纽等生产建设项目，其特点是影响区域范围相对较小或影响区域较为集中，但开挖量大、破坏强度大、建设周期较长、植被恢复难度大、水土流失防治困难。以水利水电生产建设项目为例，这类点型工程主要包括水利水电工程枢纽、电站、闸站、泵站等，其水土流失特点可概括为以下几个方面：

①建设周期较长，施工准备期是水土流失最严重的时期。水利水电工程枢纽、电站工程建设地点多为山区，深山峡谷，交通不便，施工场地狭窄，由于建设周期长，特别是施工准备期，要先进行"三通一平"、围堰、导流等建筑物的建设，进场道路和施工交通道路的修筑、施工场地的平整、施工营地的修建，工程量大，常需切坡、削坡，对地表植被破坏严重。由于施工难度大，水土流失防治措施不易到位，易产生严重水土流失。

②取料、弃土弃渣量大，水土流失危害严重。点型工程单位面积土石方开挖量大，材料用量和弃土弃渣量大，且较为集中，一旦发生水土流失，泥沙可能直接进入河道，影响

防洪,甚至给下游人民生命财产安全造成严重威胁。

③工程影响范围潜在危害大,水土流失类型复杂。水利水电枢纽工程除工程建设区外,还包括淹没区、移民安置区。工程占地多为数平方千米或几十平方千米。道路复建改建、移民区建设等均会扰动破坏地表植被,造成水土流失。另外,枢纽工程的库岸再造、水位消落等还诱发滑坡崩岸,导致植被死亡和景观破坏,潜在危害大,危害时间长。

(2)线型生产建设项目

线型生产建设项目是指跨度较大,呈线状分布的项目,如公路、铁路、管道、输电线路、渠道等生产建设项目。受工程沿线地形地貌限制及"线型"活动方式的影响,其主体、配套工程建设区,涉及破坏范围少则几公顷、数十公顷,多则达几平方千米,甚至数十平方千米。这类项目具有线路长、跨越地貌类型多、动用土石方量大、沿线取(弃)土场多而分散的特点,同时也表现水土流失量大、形式多样且阶段性特征明显等特点。

水利水电生产建设项目的线型工程,即工程布局及占地面积呈线状分布的工程,主要包括输水工程、河道工程、灌溉工程、供水工程等,其水土流失特点可概括为以下几个方面:

①工程沿线涉及的地形地貌类型多,水土流失类型多样,且呈线状分布。河道工程、输水、灌溉工程渠道等线型工程一般长达几十千米至数百千米,沿线可能经过山地、丘陵、平原等地貌类型,水土流失类型多样,而且临河临水,防护条件复杂。

②取料场、弃土弃渣场多而分散,常在农田附近或临河临水堆置,易产生水土流失且对周边造成危害。如新开河道工程,沿线需设置多处弃土弃渣场和取土取料场,且常分布于河道两侧,占用农田,破坏土地生产力,水土流失对周边影响较大。

③施工便道区是线型工程水土流失防治的重点区域,特别是山丘区的工程往往切坡削坡工程量大,极易产生较严重的水土流失。

2.2.2 按建设和生产运行方式划分

生产建设项目按建设和生产运行方式划分为建设类项目和建设生产类项目,由于两类项目在建设和生产运行方式方面存在差异,因而造成水土流失的特点不同。

(1)建设类项目

建设类项目多位于城镇附近,对人居环境影响较大;建设周期较长,但竣工后运行期内再无扰动地表的活动,因此产生水土流失的周期短,竣工后地表多变为硬化地面。其发生水土流失的时段包括施工建设期和植被恢复期,主要水土流失时段为施工建设期。

以城镇建设项目为例,主要包括工业区、商业区、经济开发园区、住宅区及配套采石取土区、交通基础设施建设等。其特点是:施工场地面积大、建设周期相对较长,开挖、填筑土石方工程量大,对地表及植被的破坏点多、面广。由城镇建设工程造成的水土流失具有以下特点:

①城镇人口密度大,水土流失对周边生产生活环境影响大。建设过程中的场地平整、基础开挖以及弃土(石)、弃渣、废料、垃圾的堆积,扰动、剥离地表,破坏原地貌、原有地表水系及植被,造成地表裸露,在强降水和大风的作用下极易发生流失,严重时堵塞城市排水系统,风蚀扬尘影响居民生活环境。

②采石取土场布置在城镇附近，不仅造成水土流失，而且严重破坏景观。为了减少运距，城镇建设工程项目取料场一般都布置在城镇附近地区，常因山体开挖形成山体缺口，不仅造成水土流失，还影响周边的自然景观。由于取料场地多为裸岩或裸地，水土流失严重，植被恢复困难。

③大量地面硬化，导致无法下渗，引起水损失，增加城镇防洪压力。城镇建设占用和破坏了大量耕地、林地和草地，使原有自然植被和土壤损失殆尽。地面硬化面积大，降水不能入渗，地表径流明显增加，增加了城镇防洪排导系统负担。

④根据生产建设周期来看，水土流失主要发生在施工建设过程中的"五通一平"、地基开挖建设等阶段，后期地面硬化后水土流失量大幅下降。在自然恢复期，绿化区范围内的植被恢复、水土流失情况随着植被生长逐渐得到控制。

(2) 建设生产类项目

建设生产类项目施工运行引起水土流失的特点是多离居住区较远，如矿厂、火电厂等，对周围生态环境危害大，大面积动工破坏力强，侵蚀模数大，扰动周期长，后期恢复困难，潜在危险性高。其水土流失时段包括施工建设期、植被恢复期和生产运行期，主要水土流失时段一般为生产运行期，根据建设目的及生产工艺不同可能导致不同情况。

以露天煤矿工程为例，其建设内容主要包括露天采掘场、废石场与内外排土场、选矿厂与地面生产系统、地面运输系统，以及生活区、供排水、供电与通信设施等工程。露天煤矿工程造成的水土流失具有以下特点：

①项目区占地面积较大，扰动地貌岩层规模大，扰动和破坏严重，地表土层及植被破坏；产生大量弃土（石、渣），排放量大，堆置高度高，松散堆积体裸露时间相对较长；水土流失类型为水蚀、风蚀、重力侵蚀并存，还会产生面蚀、沟蚀甚至沉陷、崩塌、滑坡、坡面泥石流等新侵蚀类型，水土流失严重。

②采掘场全面剥离破坏原地貌。采掘坑内由于采挖形成了具有高陡边坡的大型凹坑，水土流失主要发生于采掘场内部，表现为边坡坍塌和滑坡，对周边也会造成扬尘等影响。

③根据生产建设周期看，前期施工建设期"五通一平"、矿区建设及配套设施建设等是破坏原地表土壤、植被面积最大、程度最严重的时段，时水土流失严重。后期小部分地表硬化或绿化，部分区域土壤侵蚀模数下降。大面积露天采掘场、废石场与内外排土场等长周期作业，使生产运行期成为产生弃渣最多的时段及新增水土流失量最大的时段。

2.2.3 按行业管理和建设生产特点划分

(1) 公路、铁路工程

公路、铁路工程通常线路长、跨越地貌类型多，施工扰动周期长，水土流失主要发生在建设期；土石方量大、沿线取（弃）土场多而分散，土石方挖填不平衡，水土流失量大、表现形式多样且阶段性特征明显。山丘区地貌越复杂，项目建设扰动造成的水土流失越严重；临占地区水土流失最为严重，主要发生在高填深挖、隧道桥涵段的取料场、弃土弃渣场、施工便道、施工场地、临时堆料场、混凝土搅拌站及其他辅助工程区；路基填垫和边坡砌护中需要大量的土石料，取土场、采石场也是引发水土流失的重要部位。

对于城市轨道交通工程，发生水土流失的主要区域包括区间线路、车站、车辆段、停车场、换乘停车场等。

(2) 涉水交通(码头、桥隧)及海堤防工程

港口航运项目一般由码头及港池工程、陆域站场工程、对外交通工程、场外临时设施区、取料场、排泥场、弃渣场组成,水土流失主要发生在建设期,具有占地面积大、施工周期长、土石方量大等特点,水土流失在不同时段呈面状、线状和点状结合分布的特点。

(3) 机场工程

机场工程一般占地面积较大,建设扰动周期长,根据机场规模,飞行区跑道长达数千米,还有航站楼、生活区等工程建设,开挖、填筑、平整工程量一般均较大,对地表的扰动特别剧烈,造成水土流失的范围广、时间长、影响大。外围配套工程如公路、供水供电管线、输油线路等工程建设,也将产生大量扰动。

(4) 电力工程

①火电工程。一般占地面积不大,工程土石方量相对较小,建设期和生产运行期均可发生水土流失。建设期在施工准备期、土建、路基修筑、给排水管道埋设阶段,对原地貌、表土和植被的破坏,挖填土石方工程形成的取料场和弃渣场受水流冲刷易产生水土流失。生产运行期,排放至贮灰场的灰渣、石膏等废弃物易发生水蚀、风蚀及重力侵蚀;北方风沙区易发生风蚀。

②核电工程。核电站工程属大型综合性生产建设项目,土石方开挖数量巨大,水土流失主要发生在建设期。核岛、料场、弃渣场、给排水管线、冷却水池等区段,以及临时施工场地和施工便道为水土流失易发区。

③风电工程。其建设任务主要是安装风力发电机组,包括风轮、发电机和铁塔3部分及升压站、施工检修道路等配套建设工程,水土流失主要发生在建设期。水土流失类型北方风沙区以风蚀为主,山区、沿海地区水蚀和风蚀并存。

④光伏发电工程。其水土流失特点表现为点状与线状侵蚀兼有,风蚀与水蚀并存,水土流失主要发生在建设期。点状侵蚀集中发生于光伏支架、箱式变压器基础、升压站、施工生产生活区等;线状侵蚀发生于道路区和直埋集电线路区。

⑤输变电工程。包括输电线路和变电站两部分,水土流失基本呈有规律的分散式点状分布,水土流失主要发生在塔基和站场建(构)筑物施工建设期间。土石方及相关建设材料的临时堆放及处置等环节也易发生水土流失。

(5) 水利水电工程

水利水电工程建设项目建设周期较长,水土流失主要发生在建设期。对地面扰动大,影响范围广,可能产生严重水土流失,其水土流失不仅直接危害工程区域,还因移民安置、专项设施迁建及水库调洪的季节性变化,危害延伸至上下游及周边更广大区域。

(6) 井工开采矿山工程

井工开采也称地下开采,建设内容主要包括矿井工业场地、选矿厂与地面生产系统、废石(尾矿)或煤矸石场(库)、生活区以及场外公路、供排水、供电、通信等附属工程。水土流失在建设期和运行期均有发生,水土流失重点区域为煤矸石场(库)。工程地面建设占地面积比较小,但地下采空区范围较大,易引起地表大面积沉陷,诱发或加剧水蚀、风蚀、重力侵蚀,危害程度大,影响区域水循环及植物生长,破坏土地资源,降低土地生产力。另外，矿井排水可能对矿区及附近的地表河流、浅层地下水造成影响和破坏。

(7) 露天开采矿山工程

露天开采建设内容主要包括露天采掘场、废石(尾矿)场(库)与内外排土场、选矿厂与地面生产系统、地面运输系统，以及生活区、供排水、供电、通信等附属工程。水土流失在建设期和运行期均有发生，水土流失重点区域为废石(尾矿)场(库)。项目占地面积较大，扰动程度高破坏严重，基岩裸露，植被生产条件丧失，运行过程中排放大量的弃土(石、渣)压占土地，形成难以治理的大型凹坑，水土流失类型为水蚀、风蚀、重力侵蚀并存。

(8) 冶金化工工程

冶金化工工程造成水土流失主要发生在建设期；生产运行期堆放于堆场或尾矿库的灰、渣堆为水土流失重点发生部位，易发生面蚀和风蚀，其中生产工艺对水土流失的发生影响很大。冶金化工项目在生产过程产生的废渣、废气、废水、扬尘对土地、水、大气环境污染严重，需进行特殊处理。

(9) 管线工程

管线工程造成的水土流失主要发生在建设期，占地大部分为临时占地，水土流失多呈线状分布，受地貌类型的影响很大。水土流失形式和强度因管道敷设方式(沟埋敷设、顶管穿越、定向钻穿越、隧道穿越)不同差异明显，其中大开挖沟埋敷设管道施工产生的水土流失最为严重。

(10) 城镇建设工程

城镇建设工程的施工场地面积大、建设周期相对较长，开挖、填筑土石方工程量大，对地表及植被的破坏点多、面广。城镇人口密度大，水土流失对周边生产生活环境影响大。采石场、取土场布置在城镇附近，开采迹地、开挖创面及废弃土石料堆放造成的水土流失不仅影响周边环境，而且破坏景观，植被恢复困难大。大量地面硬化，导致降水入渗量减少、地表径流增加，增加了城镇排水系统负担和防洪压力。

(11) 林纸一体化工程

林纸一体化项目主要由厂区和林区两大部分组成。在建设期、运行期均会产生水土流失。在原料林基地建设及生产运行期间的清林、整地、栽植、采伐、运输等过程中均可能造成大面积严重的水土流失。

(12) 农林开发工程

在农林开发工程的规模化生产准备阶段，由于作业道路、施工场地准备及设备搬运活动造成地表植被和覆盖物被清除，致使表层土壤完全暴露，土壤颗粒松散，是水土流失易发期。在生产运行期，由于砍伐、运输、整地、栽植等一系列活动，也会产生新的水土流失。

(13) 移民安置及专项设施改迁建工程

移民安置工程的水土流失主要发生在移民安置区的建设阶段，主要集中在居民点民居建设和配套设施建设过程中。土地平整和建(构)筑物建设期间水土流失较为集中，以面蚀、沟蚀为主；给排水、交通道路及供电等配套工程施工建设期间水土流失呈线状分布。

集市、城镇、工业企业迁建工程，在山丘区，建设过程土石方量大，造成的水土流失较为严重；在平原区，地形条件和施工条件一般较好，建设过程中开挖、填筑及弃渣量相对不大，对水土流失的影响相对较小。

专项设施改迁建工程主要包括公路、铁路、输变电等项目，水土流失特点与相应类别的工程类似。

2.3 水土流失的形式及危害

生产建设项目水土流失的形式及危害复杂多样，包括生产建设项目区及其影响区域范围内的水损失（包括水资源及其环境的破坏）和土体损失（包括岩石、土壤、土状物、泥状物、废渣、尾矿、垃圾等的流失）。生产建设项目水土流失是在人为作用下诱发产生的，它与原地貌条件下的水土流失有着天然的联系，但也存在着明显的区别。下面分别从水资源系统破坏、水力侵蚀、重力侵蚀、混合侵蚀、风力侵蚀、其他侵蚀等几个方面进行阐述。

2.3.1 生产建设活动引发的水资源系统破坏

生产建设活动造成的区域水量损失及水质污染，导致区域水资源状况恶化，称为水资源破坏。在水资源遭到破坏的同时，水循环涉及的区域下垫面状况，如区域地形、地貌、土壤、植被、地质构造及河道特征等，也遭到不同程度的破坏，与水资源破坏一起称作水资源系统破坏。

(1) 生产建设活动对水循环的影响

生产建设活动主要影响内陆水循环，特别是影响河川流域水文情势的变化。生产建设项目的附属设施建设（如修筑房屋、道路、停车场、机场及其附属建筑物建设），将使硬化不透水地面增加（即都市化现象），从而增加地表径流，减少水分下渗和地下水补给，使工程建设区的河川基流量减小、洪峰峰值和频率增大、河川枯水期和洪水期流量的变幅增大。此外，坡面地形变化、地面硬化、不合理的排水渠系或无设计随意排洪，都将加快坡面汇流，使河槽汇流历时缩短，洪峰出现时间提前，直接威胁工程建设区及附近居民的生命财产安全。

以采煤工程为例，对水循环的影响一般分为3个阶段。第一阶段是采煤初期，矿井涌水主要来自煤层自身和疏干上层潜水，影响范围较小。第二阶段是随着采空范围的增大，上覆岩土破裂塌陷，煤层以上含水层、地下水、坡面径流及河道水流沿着塌裂区下渗补给矿井的水量不断增加，矿井涌水量越来越大。与此相应，上覆地层中各含水层地下水不断疏干，地下水位降低，河道基流逐渐变小直至枯竭，地表径流渗漏量越来越大，河川基流越来越少，与天然流域中的地表水和地下水之间的循环条件发生了很大的变化。第三阶段是采空范围达到一定程度后，疏干补给、地表径流入渗补给以及其他补给显著增加，形成整个开采过程的涌水高峰，地表径流明显减少，地下水位大幅下降，导致泉水断流。大量的矿坑排水，使地表水迅速向地下水转化，地下储水结构发生相应变化，使地下水体由原来的横向运动为主变成以纵向运动为主，破坏了浅层水源，严重影响工农业用水。采煤工程周期长、人员多、配套建设规模大,引发区域用水紧张,超采情况严重,干扰了正常的水循环,破坏了地下水的动态平衡,出现大量的地下水降落漏斗,特别是浅层水位普遍下降,改变了区域水文地质条件,造成房屋建筑开裂、地面沉降积水、河堤下沉、泄洪能力降低等一系列问题。

(2) 生产建设活动对地表水环境的破坏

灌溉、排污以及河流的水利工程建设等,都在时间和空间上引起了水文循环要素质和量的变化;大规模的土地开发利用,不仅改变了地表产汇流规律,而且改变了地下水的补给规律;生产活动造成河道外用水大量增加,使地表径流量、枯季径流量和地下水补给条件发生了相应改变;水利工程的修建、通江湖泊的开垦,以及跨流域调水工程的实施,更是改变了地表水的地域分配;城市化建设导致大片森林和田园消失,并侵占流域河道的洪水滩地,促使下垫面结构改变,不透水面积增大,降水径流转化关系也随之改变。

生产建设活动对地表水环境的破坏,不仅影响项目建设区和周边工农业及人民生活用水,而且导致区域内土地生产力下降和生态环境恶化。

(3) 生产建设活动对地下水环境的破坏

煤炭以及其他一些固体矿石的一般开采深度为几百米,被开采的煤炭以及其他一些固体矿石一旦运出地面,就会在几百米深的地层中留下巨大的空洞。这些空洞如果不花费较高的成本进行充填,空洞上面的岩层、水层都会形成自然陷落。这种陷落不仅影响地表地貌,更使地下水层、水系发生改变,从而影响原有的地表水系和地下水系,造成地表土地失水、荒漠化加剧和地下水的深层渗漏。

2.3.2 生产建设活动引发的水力侵蚀

岩土是历史自然体,但生产建设活动形成的人工扰动岩土,则是由自然体(如母质、母岩、原土壤)重建而成的一种新的岩土结构,它的成土历史很短。生产建设活动扰动和破坏了历经数百年甚至数千年形成的表层土壤,挖损、填筑、剥离、排放等传统剥排方式造成岩土无序排弃,使排土场岩土混合、土层顺序颠倒。水力侵蚀以此为物质基础,主要形式有以下几种。

(1) 溅蚀

溅蚀是雨滴击溅地面,使土壤细小颗粒从土体表面剥离,并被溅散雨滴带起而产生位移的过程,是水蚀的开始。溅蚀不仅造成土粒的位移,而且使土壤表面产生结皮,堵塞土壤孔隙,破坏土体结构,阻止水分下渗,为坡面径流的产生和侵蚀创造了条件。

溅蚀主要发生在已复垦的农田、取土场、排土场、建筑工程和铁路、公路工程等扰动地面,尤其剧烈发生在固体废弃堆积体(如排土场、矸石山、渣山等)覆盖疏松土层(如生黄土)后未进行植被恢复的场地。但对于石多土少或纯粹的矸石、尾渣、尾矿以及岩石堆积体而言,溅蚀的作用是很微弱的。

有几点值得注意:①溅蚀会增强坡面径流的紊动强度,能够增加水流的搬运能力,加剧岩土侵蚀;②溅蚀使岩土混合堆置体(如露天排土场)的土粒和细碎岩屑位移,并溅入较大的岩石孔隙,加剧了土粒和岩屑的迁移及表面的砂砾化;③雨滴击溅和淋洗使固体废弃物中的有害离子(如砂金矿中的 Hg^+、CN^-)随径流迁移,造成水体和土壤污染。

(2) 面蚀

坡面径流包括坡面薄层水流(即坡面漫流)和细沟流。坡面薄层水流是指降水强度超过下渗率或土体充分饱和后，地面积水呈薄层状并在重力作用下沿斜坡面均匀流动，导致细小土粒和可溶性物质以悬移方式被带走，表层被薄而均匀地剥蚀，即面蚀。

面蚀主要发生在已复垦的土地上，特别是岩石堆置体覆土后经机械碾压，密度大，表面粗糙度小，易产生坡面薄层水流，而引起面蚀；若覆土薄且与下伏松散岩石结合不良，则会产生砂砾化面蚀，影响新垦土地的持续利用；在植被恢复不良的废弃地或复垦地上也会发生鳞片面蚀。此外，土质道路边坡和土质坎坡也易发生面蚀。

坡面薄层水流进一步发展会产生集中小股流，即细沟流。细沟流冲蚀地面形成线状小沟，这个过程称为细沟侵蚀。细沟侵蚀主要发生在固体废弃物堆置体、复垦坡面(未覆盖植被或植被稀少)和土质边坡(如公路、铁路边坡)，一般与等高线方向垂直，大致相互平行地分布在坡面上。颗粒较大的坡面细沟间较难串通，黄土或土状覆盖物覆盖的坡面，细沟纵横交叉呈网状。取土场、采矿矿坑壁的细沟呈管状。细沟侵蚀强度随坡长的增加而增大。在较长的坡面自上而下可形成轻微冲刷带、较强冲刷带以及淤积带。

细沟侵蚀不同于一般的坡耕地细沟侵蚀，体现在以下方面：①大型机械化搬运堆置形成的固体废弃堆积体(如露天排土场)中，车辙道是细沟流产生的重要原因。因车辙道较规则且密度大，故细沟呈相互平行且不串通的规则分布；②颗粒大小组成变异大的废弃堆积体上，细沟流冲刷有分选作用，上坡部位以细小颗粒搬运为主，越到下坡搬运颗粒越大，致使细沟底和细沟壁呈犬齿状；③由于废弃物堆置体坡面具有显著的不均匀性和不平整性，细沟流极易发展为大浅沟或切沟且流路基本不变，只是向深向宽方向扩展。

(3) 沟蚀

在细沟侵蚀的基础上，进一步受集中股流冲刷形成沟蚀。在生产建设活动中放坡开挖、堆土等人为活动是项目区内坡面形成的主要来源。将生产建设活动中形成的坡面称为人工边坡。其坡度陡缓不一，坡形大部分为直坡，坡长较短(长坡往往被分割呈阶梯状)，坡面组成物质复杂。

人工边坡沟蚀多发生在汇水集中的地段，以堆垫或构筑为主形成的各种坡面多呈松散状，易形成沟蚀，但受坡长、汇水面积控制，一般初期发育快，很快趋于缓慢，发生频次大，以浅沟侵蚀为主。每 100 m 露天排土场边坡的沟蚀数量可达 10~50 条，矸石山边坡可达 10~40 条。土质边坡较石质边坡侵蚀强度大，黄土路面、路基、坝坡若不采取措施将发生十分严重的沟蚀。覆盖表土的复垦坡面若不及时恢复植被，短时间就可能因沟蚀而毁坏，无法种植。快速排弃堆置的边坡受排弃速度的影响，沟蚀较为剧烈；正在排弃的边坡，沟蚀往往呈侵蚀—掩埋—侵蚀的复杂过程，排弃停止后沟蚀才开始进入稳定发育阶段。均质人工边坡沟蚀与固结状况、物料构成有关；非均质人工边坡沟蚀则易受自然沉降速率的影响，沉降裂隙的产生是沟蚀形成的重要原因。沟蚀除造成项目区内水土流失外，还可能导致淤积河道、改变地形地貌、影响行洪等灾害。

(4) 潜移侵蚀

松散固体废弃物堆积体，大孔隙发达，有时呈管状。重力水迁移速率快且在迁移过程中携带大量的细小颗粒向深层搬运，即潜移侵蚀。此种侵蚀形式导致风化碎屑和人工覆土的损失,它与砂砾化面蚀(垂向损失和水平损失)共同成为影响生产建设区土地生产力恢复的重要原因。潜移侵蚀可导致水、土、岩屑、风化物、养分的损失。

(5) 管状侵蚀

弃渣弃土或固体废弃物堆积体内部,存在大量直径达数厘米甚至更大的大孔隙或管状通道,当地表径流沿沉陷裂缝或陷落洞穴(有时是凹形地)汇集,并从裂缝中灌入与大孔隙或管状通道串通,形成地下径流(管状流)。管状流使地面剥离物和水流通道周围的细小土砂石砾发生搬运和沉积的过程就是管状侵蚀。其反复发生的结果可能导致形成永久性地下沟槽排水系统,也可能因管壁坍塌堵塞通道而终止排水;若管状通道在距地面较近的亚表层,可能因陷落、坍塌而成为明渠,最终形成切沟或冲沟。

2.3.3 生产建设活动引发的重力侵蚀

重力侵蚀是地表土石物质在自身重力作用下失去平衡,产生破坏、迁移和堆积的自然现象。严格地说,纯粹由重力作用引起的侵蚀现象并不多见。重力侵蚀其实是在其他外营力,特别是水力侵蚀的共同作用下,以重力为直接原因所引起地表物质移动的形式。

项目建设区重力侵蚀产生的原因包括人工挖损、固体废弃物堆置、人工边坡构筑、采空塌陷、地下水超采、爆破及机械振动等,其形式比一般自然地貌条件下发生的重力侵蚀更为复杂。由于人类活动特别是城市建设和采矿不仅局限于山丘区,而且也普遍存在于河谷盆地和平原区,因此项目建设区重力侵蚀广泛分布于各种地貌类型区,形式主要有泻溜与土砂流泻、崩塌、滑坡等。

(1) 泻溜与土砂流泻

泻溜是指崖壁和陡坡上的岩(土)体因干湿、冷热、冻融交替而破碎产生的岩屑,在自重作用下沿坡面向下滚动和滑落的现象。项目建设区的泻溜主要发生在上述岩土构成的挖损地或堆置地。

人为扰动破坏了岩土表面覆盖的植被,使易风化的岩土坡变成泻溜坡,或使已固定的泻溜坡再次复活。取土、取石、采矿、工程建设场地剥离开挖,使埋藏在地下深层的易风化岩土暴露,以惊人的风化速率形成泻溜坡面,实际上是岩石圈深层岩土矿物暴露后,由于物理化学条件改变,失去原有平衡,而建立新的平衡的过程,如露天煤矿采矿坑边坡若不及时处理,砂页岩、泥页岩、页岩和板岩等极易风化而形成泻溜面。由易风化岩土组成的固体岩土松散堆积体坡面,也会形成泻溜坡面,特别是采矿废石废渣堆积体的风化泻溜,是植被恢复的主要障碍之一。

土砂流泻发生在人工堆积的固体松散体坡面上,由于深层岩石上覆有极厚的岩土层而承受着巨大的静压力,呈固结或超固结状态,一旦被爆破、粉碎、剥离并堆置在地表,在新的条件下,大小不同的岩土颗粒发生新的自然固结,由于固结速率、时间差异,导致坡面土砂物质失重,向坡脚滚落的水土流失形式称为土砂流泻。此种形式在露天矿排土场初期较为内常见,在公路、铁路建设过程中,沿陡坡排放的土砂石料也能够见到。

(2) 崩塌

斜坡岩土的剪应力大于抗剪强度,岩土在剪切破裂面上发生明显位移,即向临空方向突然倾倒，岩土破裂，顺坡翻滚而下的现象称为崩塌。崩塌多发生在坚硬、半坚硬或软硬互层岩(土)体中。发生在岩体中的称为岩崩，发生在土体中的称为土崩。崩塌坡面坡度一般大于55°，生产建设人为活动如扰动岩土层、构筑人工边坡等，破坏了岩土原有的平衡状态，加剧了崩塌或产生新崩塌。生产建设活动中造成的人为崩塌主要包括采矿造成的崩塌、道路建设造成的崩塌、水工程建设场地的崩塌、南方崩岗地区人类活动引发的崩塌等。

①采矿造成的崩塌。采矿造成的崩塌包括采空塌陷引起的崩塌、露采采场边坡的崩塌，以及在高陡斜坡上下采矿取土、取石、取砂引起覆岩崩塌，固体废弃物松散堆积体崩塌和坍落。水土保持最为关注的是固体废弃物松散堆积体，如露天矿山排土场、尾矿库、矸石山、渣山等，组成物质松散，常呈非固结或半固结态，堆体与基底结合不良，在外部因素的诱发下极易产生崩塌。此外，堆置在河岸岸坡上的固体松散物，常因洪水冲刷底部而悬空产生崩塌。大型尾矿坝、贮灰场、尾砂场有时也因选择不适、设计考虑不周等原因发生崩塌、坍落。

②道路建设造成的崩塌。人工道路修筑过程中，扰动地层的主要方式是开挖路堑和堆垫路基，其引发的崩塌以开挖、削坡造成的上覆岩层悬空并沿某一垂直节理(如黄土)或张裂隙劈开而形成崩落为主。

③水工程建设场地的崩塌。水工程建设场地范围内包括取土场、取石场、库区以及库坝等均可能产生崩塌，以岸坡崩塌最为常见，其中又以黄土岸坡崩塌尤为严重。水库岸坡崩塌即塌岸，是水库蓄水后，构成岸坡的松软岩土体在库水位涨落和波浪冲蚀作用下，失去原有的稳定平衡条件，而发生岸坡变形、崩塌、岸线后移，并形成水下浅滩的现象。崩塌发生的程序受库岸形态、库岸岩(土)体结构、岩性、水库水位涨落幅度、波浪高度、波速、波向等因素的影响，一般分为3个阶段：第一阶段，因水库水位上升，引起库岸岩土密度、含水量、孔隙率、塑性、内聚力、内摩擦角的变化，使岩土体结构软化和崩解，改变库岸的稳定条件；第二阶段，水库风浪作用冲击岸坡冲击、磨蚀岸壁，岸边下部被冲蚀掏空，上部岩土体失去平衡而崩落；第三阶段，塌岸物质被波浪搬运和分选而堆积在一定区域，后经岸流搬运而顺岸移运，逐渐形成浅滩。

④南方崩岗地区人类活动引发的崩塌。崩岗是南方热带、亚热带花岗岩地区发生的一种特殊侵蚀形式，主要表现为水流和重力作用下的沟头、沟壁崩塌。人类活动特别是工程建设活动，破坏地表，毁坏植被，加剧或引发了崩岗侵蚀的发展。此外，山丘区开挖地基、削坡也可导致崩塌。

(3) 滑坡

滑坡是指斜坡岩体或土体在重力作用下，沿某特定面或组合面(软弱滑动面)产生的整体滑动现象。它与崩塌的区别在于，滑坡在滑动过程中滑体上的地物和岩土层虽受扰动和破坏，但仍维持原来的相对位置，而崩塌则是岩土层受到了彻底破坏，崩塌坡面陡立，滑坡坡面一般较小。完整的滑坡应由滑动面、滑动带、滑坡壁、滑坡阶地、滑坡舌、滑坡鼓丘、滑坡洼地、滑坡裂缝等要素组成，具有明显的特征。一般滑坡只具备其中几个要素。

生产建设活动诱发的滑坡属人为扰动地层诱发的重力侵蚀范畴，因此受其所处区域地质背景、主要地质构造和岩土组成物质的控制。我国西南地区及甘肃、宁夏等一些区域构造活动频繁的地区,生产建设区滑坡相当严重。在构造相对稳定的地区,生产建设区滑坡发生规模小、危害轻。当然工程建设活动对地层的扰动程度对滑坡也产生深刻的影响,不同场所滑坡的类型和危害程度不同。以下介绍几类生产建设活动引起的滑坡。

①露天开采引起的采场边坡滑坡。露天矿采场切入地层中,采场面积大,边坡(工作边帮)呈台阶状分布。边帮角是根据矿山设计要求确定,如果设计不合理,考虑不周,就会出现滑坡。采场边坡形成滑坡的重要因素包括:有软弱或破碎岩层存在,如煤层、泥岩、页岩等,或基底岩层垂直节理发育,或大断层,有形成滑动面的可能;地下水和地面水流入滑动面;边坡底部、周围井工开采的冒落、塌陷;边坡底部软弱岩层被切断;采场边坡台阶过高;爆破、机械振动的触发;露天煤矿残煤层自燃等。

②固体废弃物堆置引起的滑坡。大量固体废弃物堆积在山丘斜坡或采矿台阶上,使基底承受荷载增大,在外部因素的触发下,就会产生新的滑坡和使原有滑坡复活。

③道路建设引起的滑坡。施工挖堑、切削坡脚,破坏山体支撑部分,引起滑坡。公路、铁路建设过程中,在边坡顶上堆填岩土加载,使斜坡应力改变,引起滑坡。特别是在原有滑坡体上堆填岩土极易造成原有滑坡复活。路堑开挖,改变地下水运动条件,并增大水力坡度,促使滑坡产生或复活。地下水动态变化地区尤其如此。

④水工程建设引起的滑坡。水工程包括水库、引水工程、灌溉工程等,建设过程中开挖、填垫岩土也可引起滑坡,常见的有溢洪道边坡滑坡、水库岸坡滑坡。溢洪道边坡滑坡是因开挖坡脚导致的滑坡,形成原因与露天采场边坡、道路边坡滑坡类似。水库库岸滑坡的产生除工程地质原因外,主要是水位变化。此外,水利设施(包括水库)漏水、工程建设毁坏植被、开凿隧洞、工程废水积水渗漏等改变地下水文状况的活动,也极易产生新的滑坡或使原有滑坡复活。

(4)非均匀沉降侵蚀与塌陷侵蚀

非均匀沉降广义上讲是指由于人类工程(经济活动)或地质构造运动,导致地壳浅部松散覆盖不均匀压密,而引起地面高程不均匀降低的一种工程地质现象,包括地下水超采、石油开采、煤炭开采等引起的非均匀沉降、地基非均匀沉降及其他原因引起的非均匀沉降。非均匀沉降导致地面变形,造成楼房、道路、渠道、水库大坝等各种建筑物的变形和破坏,甚至倾倒坍塌。山丘区非均匀沉降还诱发崩塌、滑坡等重力侵蚀。这种由于非均匀沉降产生的地面破坏和土壤侵蚀统称为非均匀沉降侵蚀。生产建设项目常见的非均匀沉降侵蚀有以下两种。

①固体松散堆积体的非均匀沉降。是指由于其组成物质颗粒大小混杂,自然压缩固结速率不等,而导致表面变形和破坏的特殊现象。这种现象在现代化大型露天矿排土场形成初期尤为严重。排土场非均匀沉降侵蚀,除土砂流泻外,更多地表现为平台部位的陷穴、陷坑、裂隙、盲沟、穿洞等。这种侵蚀在细小颗粒含量高特别是黄黏土含量高的排土场或覆盖黄土后的排土场表现得最为剧烈。根据平朔安太堡露天煤矿南排土场的调查结果,固体废弃物堆积体的非均匀沉降形式多样、程度不一,它不仅造成排土场平台周边开裂错位,排水渠裂缝,破坏已复垦的土地,而且地表雨水和径流沿裂隙大量灌入,成为影响排土场整体稳定性的重要因素。非均匀沉降在小型排土场、矸石山、渣山等固体松散堆积体内均会发生,但危害程度不等。如煤矸石山由于泥岩、页岩、泥质页岩、废煤、

矸石的风化，出现黏性可压缩固结的颗粒后，矸石山也可发生裂隙错位，但很快又会被上部滑落的物质充填覆平。另外，矸石山的自燃经常引起局部坍落，也可以看作一种非均匀沉降。

②采空区塌陷侵蚀。是指地下矿层大面积采空后，矿层上部的岩层失去支撑，平衡条件被破坏，随之产生弯曲、坍落，以致发展到使地表下沉变形。地表变形开始形成凹地，随着采空区的扩大，凹地不断发展成凹陷盆地（移动盆地）。采空塌陷引起的一系列水土资源的损失和破坏现象，称为塌陷侵蚀（沉陷侵蚀），主要表现在以下5个方面。

a. 对土地资源的破坏。地表塌陷引起一系列的地表变形和破坏，造成对土地资源特别是对耕地的破坏，使连续的大块连片耕地变成分割破碎的耕地，给耕作带来困难；破坏水利灌溉设施，如渠道裂缝、水管拉裂、拉断等，使水浇地变为旱地；在潜水位较高的地区，如黄淮海平原，塌陷区积水能够造成大片农田弃耕绝产。

b. 对水资源的破坏。塌陷导致地表水渗漏，造成地表水损失，引发干旱；破坏地下储水结构，改变水文循环系统，引起泉水、河流干枯等。

c. 对植被资源的破坏。大范围塌陷导致植物根系拉断，枯萎死亡；地表张口裂缝、塌陷漏斗、塌陷盆地造成地面大量土层松散，加剧水土流失，破坏植物生长环境，在风蚀和荒漠化严重地区，地下水体渗漏损失严重影响植物生长，甚至导致植被大面积死亡，加剧风蚀和荒漠化。

d. 加剧水土流失。地表塌陷的形成改变了原地面形态，在平原区造成地表凸凹不平，使塌陷范围内特别是塌陷坑、塌陷盆地周边水蚀和重力侵蚀加剧。在山丘区，邻近沟谷、岸坡的塌陷可诱发崩塌、滑坡。槽状塌陷坑若形成于沟谷两侧，且走向与沟谷平行，必然使沟谷进一步下沉和拓宽。槽状塌陷坑本身也是一种特殊的沟道，流水侵蚀会不断加剧其发育；在特殊区域，会产生一系列连锁危害，如水库渗漏，垮坝引发山洪、泥石流侵蚀；在风蚀区，槽状塌陷坑走向若与主风向平行，势必导致顺风吹蚀两边塌陷坑壁，形成类似于旱地区的"雅丹"地貌。塌陷破坏水资源和植被资源还会引起固定沙丘向流动沙丘转化，轻度风蚀区向重度风蚀区转化。此外，塌陷还对地面建筑和社会环境造成很大的破坏，如对工业和民用建筑物及其设施、交通运输、电力、通信、名胜古迹等造成破坏。

e. 爆破和机械振动引起的重力侵蚀。采矿和工程建设过程中，爆破和机械振动经常引发崩塌、滑坡、地面沉陷、建筑物变形和破坏等多种灾害性现象。

2.3.4 生产建设活动引发的混合侵蚀

混合侵蚀是指在水流冲力和重力共同作用下的一种特殊侵蚀形式，在生产上常称混合侵蚀为泥石流。泥石流是一种含有大量土沙石块等固体物质的特殊洪流，它不同于一般的暴雨洪流，而是在一定的暴雨条件下，受流水冲力和重力的综合作用形成的。泥石流具有明显的阵发性、浪头特征、直进性和高搬运能力，历时短，来势凶猛，破坏力极大，是水土流失危害最严重的形式。

生产建设活动剥离、搬运和堆置岩土（包括各类矿物、岩石、土体、尾矿、尾渣、矸石、煤等），在泥石流易发区为泥石流的爆发提供了各种有利条件，特别是剥离地表和深层物质加速改变地面状况和地形条件（如植被、表土、坡度、坡面物质的松散性等），使尚处于准平衡状态的山坡向不稳定状态转变；废弃固体物质随意堆置沟谷坡面，为泥石流的形成提供了固体松散物质，剥离和堆置岩土破坏原有的水文平衡，增加暴雨径流量或使雨水迅速沿松散岩土中下渗，从而间接地改变泥石流爆发的外部条件。

2.3.5　生产建设活动引发的风力侵蚀

(1) 风蚀

项目建设对土壤、岩石的扰动，使地面变得疏松并破坏植被和土壤层，甚至使原地貌面目全非。地下开采也常因地面塌陷、地下水渗漏而导致植物生长不良甚至死亡，加剧了项目建设区的风蚀。例如，覆盖黄土的复垦土地、尾矿渣堆积地、矸石山、煤堆，不仅出现土粒和风化碎屑的损失，而且造成严重的粉尘污染。又如胶结力差的尾矿库，若不及时恢复植被，吹蚀将导致地面尾砂飞扬，造成局部地面堆积，压埋农田，造成耕地沙化。风蚀因生产建设而加剧，反过来又进一步危害项目本身。

(2) 干旱和扬沙

生产建设活动诱发干旱的原因，一方面生产建设活动扰动自然岩土，引起区域水量损失，它包括地表径流损失、地表水浅层渗漏损失、地表水深层渗漏损失和地下水损失，由此造成地表和土壤层的干旱，含水量降低，同时也诱发沙尘天气；另一方面生产建设活动破坏了地表植被，导致了地表和土壤层干旱，引发了扬沙。

2.3.6　生产建设活动引发的其他侵蚀

生产建设活动除引发水力侵蚀、风力侵蚀、重力侵蚀及水资源系统破坏外，还会造成化学侵蚀等侵蚀形式。化学侵蚀包括降水和地面径流冲刷造成化学离子的迁移，以及岩土中水分运动引起的化学离子的淋溶。化学离子的迁移是生产建设活动引发面源污染的主要形式，包括工业建设区、采矿区、城市及道路等地面径流造成的化学侵蚀，导致地表和地下水的二次污染；化学侵蚀通过淋溶造成土层中孔隙增多，促进水分运动和机械潜蚀，导致土壤养分大量淋溶流失，降低土地生产力，甚至使有毒化学物质溶移。

2.4　水土流失防治目标、指标及标准

2.4.1　水土流失防治目标

生产建设项目水土流失防治，不仅要对新增的水土流失进行防治，还需结合区域水土流失重点防治区的划分和治理规划的要求，对项目区原有的水土流失进行治理。生产建设项目应达到防治水土流失的下列目标：①项目建设区范围内的新增水土流失应得到有效控制，原有水土流失得到治理。②水土保持设施应安全有效。③水土资源、林草植被应得到最大限度的保护与恢复。④水土流失治理度、土壤流失控制比、渣土防护率、表土保护率、林草植被恢复率、林草覆盖率6项指标应符合国家标准规定与要求。

2.4.2　水土流失防治指标

《生产建设项目水土流失防治标准》(GB/T 50434—2018)中规定的水土流失防治指标

包括水土流失治理度、土壤流失控制比、渣土防护率、表土保护率、林草植被恢复率、林草覆盖率6项指标。

①水土流失治理度。是指在项目水土流失防治责任范围内水土流失治理达标面积占水土流失总面积的百分比。水土流失面积包括因生产建设活动导致或诱发的水土流失面积，以及防治责任范围内尚未达到容许土壤流失量的未扰动地表面积。水土流失治理达标面积是指对水土流失区域采取水土保持措施，使土壤流失量达到容许土壤流失量或以下的面积，以及建立良好排水体系，并不对周边产生冲刷的地面硬化面积和永久建筑物占用地面积。

$$水土流失治理度(\%) = \frac{水土流失治理达标面积}{水土流失总面积} \times 100\% \quad (2-1)$$

②土壤流失控制比。是指项目水土流失防治责任范围内容许土壤流失量与治理后年平均土壤流失量之比。水力侵蚀的容许土壤流失量指标按《土壤侵蚀分类分级标准》(SL 190—2007)规定执行，可参考以下值：北方风沙区为1000~2500 t/(km²·年)，具体数值可根据原地貌风蚀强度确定；风蚀水蚀交错区为1000 t/(km²·年)；其他侵蚀类型暂不做定量规定。

$$土壤流失控制比(\%) = \frac{容许土壤流失量}{治理后年平均土壤流失量} \times 100\% \quad (2-2)$$

③渣土防护率。是指项目水土流失防治责任范围内采取措施实际挡护的永久渣土和临时堆土数量占永久弃渣和临时堆土总量的百分比。永久弃渣是指项目竣工后和生产过程中，堆存于专门场地的废渣(土、石、灰、矸石、尾矿)；临时堆土是指施工和生产过程中暂时堆存，后期仍要利用的土(石、渣、灰、矸石)。实际挡护是指对永久弃渣和临时堆土下游或周边采取拦挡，表面采取工程措施和植物防护措施或临时苫盖防护。

$$渣土防护率(\%) = \frac{实际挡护的永久渣土和临时堆土数量}{永久渣土和临时堆土总量} \times 100\% \quad (2-3)$$

④表土保护率。是指项目水土流失防治责任范围内保护的表土数量占可剥离表土总量的百分比。保护的表土数量是指对各地表扰动区域的表层腐殖土(耕作土)进行剥离(或铺垫)、临时防护、后期利用的数量总和。可剥离表土总量是指根据地形条件、施工方法、表土层厚度，综合考虑目前技术经济条件下可剥离表土的总量，包括采取铺垫措施保护的表土量。值得注意的是，一般情况下耕地耕作层、林地和园地的腐殖层、草地草甸、东北黑土层都应进行剥离和保护。

$$表土保护率(\%) = \frac{保护的表土数量}{可剥离表土总量} \times 100\% \quad (2-4)$$

⑤林草植被恢复率。是指项目水土流失防治责任范围内林草植被面积占可恢复林草植被面积的百分比。可恢复林草植被面积是指在当前技术经济条件下，通过分析论证确定的可以采取植物措施的面积，不含恢复农耕的面积。林草植被面积是指生产建设项目的防治责任范围内所有人工和天然的林地、草地面积。其中森林的郁闭度应达0.2以上(不含0.2)；灌木林和草地的盖度应达0.4以上(不含0.4)；零星植树可根据不同树种的造林密度折合为面积。需要注意的是，林草植被面积均以垂直投影面积计。

$$林草植被恢复率(\%) = \frac{林草植被面积}{可恢复林草植被面积} \times 100\% \quad (2-5)$$

⑥林草覆盖率。是指项目水土流失防治责任范围内林草植被面积占总面积的百分比。

$$林草覆盖率(\%)=\frac{林草植被面积}{土地总面积}\times100\% \tag{2-6}$$

2.4.3 水土流失防治标准

(1) 防治标准等级划分

根据《生产建设项目水土流失防治标准》(GB/T 50434—2018),结合项目所处地区水土保持敏感程度和水土流失影响程度,生产建设项目水土流失防治标准等级分为3级。

①一级标准。项目位于各级人民政府和相关机构确定的水土流失重点预防区和重点治理区、饮用水水源保护区、水功能一级区的保护区和保留区、自然保护区、世界文化和自然遗产地、风景名胜区、地质公园、森林公园、重要湿地,且不能避让的,以及位于县级及以上城市的区域。

②二级标准。项目位于湖泊和已建成水库周边、四级以上河道两岸3 km汇流范围内,或项目周边500 m范围内有乡镇、居民点的,且不在一级标准范围的区域。

③三级标准。项目位于一级、二级标准区域以外的区域。

(2) 不同类型区防治标准及指标

为科学合理进行水土流失防治总体布局,全国共划分东北黑土区、北方风沙区、北方土石山区、西北黄土高原区、南方红壤区、西南紫色土区、西南岩溶区、青藏高原区8个一级区。生产建设项目水土流失防治指标值根据水土保持区划分别制订,施工期和设计水平年的水土流失防治指标值应符合表2-1至表2-8的规定。

表2-1 东北黑土区水土流失防治指标值

防治指标	一级标准		二级标准		三级标准	
	施工期	设计水平年	施工期	设计水平年	施工期	设计水平年
水土流失治理度(%)	—	97	—	94	—	89
水土流失控制比	—	0.90	—	0.85	—	0.80
渣土防护率(%)	95	97	90	92	85	90
表土保护率(%)	98	98	95	95	92	92
林草植被恢复率(%)	—	97	—	95	—	90
林草覆盖率(%)	—	25	—	22	—	19

表2-2 北方风沙区水土流失防治指标值

防治指标	一级标准		二级标准		三级标准	
	施工期	设计水平年	施工期	设计水平年	施工期	设计水平年
水土流失治理度(%)	—	85	—	82	—	77
水土流失控制比	—	0.80	—	0.75	—	0.70
渣土防护率(%)	85	87	83	85	80	83
表土保护率(%)	*	*	*	*	*	*

(续)

防治指标	一级标准		二级标准		三级标准	
	施工期	设计水平年	施工期	设计水平年	施工期	设计水平年
林草植被恢复率(%)	—	93	—	88	—	83
林草覆盖率(%)	—	20	—	16	—	12

注：*风沙区表土保护率不作要求。当项目占地类型为耕地、园地时应剥离和保护表土，表土保护率根据实际情况确定。

表 2-3 北方土石山区水土流失防治指标值

防治指标	一级标准		二级标准		三级标准	
	施工期	设计水平年	施工期	设计水平年	施工期	设计水平年
水土流失治理度(%)	—	95	—	92	—	87
水土流失控制比	—	0.90	—	0.85	—	0.80
渣土防护率(%)	95	97	90	95	85	90
表土保护率(%)	95	95	92	92	90	90
林草植被恢复率(%)	—	97	—	95	—	90
林草覆盖率(%)	—	25	—	22	—	19

表 2-4 西北黄土高原区水土流失防治指标值

防治指标	一级标准		二级标准		三级标准	
	施工期	设计水平年	施工期	设计水平年	施工期	设计水平年
水土流失治理度(%)	—	93	—	90	—	85
水土流失控制比	—	0.80	—	0.75	—	0.70
渣土防护率(%)	90	92	85	88	80	85
表土保护率(%)	90	90	85	85	80	80
林草植被恢复率(%)	—	95	—	90	—	85
林草覆盖率(%)	—	22	—	18	—	14

表 2-5 南方红壤区水土流失防治指标值

防治指标	一级标准		二级标准		三级标准	
	施工期	设计水平年	施工期	设计水平年	施工期	设计水平年
水土流失治理度(%)	—	98	—	95	—	90
水土流失控制比	—	0.90	—	0.85	—	0.80
渣土防护率(%)	95	97	90	95	85	90
表土保护率(%)	92	92	87	87	82	82
林草植被恢复率(%)	—	98	—	95	—	90
林草覆盖率(%)	—	25	—	22	—	19

表 2-6　西南紫色土区水土流失防治指标值

防治指标	一级标准		二级标准		三级标准	
	施工期	设计水平年	施工期	设计水平年	施工期	设计水平年
水土流失治理度(%)	—	97	—	94	—	89
水土流失控制比	—	0.85	—	0.80	—	0.75
渣土防护率(%)	90	92	85	88	80	84
表土保护率(%)	92	92	87	87	82	82
林草植被恢复率(%)	—	97	—	95	—	90
林草覆盖率(%)	—	23	—	21	—	19

表 2-7　西南岩溶区水土流失防治指标值

防治指标	一级标准		二级标准		三级标准	
	施工期	设计水平年	施工期	设计水平年	施工期	设计水平年
水土流失治理度(%)	—	97	—	94	—	89
水土流失控制比	—	0.85	—	0.80	—	0.75
渣土防护率(%)	90	92	85	88	80	84
表土保护率(%)	95	95	90	90	85	85
林草植被恢复率(%)	—	96	—	94	—	89
林草覆盖率(%)	—	21	—	19	—	17

表 2-8　青藏高原区水土流失防治指标值

防治指标	一级标准		二级标准		三级标准	
	施工期	设计水平年	施工期	设计水平年	施工期	设计水平年
水土流失治理度(%)	—	85	—	82	—	77
水土流失控制比	—	0.80	—	0.75	—	0.70
渣土防护率(%)	85	87	83	85	80	83
表土保护率(%)	90	90	85	85	80	80
林草植被恢复率(%)	—	95	—	90	—	85
林草覆盖率(%)	—	16	—	13	—	10

此外，生产建设项目水土流失防治指标的制订还应注意以下问题：

①生产建设期扰动范围的防治指标值不应低于施工期指标值，其他区域不应低于设计水平年指标值。

②同一项目涉及两个以上防治标准等级区域时，应分区段确定指标值。

③矿山开采和水工程项目计算各项防治指标值时，其露天开采的采区面积、水工程的水域面积可在防治责任范围面积中扣除，恢复耕地面积在计算林草覆盖率时可在防治责任范围面积中扣除。

④水土流失治理度、林草植被恢复率、林草覆盖率可根据干旱程度按下列原则进行调整：位于极干旱地区的，林草植被恢复率和林草覆盖率可不作定量要求，水土流失治理度可降低 5%~8%；位于干旱地区的，水土流失治理度、林草植被恢复率、林草覆盖率可降低 3%~5%。

⑤土壤流失控制比在轻度侵蚀为主的区域不应小于 1，中度以上侵蚀为主的区域可降低 0.1~0.2。

⑥在中山区的项目，渣土防护率可减少 1%~3%；在极高山、高山区的项目渣土防护率可减少 3%~5%。

⑦位于城市区的项目，渣土防护率和林草覆盖率可提高 1%~2%。

⑧对林草植被有限制的项目，林草覆盖率可按相关规定适当调整。

复习思考题

1. 简述生产建设项目水土流失的内涵及特征。
2. 按建设和生产运行方式可以将生产建设项目分为哪两类？其水土流失特点分别是什么？
3. 生产建设项目水土流失的形式有哪些？
4. 生产建设项目水土流失的危害表现在哪些方面？
5. 生产建设项目水土流失防治目标及指标有哪些？

第 3 章

生产建设项目水土保持调查与勘测

在生产建设项目工程建设和生产运行过程中,由于人为扰动、挖损、占压土地,加之水力、风力等外营力作用,所产生的水土流失较通常情况下更为剧烈。因而,全面、准确地了解和掌握水土流失情况及危害,及时采取有效的防护措施,使水土保持措施较好地发挥作用,最大限度地避免可能发生的水土流失、环境破坏和潜在的危害至关重要。因此,在施工前需要对生产建设项目进行水土保持调查与勘测,并以此作为后续设计的基础。

3.1 概述

(1) 调查与勘测的类型

生产建设项目水土保持调查与勘测是对项目区的相关自然条件、经济社会、水土流失特点、水土保持现状等进行数据分析、实地调查和地面测量,分析和评价水土保持工程措施、建设场地的适宜性和稳定性,为生产建设水土保持工程布局和建(构)筑物设计提供科学依据与基础资料。根据侧重内容、所用手段与方法的不同,可将其分为生产建设项目水土保持调查、生产建设项目水土保持测量和生产建设项目水土保持勘察。

①生产建设项目水土保持调查。是为查明水土保持工程区的相关自然条件、自然资源、经济社会及土地利用情况,以及水土流失特点、水土保持现状和水土保持工程措施适宜性而开展的调查工作。该类调查为水土保持工程布局和建(构)筑物设计提供科学依据与基础资料。

②生产建设项目水土保持测量。是为查明生产建设项目水土保持工程建设场地的地形地貌、地质条件,分析和评价建设场地的稳定性和适宜性而开展的测量工作。

③生产建设项目水土保持工程勘察。是工程勘察活动中的一类,涉及工程地质、工程测量、勘探(包括钻探、坑探、物探)、测试技术、遥感技术、计算机及信息技术等科学的应用,其中以工程地质为主,贯穿于整个生产建设活动。

(2) 调查与勘测的目的和作用

①依法开展水土保持调查与勘测,为国家生态建设和生态修复提供决策依据。随着经济社会的快速发展,特别是工业化和城市化进程的加快,生产建设活动造成的人为水土流失大量增加,而且呈现越来越严重的趋势,对国家生态安全以及人民的生产、生活影响极

大。因此，掌握区域水土流失状况，最大限度减少水土流失是十分必要且亟须解决的问题。

《水土保持法》第八条规定："任何单位和个人都有保护水土资源、预防和治理水土流失的义务。"第三十二条规定："开办生产建设项目或者从事其他生产建设活动造成水土流失的，应当进行治理。"为规范生产建设项目水土流失防治工作，1988年，水利部发布了《开发建设项目水土保持方案技术规范》(SL 204—1998)；2008年，建设部发布了《开发建设项目水土保持技术规范》(GB 50433—2008)，2018年修改为《生产建设项目水土保持技术标准》(GB 50433—2018)，规定了生产建设项目水土保持方案各阶段要求，其中就包括了对项目和项目区的相关情况的调查与勘测。

从法律法规的角度来看，开展生产建设项目水土保持调查与勘测，全面履行水土保持相关法律法规规定的各项义务，能够及时掌握水土流失状况，规范生产建设项目水土流失防治工作，为国家生态建设和生态修复提供决策依据。

②掌握区域水土流失状况，为生产建设项目水土保持措施设计提供基础数据。生产建设项目是在人为作用下诱发产生的，其与原地貌条件下的水土流失有着天然的联系，但也存在着明显的区别。传统水土流失以对自然地貌的侵蚀为主，人为加速侵蚀主要由毁林毁草、开垦荒地和不合理的生产经营活动所造成。生产建设项目水土流失是一种极为剧烈的人为加速侵蚀。由于自然条件的地域差异、各类生产建设项目的建设特点和建设内容的不同，在建设过程中所造成的水土流失形式、特点、强度、危害及影响范围，以及针对可能造成的水土流失所采取的水土保持措施等方面不尽相同。因此，需要根据各类项目水土流失特点，开展调查与勘测。水土保持调查与勘测从保护和合理利用水土资源、维护良好生态环境的角度出发，对区域水土流失的自然条件和经济社会条件，尤其是水土流失和水土保持状况、主体工程和工程地质情况进行调查与勘测，分析潜在的水土流失问题和隐患，为监控水土流失和水土保持状况、完善防治措施体系、开展水土流失治理工作、防止水土流失事故等提供基础数据，服务于生产建设项目，是做好后续工作的前提。

③排除潜在隐患，确保工程的安全建设及运行。随着工程建设施工的进行，会对地表进行大范围及深度的开挖、扰动、取料、弃渣等，加之侵蚀动力条件的突变，扰动侵蚀、料场与弃渣场的侵蚀、开挖扰动引起的微地形等都会不断出现，并形成不易被察觉的不稳定变化，进而激发不稳定事件，如岩(土)体稳定性减弱、出现隐蔽性裂隙和水流泥浆涌动等，严重的还会引起泥石流、滑坡等灾害的发生，对工程建设本身以及未来的生产运行构成严重威胁。

通过对水土流失及其影响因素等的调查与勘测，确保能够及时了解并掌握项目区水土流失、工程地质情况及其变化，从而能及时发现问题征兆，及时采取相关措施，有效规避灾害的发生，减少对生命和财产的威胁。

(3)调查与勘测的主要内容、要求和方法

生产建设项目水土保持调查与勘测内容包括自然因素与经济社会因素、水土流失与水土保持情况、主体工程情况等。自然因素包括地形地貌、地质、气象、水文、土壤及植被等，经济社会因素包括行政区划、人口总量、人口密度、经济收入、交通状况、产业结构等。水土流失情况包括水土流失类型、面积、强度等。水土保持情况包括项目区及周边水土流失治理状况、现有的水土保持设施情况、水土保持设施的损毁情况，以及同类生产建设项目治理经验和管理经验等。主体工程情况包括主体工程平面布局、规模、施工工艺、永久占地、临时征占地情况等。

各设计阶段应根据《生产建设项目水土保持技术标准》（GB 50433—2018）、《水土保持工程项目建设书编制规程》（SL 447—2009）、《水土保持工程可行性研究报告编制规程》（SL 448—2009）、《水土保持工程初步设计报告编制规程》（SL 449—2009）等国家现行标准的规定，按设计阶段划分及深度要求开展水土保持工程调查与勘测工作，并符合下列内容规定：①当需对水土保持工程进行同等深度方案比较时，应对各方案开展同等深度的调查与勘测工作。②当水土流失综合治理工程设计阶段合并时，调查与勘测工作应满足相应深度要求。③生产建设项目水土保持工程调查与勘测的工作深度，应与主体工程设计深度相适应，并应满足主体工程方案比选的需要。④调查与勘测工作完成后，应提交相应的成果。⑤生产建设项目水土保持勘测涉及滑坡、泥石流的，应按国家现行标准《滑坡防治工程勘查规范》（GB/T 32864—2016）和《泥石流灾害防治工程勘查规范》（DZ/T 0220—2006）的有关规定执行；贮灰场治理工程勘测应按现行行业标准《火力发电厂贮灰场岩土工程勘测技术规程》（DL/T 5097—2014）的规定执行；排泥场、矿山排土场、尾矿库（赤泥库）的勘测应按现行国家标准《岩土工程勘察规范》（GB 50021—2001）的有关规定执行。

生产建设项目水土保持调查与勘测的方法主要包括收集资料、实地调查、测绘、遥感等。根据调查与勘测内容及要求的不同，可采用多种方法结合。

3.2 水土保持调查

3.2.1 调查范围和内容

(1) 调查范围

调查范围依据项目规模、特点，以生产建设项目防治责任范围及周边区域为单元开展调查，并充分利用主体工程设计涉及的地质、地貌、水文等相关资料。

调查深度应与主体工程设计深度适应，并能满足主体工程方案比选的需要。

(2) 一般调查内容

生产建设项目水土保持一般调查内容主要包括：主体工程情况；地理位置、地质、地形地貌、气象、水文、土壤、植被等自然条件；经济社会及土地利用情况；水土流失类型、分布、强度及危害，区域内发生的自然灾害情况；水土保持情况；项目实施的条件。

(3) 不同类型区的特殊调查内容

对于不同类型区的调查有其特殊性，例如，青藏高原区植被破坏后的可恢复性是水土保持工程设计过程中需重点考虑的问题，而在其他区则不一定是很重要的限制因素；又如，南方红壤区对于可能受台风、梅雨影响的地区应重点调查台风、梅雨的情况；同样，在东北黑土区应重点调查农业机械化耕作条件，还有北方风沙区应重点考虑风蚀的情况等。因此，针对不同类型区的特殊要求，当生产建设项目涉及侵蚀沟、耕地、水源和植被恢复等，还需调查以下内容。

①东北黑土区。侵蚀沟密度、沟头前进情况及沟岸扩张情况;冻土深度和冻融情况;农业机械化耕作条件、耕作制度。

②北方土石山区。地面组成物质情况;裸岩面积比例;水源条件、小型蓄水工程类型、雨水利用方式、污水处理现状及设施等;适生抗旱植物种。

③西北黄土高原区。第四纪红黏土出露面积比例;侵蚀沟密度、沟头前进情况及沟岸扩张情况;现有淤地坝建设及运行情况;小型蓄水工程类型、雨水利用方式;适生抗旱植物种。

④北方风沙区。主风向、年沙尘暴日数;地面覆盖明沙的程度、地表结皮情况、沙化土地扩大情况;风沙区的沙土厚度、土壤盐碱度、次生盐渍化情况、适生抗旱和耐盐碱植物种。

⑤南方红壤区。林下水土流失情况;岩石风化程度、崩岗侵蚀及分布;台风、梅雨的影响范围、时段、强度、可能引发的次生灾害及影响区域等。

⑥西南紫色土区。耕地中岩石出露面积比例;灌溉水源及排水条件;干热河谷适生植物种。

⑦西南岩溶区。石漠化现状及耕地中岩石出露面积比例;地表物质组成情况;岩溶泉水、小溪流、小泉水、地下河出口、地表水资源枯竭及内涝情况;干热河谷适生植物种。

⑧青藏高原区。河谷农田岸坡水土流失危害情况;建立人工草场土壤及水源条件;高原高寒适生植物种;植被自然恢复条件。

3.2.2 调查方法

调查方法主要有收集资料、典型调查、遥感调查、无人机调查、询问调查和不同设计深度调查等,在实际应用中常多种方法并用。

(1)收集资料

收集资料是生产建设项目水土保持调查的主要方法。收集的资料数据需具有可靠性、完整性和代表性,对收集的资料分类编目汇总,在分析的基础上剔除不可靠的资料数据。

①资料内容。生产建设项目水土流失影响因子资料,包括地质、地貌、气象、水文、土壤、植被、土地利用等;与生产建设项目水土保持有关的经济社会资料;同类工程水土流失与防治资料,区域水土保持资料;主体工程设计、勘察、影像、立项文件等相关资料,以及项目实施的条件;调查使用的图件和各级水土保持规划等。

②资料来源。与生产建设项目水土保持相关的国家和地方性法规、政府文件等;已有的水土保持调查成果及相关部门的调查成果;相关业务部门专题资料,包括土地利用、水文、气象、林业、农业、土壤、地质资料等;相关业务部门的统计资料,包括国家、行业及各级政府的年鉴、统计报表、统计台账等;最新的卫星影像、航空相片、地形图资料以及业务部门的相关图件;主体工程设计、勘察、审批等相关资料;有关的网上资料。

(2)典型调查

典型调查可布设样地或选择片区进行调查,也可设置固定连续观测点观测。

①典型调查内容。水土流失典型事例及灾害性事故调查,主要包括滑坡、崩岗、泥石流、山洪等;如涉及综合治理的小流域,其典型调查包括水土保持措施新技术采用的推广

示范调查及水土保持政策法规执行情况和新的治理经验调查;如涉及全国重点流域治理、重点示范流域,其典型调查的内容包括自然条件、经济社会、土地利用、水土流失及其危害等。

②典型调查原则。调查对象应具有很强的代表性且分布合理,调查规模要适度;根据不同的调查目的和任务确定调查细则。可以一次性调查,也可定期进行调查。调查需严格按照确定的细则进行,杜绝漏查。

③典型调查方法。典型调查可采用资料搜集、实地考察和量测、开调查会、访问等多种形式。调查内容应填入调查表,并完成相应的图件和说明,必要时编写调查报告。典型调查可根据实际要求布设样地或选片区进行调查。如涉及重点或示范小流域综合治理典型调查,宜采用 1:1000 或 1:5000 的地形图或相应比例的航片,逐个图斑进行调查、绘制。涉及中大流域可采用 1:10 000 或 1:50 000 的地形图或相应比例的航片,也可以采用卫星图片或卫星数据资料,逐个图斑进行调查、判读、绘制。

(3)遥感调查

遥感调查以遥感影像为基础,提取项目所需相关信息。目前精准的遥感专题信息提取主要依靠全人工目视解译实现。近年来,我国已逐步形成低空、航空和航天卫星遥感一体化数据采集、处理和应用等较为完备的遥感监测体系。在生产建设项目水土保持中,遥感调查的方法已被广泛应用。

①遥感调查内容。土地利用,包括耕地、林地、草地、水域、建筑用地、交通运输用地等各地类;水土保持措施,包括梯田、淤地坝、截排水沟、鱼鳞坑、水平阶等;植被盖度;主体工程占地基本情况,已开工建设工程现状。

②遥感影像选择。遥感影像空间分辨率要尽量高,以提高专题信息提取精度;影像的时段要易于区分土地利用、植被盖度、水土保持措施等类型和变化特征。卫星影像选择倾角较小、覆盖工作区域的全色或多光谱影像,影像时相尽可能一致或接近,要求层次丰富、影像清晰、色调均匀、反差适中、无噪声和条带缺失。影像中云层覆盖应少于3%,且不能覆盖重要地物,分散的云层面积总和不应超过作业区面积的8%。航空相片需影像清晰,对比度适中,覆盖工作区域且区域内云影覆盖应少于3%,分散的云层面积总和不应超过作业区面积的8%。有立体观测要求时,相片的航向重叠应不少于60%、旁向重叠应不少于30%,相邻相片的航高差应小于30 m、航线的弯曲率应小于3%。

③遥感调查方法。

a. 解译标志建立。遥感影像解译前,根据信息提取内容、遥感影像分辨率、时相、色调、几何特征、影像处理方法、外业调查等建立遥感解译标志。建立的解译标志需具有代表性、实用性和稳定性。一般根据解译经验或遥感图像与实地对照,也可与相同地区既有的典型遥感解译成果对照。解译标志应通过野外验证,并根据实地情况进行修改和补充。对典型的解译标志、重要的要素分类界线、空间变异间接引起解译标志差异的同质要素等,要实地拍摄照片,并做好野外记录。对各种解译标志应有详细的文字描述,并整理成册。

b. 信息提取。

土地利用:信息获取以目视解译方法为主,根据实际情况采用直接判读、逻辑推理或综合景观分析等多种方法，相互配合使用。计算机自动识别解译方法为辅。

植被盖度：遥感影像提取植被盖度分为单时相植被盖度和多时相植被盖度。单时相植被盖度是采用单次遥感影像所对应的植被盖度值，因子的提取采用目视解译、归一化植被指数等方法。目视解译方法根据影像辐射定标情况，可采用直接判读法、对比法、邻比延伸法、证据汇聚法、影纹分类法等多种方法相互配合使用。归一化植被指数方法应根据影像辐射定标情况，利用近红外波段和可见光红波段计算得到归一化植被指数，通过植被指数计算得到植被盖度。多时相植被盖度是采用多期单时相遥感影像获取的植被盖度，一般分为旬、月和年植被盖度。旬植被盖度由多期单时相植被盖度最大值合成；月平均植被盖度由本月3个旬的植被盖度计算获取；年平均植被盖度由本年12个月平均植被盖度计算获取。

水土保持措施：水土保持措施中的梯田、淤地坝、截排水沟、鱼鳞坑、水平阶等以目视解译方法为主。对于遥感方法不能或不易获取的措施类型，需结合收集资料、地面调查等方法进行补充。

土壤侵蚀因子：利用遥感和数字摄影测量等技术获取适宜比例尺的数字高程模型，计算坡度坡长因子。通过遥感影像并结合地面观测，获取指标，计算降水侵蚀力因子。通过微波、热红外等影像，结合地面观测数据等资料，获取土壤水分和地表温度等指标。地表组成物质可通过遥感影像获取地表物质，并结合地面调查和土壤样品化验分析结果等，计算土壤可蚀性因子。

c. 野外验证。包括解译标志验证，信息提取成果验证，解译中的疑点、难点以及需要补充的解译标志验证，与现有资料对比有较大差异的解译成果验证。一般采用抽样调查的方法，抽取不少于总图斑数的5%进行核查，抽取其中10%作为验证样本进行实地验证。解译中疑点难点，应补充解译标志，并抽取不少于20%的样本进行验证。对解译结果与现有资料对比有较大差异的图斑进行100%验证。

d. 修改解译结果。对野外验证结果及时补充，填写验证记录表。根据野外验证实际情况修改补充解译标志，并根据新建立的解译标志进行校核，修改解译结果。

(4) 无人机调查

无人机调查是目前生产建设项目水土保持现场调查的主要方式。

①调查内容。包括地形地貌、土地利用、水土保持措施、主体工程防治责任范围及周边区域现状。

②调查特点。

a. 快速反应。无人机调查通常低空飞行，空域申请便利，受气候条件影响较小。对起降场地的要求限制较小，可通过一段较为平整的路面实现起降，在获取航拍影像时不用考虑飞行员的安全，对获取数据时的地理空域以及气象条件要求较低，能够实现人工探测无法达到地区的监测功能。升空准备时间15 min即可，操作简单，运输便利。车载系统可迅速到达作业区附近设站，根据任务要求每天可获取至少几十平方千米的航测结果。

b. 具有时效性、性价比高。无人机调查工作组可随时出发，随时拍摄，相比卫星，无人机调查可做到短时间内快速完成。相比人工实地调查作业效率高，是今后小范围实地调查和测绘的发展趋势。

　　c. 监控区域受限制小。因常年受积雪、云层等因素影响，导致卫星遥感数据的采集受到一定限制。传统的大飞机航飞需遵守国家有关规定和限制，如航高大于 5000 m，这样就不可避免存在云层的影响，降低成图质量。另外还有一定的危险，在边境地区也存在边防的问题。而小型无人机很好地解决了这些问题。不受航高限制，成像质量、精度都远远高于大飞机航拍。

　　d. 地表数据快速获取和建模能力强。系统携带的数码相机、数字彩色摄像机等设备可快速获取地表信息，获取超高分辨率数字影像和高精度定位数据，生成数字高程模型、三维正射影像图、三维景观模型、三维地表模型等二维、三维可视化数据，便于进行各类环境下应用系统的开发和应用。

　　③调查过程。

　　a. 区域确定。包括航拍区域矩形 4 个角点在 WGS-84 下坐标。

　　b. 现场勘查。包括飞行空域、起降场地、空中管制。

　　c. 航线规划。包括飞行航线、作业高度、飞行架次。

　　d. 任务载荷设定。包括数码影像、胶片、视频、监控。

　　e. 执行飞行。包括飞行器运输、飞行作业、安全保障。

　　f. 确验效果。包括成片数量、航摄范围、图像质量。

　　g. 后期制作。包括纠偏、拼图、配准、剪辑、输出。

（5）询问调查

　　询问调查一般采用面谈、电话访问、邮寄访问及问卷回答等方式。询问调查首先要确定调查内容与调查方式。

　　①调查公众对水土保持政策法规的了解和认识程度、对水土流失及其防治的观点和看法、对水土流失和水土保持的认识与评价。

　　②调查专家对水土保持政策法规及科学技术的研究、推广和应用的认识、看法和观点。

　　③调查总结水土流失及其防治方面的经验、存在的问题和解决的办法。

　　④了解和掌握与水土保持有关的经济社会情况，弥补统计资料的遗漏与不足。

　　⑤询问调查时需合理确定调查内容与调查方式，保证调查资料的真实性和可靠性；问卷设计应体现普遍性和代表性，应根据不同的任务和目的进行设计，并进行统计分析，由专家进行解释和诊断。

　　⑥调查方法。

　　a. 面谈或电话访问。应确定一个或若干个主题进行讨论，并记录分析。

　　b. 邮寄访问或问卷回答。应设计详细的问卷，调查单位可根据实际增加或删除有关内容。

（6）不同设计深度调查

　　生产建设项目水土保持设计以可行性研究阶段为主，各要素调查宜在收集资料的基础上开展，但如涉及项目建议书和初步设计阶段，仍需开展相应深度的调查。

　　①地形地貌调查。在项目建议书和可行性研究阶段，宜采用收集资料和重点调查；初

步设计阶段，进一步辅以地形图调绘、无人机调查、遥感调查等手段开展调查。

②土壤调查。在项目建议书和可行性研究阶段，宜采用收集资料调查；初步设计阶段采用收集资料和现场调查相结合的方法。

③植被调查。在项目建议书和可行性研究阶段，可采用询问调查、典型调查、收集资料等调查方法；初步设计阶段辅以样线调查或样方调查等手段。

④土地利用现状调查。在项目建议书和可行性研究阶段，以现有土地利用现状调查成果为基础开展工作；初步设计阶段进行现场调绘和核查，也可辅以无人机调查、遥感调查等手段开展调查。

⑤水土流失和水土保持现状调查。在项目建议书和可行性研究阶段宜采用收集资料、典型调查的方法，宜辅以无人机调查、遥感调查等手段开展调查；初步设计阶段进行抽样调查和现场核查。

3.2.3 主体工程调查

主体工程调查的内容包括主体工程规模、工程布置、施工布置、施工方法及工艺、土石方及处置方案、工程征（占）地、施工工期、工程投资、移民（拆迁）安置、专项设施复（改）建区及防护工程区等；覆土来源、水源及灌溉设施和道路分布情况等。该类调查主要采用收集资料、实地调查等方式获得，并以主体工程的设计报告为主要资料来源。

(1) 主体工程区调查

①调查范围包括工程征占地范围及周边受影响区域。

②调查内容包括项目基本情况、项目组成及工程布置、施工组织、工程占地、土石方平衡等。

a. 项目基本情况。包括项目名称、地理位置、建设性质、建设任务、工程等级与规模、总投资及土建投资、建设工期等。

b. 项目组成及工程布置。包括项目建设基本内容，单项工程的名称、建设规模、平面布置、竖向布置等。存在依托关系的项目，还需调查依托工程相关情况等。

c. 施工组织。包括施工生产区和生活区的布设位置、数量、占地面积等；施工道路布设位置、长度、宽度、占地面积等；施工用水水源、供水工程布置、占地面积等；施工用电电源、供电工程布置占地面积等；场内外交通、材料来源、通信系统等；涉及施工导流的，调查导流方式、结构形式、挖填土石方量等；与水土保持相关的场地平整、基础开挖、路基修筑、管沟挖填等土石方工程施工方法与工艺；生产过程中产生的弃土（石、渣、灰、矸石、尾矿）及处置方案，包括来源、数量、类别和处置方式。

d. 工程占地。根据项目组成和施工组织，统计项目的占地面积、性质及类型，并进行现场复核。

e. 土石方平衡。根据项目组成和施工组织，分区统计并复核挖方、填方、借方（说明来源）、余方（说明去向）量和调运情况。

③工作底图采用1∶（2000~5000）地形图。

(2) 弃渣场区调查

①调查范围包括弃渣场用地范围及上、下游影响区。

②调查内容包括弃渣场基本地质条件、面积、容量、弃渣组成；交通运输条件、周边汇水情况及下游影响范围内重要基础设施分布情况；占地类型、覆土来源、水源及灌溉设施条件和道路情况；建筑材料情况。

③工作底图采用1∶(2000~5000)地形图。

(3) 排泥池、贮灰场、矿山排土场、尾矿库(赤泥库)场址调查

①调查范围包括占用地范围及上、下游影响区。

②调查内容包括基本地质条件、面积、容量、组成成分及有毒有害物质情况；交通运输条件、周边汇水情况及下游影响范围内重要基础设施、居民点分布情况；水源及灌溉设施条件和道路情况；占地类型、覆土来源、植被分布情况。

③工作底图采用1∶(2000~5000)地形图。

(4) 料场区调查

①调查范围包括料场占地范围及周边影响区。

②调查内容包括料场地形、类型、储量、面积、剥采比、无用层厚度及方量，周边汇水、排水情况，以及周边影响范围内重要基础设施分布情况等；占地类型、覆土来源、水源及灌溉设施条件和道路分布情况等。

③工作底图采用1∶(2000~5000)地形图。

(5) 交通道路区调查

①调查范围包括道路占地范围及周边影响区。

②调查内容包括地形，占地类型，路面结构、长度、位置、形式、宽度，现有道路情况，周边汇水情况及周边影响范围内重要基础设施分布情况等。

③工作底图采用1∶(2000~5000)地形图。

(6) 施工生产生活区调查

①调查范围包括施工生产生活区占地范围及周边影响区。

②调查内容包括施工生产生活区布置位置、数量、占地面积，临时堆料场布置数量及位置，周边汇水、排水情况，场地硬化情况等；覆土来源、水源及灌溉设施条件和道路分布情况等。

③工作底图采用1∶(2000~5000)地形图。

(7) 移民(拆迁)安置、专项设施、复(改)建区及防护工程区调查

①调查范围包括占地范围及周边影响区。

②调查内容包括安置的规模、安置方式、安置(拆迁)点自然条件、工程布置、占地面积、土石方、边坡、表土情况等；专项设施复(改)建区及防护工程区按上述(1)~(6)分别调查。

③工作底图采用1∶(2000~5000)地形图。

3.2.4 自然因素和土地利用调查

自然因素调查的内容包括地质调查、地形地貌调查、气候气象和水文调查、土壤和植被调查等。调查时不能使用范围过大的资料，一般点型项目以乡(镇)或县(市、区)为调查单元，线型项目以县(市、区)或市(地、州)为调查单元。

(1) 地质调查

地质调查的内容包括项目区地质构造、地层岩性、不良地质现象等。该类调查主要采用资料收集、实地调查等方式获得,并以主体工程的地质报告为主要资料来源。

地质构造调查的内容包括地质构造类型、分布和特点,如区域地层分布有无褶皱、向背斜及其他类型;区域断层分布情况,断层走向、倾角、断裂带宽度、深度等;区域节理状况、劈理分布等。

地层岩性调查的内容包括岩层走向、倾向和倾角等岩层产状特性,以及沉积岩的颜色、物质成分、结构、胶结物及胶结类型、特殊矿物等岩石性质。

不良地质现象调查的内容包括类型、范围、规模、特点等,明确不良地质现象可能对项目建设和水土流失防治的影响。主要的不良地质现象有崩塌、滑坡、泥石流、岩溶、地震等。

(2) 地形地貌调查

地形地貌调查的内容包括地貌类型、单元及分布、地表形态要素、地面物质组成等。该类调查主要采用资料收集、地形图调绘、航片判读、地形图与实地调查相结合等方式获得。

(3) 气候气象和水文调查

气候气象调查包括气候类型、系列降水特征值、降水年内分布、年均蒸发量、年均气温、≥10℃积温、极端最高气温、极端最低气温、年均日照时数、无霜期、最大冻土深度、年均风速、瞬时最大风速、主风向、大风日数等。一般从当地或附近气象部门收集获得,必要时还需进行实地调查。需要说明资料的来源和系列长度,系列长度宜在30年以上。

水文调查包括项目区所属流域(水系)、地表径流量、年径流系数、径流年内分配、输沙量、地下水埋深等状况。该类调查所需资料一般从附近水文站、区域或全省的相关标准、水文手册、水文图集或在水行政主管部门收集获得,必要时还需进行实地调查。

(4) 土壤和植被调查

土壤调查的内容包括项目区地面物质组成、土壤类型及其分布、土壤厚度、土壤养分含量,以及项目占地区域表层土壤分布情况、需剥离的厚度等。该类调查一般采取实地测定,也可从土壤普查资料中获得。

植被调查的内容包括项目区主要植被类型、林草覆盖率和主要树(草)种等,特别是乡土适生种和引进适生种。该类调查一般采用现场实测的方式获得,也可收集相关资料。

(5) 土地利用调查

土地利用调查主要调查土地利用现状,包括耕地、园地、林地、牧草地、居民点及工矿用地、交通用地、水域,以及未利用土地等的位置、面积和比例。一般依据项目区及其周边区域范围,采用实地调查、无人机调查和遥感解译等方法获得,必要时需多种方法结合。

3.2.5 水土流失与水土保持调查

(1) 水土流失调查

水土流失调查的内容包括项目所在区域水土流失类型、面积、强度、分布、土壤侵蚀模数、容许土壤流失量,以及项目占地范围内土壤侵蚀模数背景值和项目周边区域的水土流失对工程项目的影响等,着重调查不同侵蚀类型(水力侵蚀、重力侵蚀、风力侵蚀)及侵蚀强度(轻度、中度、强烈、极强烈、剧烈)的分布面积、位置与相应的侵蚀模数,并据此推算调查区的年均侵蚀总量。该类调查主要结合区域水土保持规划,通过现场调查,参考区域最新发布的水土流失动态监测成果,获得水土流失现状信息。结合《土壤侵蚀分类分级标准》(SL 190—2007)分析确定土壤侵蚀模数背景值。水土流失重点关注地区可采用典型样地调查。

(2)水土保持调查

水土保持调查主要是水土保持现状调查、项目区及周边同类型生产建设项目水土保持调查、水土保持敏感区调查等。该类调查主要采用资料收集、现场调查和遥感调查等方式获得。

①水土保持现状调查。包括项目所在区域水土流失治理现状,已实施的水土保持措施类型、分布、面积、保存情况、防治效果、监督管理,水土流失防治的工程类型、设计标准、林草品种等主要成功经验及存在的问题等;项目区内现有水土保持设施的类型、数量、保存状况、防治水土流失的效果等。扩建项目还需详细调查上一期工程的水土保持工作开展情况和存在问题。

②项目区及周边同类型生产建设项目水土保持调查。主要是调查项目区及周边地区1~2个类似项目的水土流失治理情况,包括单项工程扰动范围、防治措施的类型、设计标准及实施效果,当地适生的水土保持树(草)种,水土保持监理、监测的执行情况和效果以及存在的问题等。该类调查的目的是为拟建生产建设项目水土流失防治提供经验和教训,为拟建项目水土保持措施的布设提供参考。

③水土保持敏感区调查。主要是调查项目是否位于水土流失重点预防区和重点治理区、饮用水源保护区、水功能一级区的保护区和保留、自然保护区、世界文化和自然遗产、风景名胜区、地质公园、森林公园、重要湿地、生态脆弱区、基本生态控制区、河道、水库及水工程管理范围、重要基础设施管理范围区、地质灾害易发区、高陡边坡区、城市易涝区等。这些区域一旦发生水土流失,将会对动植物、土壤、水体等生态环境因子造成严重影响,需要进行重点预防、保护和治理。

3.2.6 调查成果

(1)成果形式

生产建设项目水土保持调查成果一般采取表格、文字、图件、影音资料等形式。

(2)表格和文字

表格和文字形式的调查成果包括项目区气象、水文、水土流失、水土保持措施等的调查成果表和相关说明分析性文字。调查成果参考表 3-1 至表 3-7。

表 3-1 主要气象特征调查

年均降水量(mm)	降水频率(mm)			年均蒸发量(mm)	气温(℃)			≥10℃积温(℃)	年均日照时数(h)	无霜期(d)	最大冻土深度(m)	大风日数(d)	平均风速(m/s)	主风向
	5年	10年	20年		年最高	年最低	年平均							

表 3-2　气象调查

项　目		数值	备注
太阳辐射(J/m^2)			
年均日照时数(h)			
温度(℃)	年均气温		
	1月平均气温		
	7月平均气温		
	绝对最高温度		
	绝对最低温度		
	≥10℃的积温		
	≥0℃的积温		
无霜期	始霜期		
	终霜期		
	无霜期		
封冻期	起时(终日不化)		
	止时(完全解冻)		
	封冻期(d)		
	冻土厚度(cm)		
降水量(mm)	年均降水量		
	最大年降水量		
	最小年降水量		
	平均汛期降水量		
	不同频率不同时段降水量		
蒸发量(mm)	年均蒸发量		
	最大年蒸发量		
	最小年蒸发量		
风	平均风速(m/s)		
	最大风速(m/s)		
	主风向		
	8级以上大风日数(d)		
	沙尘暴日数(d)		

表 3-3　水文情况调查

所属流域	水系	地表径流量(m^3)	年径流系数(%)	径流年内分配	含沙量(kg/m^3)		输沙量(t)	地下水		
					平均	最高		水位(m)	储量(m^3)	可开采量(m^3)

表 3-4　项目区水土流失现状调查

总面积 (km²)	水土流失面积										侵蚀模数 [t/(km²·年)]
	合计 (hm²)	轻度面积 (hm²)	占比 (%)	中度面积 (hm²)	占比 (%)	强烈面积 (hm²)	占比 (%)	极强烈面积 (hm²)	占比 (%)	剧烈面积 (hm²)	占比 (%)	

表 3-5　工程区水土流失调查

地点	地块	破坏和压占面积 (m²)	地面扰动类型	地形部位	地面组成物质	原地面坡度 (°)	现地面坡度 (°)	挖深或堆置高度 (m)	坡向	坡长 (m)	周边植被状况	植被恢复状况	土壤侵蚀类型	土壤侵蚀强度 [t/(km²·年)]	水土流失危害情况

表 3-6　水土流失样地调查

编号_____　标准地规格___m×___m　标准地面积_____hm²　地理位置：_____

土地利用类型		植物类型或作物类型	
地貌类型		植被盖度(%)	
地貌部位		植被生长状况	
海拔(m)		枯枝落叶层状况土壤侵蚀类型	
坡向		土壤侵蚀强度	
坡度(°)		土壤侵蚀程度	
地表组成物质		估计侵蚀量	
基岩种类		已采取的水土保持措施	
土壤类型		标准地所在地形条件下的位置略图：	
土层厚度(cm)			

表 3-7　水土保持措施现状调查

小流域名称	总面积 (hm²)	水土流失面积 (hm²)	治理面积 (km²)	治理程度 (%)	林草措施					封育措施	
					水土保持林			经济林栽培园和果园 (hm²)	种草 (hm²)	面积 (hm²)	围栏 (m)
					乔木林 (hm²)	灌木林 (hm²)	经济林 (hm²)				

小流域名称	工程措施													
	土坎梯田 (hm²)	石坎梯田 (hm²)	塘坝		骨干工程		淤地坝		蓄水池(窖)		拦沙坝 (座)	谷坊 (座)	排灌渠道 (m)	沟头防护工程 (m)	排洪沟 (m)
			数量 (座)	总库容 (×10⁴ m³)	数量 (座)	总库容 (×10⁴ m³)	数量 (座)	总库容 (×10⁴ m³)	数量 (座)	总库容 (×10⁴ m³)					

(3) 图件

图件包括项目地理位置图、项目区水系图、土壤侵蚀图、水土流失重点防治区图、项目总体布置图、工程平面布置图、点式项目竖向布置图等。

(4) 影音资料

影音资料包括工程区土地利用现状、工程区及周边区域自然现状和水土流失现状的影像等。

3.3 水土保持测量

3.3.1 测量内容与要求

(1) 测量内容

生产建设项目水土保持测量的内容主要包括地形测量和断面测量。在勘测设计阶段，主要是运用各种测量仪器和工具，通过实地测量和计算，把小范围内地面上的地物、地貌按一定的比例尺测绘在工程建设区域的地形图上，为勘测设计提供各种比例尺的地形图和测绘资料。在施工建设阶段，主要是将图纸上设计的建筑物平面位置和高程，按设计要求在实地上标定出来，作为施工的依据；在施工过程中，要进行各种施工测量工作，以保证所建工程符合设计要求。

(2) 测量要求

生产建设项目水土保持测量工作整体应符合下列规定：①同一工程不同测量阶段的测量工作宜采用同一坐标系统。②测量的地物和地貌要素应根据水土保持工程的特点和任务要求确定。③测量工作前，需要收集测区已有的地形图及平面、高程控制资料。④生产建设项目水土保持工程测量坐标系统应与主体工程保持一致，水土流失综合治理工程测量，其坐标系统可采用相对坐标、高程系统。

此外，各阶段测量工作应符合下列规定：①收集和利用主体工程测量成果，并应进行相应深度的专门测量。②总平面布置的地形图测量比例尺，项目建议书和可行性研究阶段应为1:(10000~50000)；初步设计阶段应为1:(2000~10000)。③项目建议书和可行性研究阶段弃渣场、料场布置区地形测量比例尺不应小于1:10000；典型弃渣场、料场及其防护工程布置区地形测量比例尺应为1:(1000~2000)；其他生产建设项目水土保持工程布置区地形测量比例尺应为1:(2000~10000)。初步设计和施工图设计阶段生产建设项目水土保持工程布置区地形测量比例尺应为1:(1000~2000)。④项目建议书和可行性研究阶段典型防护建(构)筑物地形测量比例尺不应小于1:2000；初步设计阶段和施工图设计阶段防护建(构)筑物地形测量比例尺应为1:(500~1000)。

拦渣工程与防洪排导工程区还应进行纵横断面测量，纵断面应沿轴线布置，比例尺应为1:(200~500)；横断面应根据地形起伏情况布置，建筑物两侧应外延一定范围，比例尺应为1:(100~200)。

3.3.2 测量仪器和方法

(1) 测量仪器

测量仪器包括全站仪、GPS-RTK测图、经纬仪、水准仪、测绳、手持罗盘等设备，在生产建设项目水土保持工作中，需根据工程的规模和测量精度要求来确定。如植物措施和临时措施布设以及样方调查等常可采用手持GPS、皮尺、测绳、罗盘、花杆、手持水准仪等开展测量（生产实践中也常称为简易测量）便可基本满足设计的需要；而对于防洪排导工程、弃渣场及防护工程等常需采用全站仪、经纬仪、水准仪等测量仪器开展测量。

（2）测量方法

测量工作必须按照先整体后局部、先控制后碎部的原则进行。测量时，首先在整个测区范围内均匀选定若干控制点，以控制整个测区。将选定的控制点按照一定方式连接成网，称为控制网。以较精密的测量方法测定网中各个控制点的平面位置和高程，这项工作称为控制测量。然后分别以这些控制点为依据，测定点位附近地物、地貌的特征点，并勾绘成图，这项工作称为碎部测量。在布局上首先考虑整体，再考虑局部；工作步骤是先进行控制测量，再进行碎部测量。

控制测量的实质就是在测区内选定若干个有控制作用的控制点，按一定的规律和要求布设成几何图形或折线，测定控制点的平面位置和高程。控制测量分为平面控制测量和高程控制测量，其中测定控制点平面位置的工作，称为平面控制测量；测定控制点高程的工作，称为高程控制测量。平面控制测量由一系列控制点构成控制网，平面控制网以连续三角形组成，称为三角网；以连续折线形式布设的称为导线，构成的多边形网格称为导线网。传统测量工作中，通常采用三角网测量、导线测量和交会测量等常规方法建立。当前，全球定位系统（GPS）也成为建立平面控制网的主要方法。高程控制测量为由一系列水准点构成水准路线和水准网，主要通过水准测量方法建立，而在地形起伏大、直接进行水准测量较困难的地区及图根高程控制网，可采用三角高程测量方法建立。

3.3.3 地物测绘

地物一般分为两大类：一类是自然形成的地物，称为自然物，如河流、湖泊、森林、草地等；另一类是由人类进行生产活动创造出的人工地物，如房屋、铁路、高压输电线、桥梁等。所有地物都应在地形图上用相应的符号表示，地物在地形图上表示的原则包括以下方面。

①凡是能依比例尺表示的地物，则将它们边界水平投影位置的几何形状近似地描绘在地形图上，如房屋、河流等，有些地物还需要在边界范围内绘上相应的地物符号，如森林、草地等。

②对于不能依比例尺表示的地物，在地形图上以相应的地物符号表示在地物的中心位置，如水塔、单线河流、单线道路等。

③测绘地物时需要根据地形图图式的要求合理选择地物的特征点。地物轮廓线主要为折线和曲线，选择特征点时，并不是特征点选得越密越好，通常只要求两特征点的连线与该地物实际轮廓线之间的最大偏差限制在图上的0.4mm以内即可。

④地面上的地物与地貌，按《国家基本比例尺地图图式》（GB/T 20257.1~3—2017）中规定的符号表示在图形中，图式中的符号分为地物符号、地貌符号和注记符号3种。

3.3.4 地貌测绘

地貌是指地表的高低起伏形态，包括山地、丘陵和平原等。测量工作中通常用等高线表示地貌。测绘地貌与测绘地物一样,首先要确定地貌特征点,然后连接成线,便得到地貌整个骨架的基本轮廓,再对照实地并考虑等高线的性质描绘等高线。地貌特征点是指山顶、鞍部、山脊、山谷的地形变化点,山坡倾斜变换点,山脚地形变换点,悬崖、陡壁的边缘点等。

3.3.5 测量成果

(1)成果形式

测量成果包括测量工作获取的各项成果,包括测量报告、原始观测记录簿、计算资料、图件、产品交付单、用户意见以及与测绘项目实施相关的文件等,以文字报告、图件、照片、视频、表格等纸质文件和电子文件形式体现。

(2)报告内容及要求

测量报告由技术设计书、技术总结、检查(验收)报告、控制点成果、仪器设备检验资料等文件组成,主要包括下列内容:

①技术设计书。主要包括作业区自然地理概况与已有资料情况,引用的标准、规范或其他技术文件,成果主要技术指标和规格,测绘方案及各种规定,成果及其资料内容和要求,质量保证措施和要求,环境和职业健康安全保证措施,进度安排等。

②技术总结。主要包括概述、技术设计执行情况、成果质量说明和评价、上交和归档的成果及其资料清单等。

③检查(验收)报告。主要包括检查工作概况(包括仪器设备和人员组成情况)、检查的技术依据、主要质量问题及处理情况、对遗留问题的处理意见、质量统计和检查结论等。

④控制点成果。主要包括控制点成果表、点之记、标点竣工图等内容。

⑤仪器设备检验资料分为两类:一类是国家计量部门检定的证书;另一类是项目实施前后和实施过程中按规范要求进行的有关仪器设备参数的测定资料。

(3)计算资料

计算资料一般包括计算说明、控制网点观测布置图、平面高程平差计算结果等。

(4)图件

图件包括各种比例尺地形图、接合图、纵(横)断面图等。

(5)影音资料

影音资料包括设计和施工阶段所拍摄的工程区及周边区域地形、地貌、建筑物等相关照片、视频等。

3.4 水土保持勘察

3.4.1 勘察内容及要求

(1)勘察内容

生产建设项目水土保持勘察的内容应包括工程区的基本地质条件(地质地貌、断面等)、主要工程地质问题评价,以及天然建筑材料的分布、储量、质量等。

(2) 勘察要求

生产建设项目水土保持工程各阶段的勘察工作应符合以下要求：①应根据生产建设项目水土保持工程的规模、特点开展勘察工作，深度应与主体工程设计深度相适应。②弃渣场、料场及其他重要的防护工程应收集和利用主体工程地质勘察结果，并进行必要的、相应深度的补充勘察。③可行性研究阶段对4级以上弃渣场应进行勘察；初步设计阶段应对弃渣场及防护构筑物布置区进行勘察；施工图设计阶段应重视构筑物布置区的施工地质工作。

弃渣场级别按《水土保持工程设计规范》（GB 51018—2014）规定，根据堆渣量、堆渣最大高度以及弃渣场失事后对主体工程或环境造成危害程度，按表3-8的规定确定。

表3-8 弃渣场级别

弃渣场级别	堆渣量 V （$\times 10^4$ m³）	最大堆渣高度 H （m）	弃渣场失事对主体工程或环境造成的危害程度
1	$2000 \geqslant V \geqslant 1000$	$200 \geqslant H \geqslant 150$	严重
2	$1000 > V \geqslant 500$	$150 > H \geqslant 100$	较严重
3	$500 > V \geqslant 100$	$100 > H \geqslant 60$	不严重
4	$100 \geqslant V \geqslant 50$	$60 > H \geqslant 20$	较轻
5	$V < 50$	$H < 20$	无危害

注：(1)根据堆渣量、最大堆渣高度、弃渣场失事对主体工程或环境的危害程度确定的弃渣场级别不一致时，就高不就低。(2)弃渣场失事对主体工程的危害程度：指对主体工程施工和运行的影响程度；弃渣场失事对环境的危害程度：指对城镇、乡村、工矿企业、交通等环境建筑物的影响程度。(3)严重危害：相关建筑物遭到大的破坏或功能受到大的影响，可能造成人员伤亡和重大财产损失的；较严重危害：相关建筑物遭到较大破坏或功能受到较大影响，需进行专门修复后才投入正常使用；不严重危害：相关建筑物遭到破坏或功能受到影响，及时修复可投入正常使用；较轻危害：相关建筑物受到的影响很小，不影响原有功能，无须修复即可投入正常使用。

3.4.2 勘察方法

生产建设项目水土保持勘察方法包括工程地质测绘、工程地质勘探、工程地质钻探、工程地质物探、遥感技术应用、岩土试验、水文地质试验等。不同生产建设项目，根据勘察要求的不同，采用的勘察方法存在一定的差异，一般将常用的几种勘察方法相结合。具体的水土保持工程勘察方法，可根据《水土保持工程调查与勘测规范》相关规定执行。

3.4.3 工程地质测绘

生产建设项目水土保持工程地质测绘是采用地质点法，通过对地质点的观察、分析，了解各点的地质现象，由不同的地质点形成观察线，由不同观察线形成测绘面，根据测绘面的分析形成对地质体的全面认识。

(1) 地貌

①调查地貌形态特征和成因类型，划分地貌单元，分析各地貌单元的发生、发展及其相互关系，分析地貌与地层岩性、地质构造、第四纪地质等因素的内在联系，划分各地貌单元的分界线。

②调查地形的形态及其变化情况、植被的性质及其与各种地形要素的关系，重点调查

冲沟的分布、密度、规模和形态特征、沟内水量、固体径流来源以及产生坍塌、滑坡、泥石流的可能性，并分析其对工程建筑物的影响。

③调查微地貌特征及其与地层岩性、地质构造和不良地质作用的联系，研究微地貌特点，确定工程建筑物区所属地貌类型或地貌单元。

④调查河谷地貌发育史、河流阶地分布和河漫滩的位置及其特征，古河道、牛轭湖等的分布和位置。

⑤调查地表水和地下水的运动、储存与地貌条件的关系。

(2) 地层岩性

地层岩性调查的内容包括：地层年代、分布变化规律、层序与接触关系，以及各地层岩性、岩相、厚度及变化特征；各类岩石的观察内容包括名称、颜色、矿物成分、结构和构造、坚硬程度、成因类型、厚度、标志特征、产状和接触关系等。

(3) 地质构造

地质构造调查的内容包括：构造形迹的分布、形态、规模、结构面的性质、级别和组合方式，以及所属的构造体系；分析构造形迹的形成年代、相互关系和发展过程；研究各类构造的发育程度、分布规律、结构面的形态特征和构造岩的性质。

(4) 水文地质

调查内容包括：地下水的类型、埋藏条件和运动规律，以及相对隔水层、透水层、含水层的分布及特征；水的物理性质、化学性质及其动态变化；水文地质条件和水文地质作用对岩(土)体特性、建筑物和环境的影响。

(5) 岩溶

调查内容包括：可溶岩的分布、岩性、厚度、产状、结构和化学成分，岩溶地貌的特征、类型，各种岩溶形态的分布位置、高程、规模，岩溶的类型、组成形式、发育程度和发育规律，岩溶水文地质条件，分析岩溶对工程地段的渗漏条件和稳定性的影响。

(6) 物理地质现象

调查内容包括：滑坡、崩塌、蠕变、泥石流、岩体风化及卸荷、冻土等的分布位置、形态特征、规律、类型和发育程度；分析产生的原因、发展趋势和对工程建筑物可能产生的影响。

3.4.4　工程地质勘探

工程地质勘探主要包括物探、钻探和坑探三大类。

物探在工程地质勘察中是用来探测地层岩性、地质构造等有关地质问题的，且是较经济的轻便勘察方法。但其有些方法只能作为辅助判断，需要钻孔等做进一步的勘探验证，如覆盖层厚度、分层等；有些方法在钻孔内实施，以便更进一步地查明地质条件，如主要结构面，含水层和渗漏带的位置等，在勘察工作中应根据适用条件灵活选择。

钻探是利用钻探设备和工具，开采地底、海底自然资源，或采取地层的剖面实况提取相关数据资料，或者实现其他地质和技术目的的探查技术，是工程地质勘探中常用的一种勘探手段。

坑探是在地表或地下挖掘不同类型坑道，用以揭示各种地质及矿产现象的勘探手段。

其特点是方便勘察人员直接观察地质结构、采取原状岩土样和进行大型原位测试等操作，有轻型、重型之分。轻型的包括剥土、浅井、小圆井、探槽和小平隆，用来追索、揭露和圈定地表矿体或某些重要地质现象。重型的包括平隆、竖井、斜井及其他地下坑道，用来追索、圈定和详细研究地下深部矿体或隐伏矿体，为开采矿床做好充分准备。

在水土保持勘察中，根据所用探查技术的不同，又分为轻型勘探和重型勘探。轻型勘探包含物探，工程地质坑探中的探坑、探槽、浅井，和工程地质钻探中为了解浅部土层的简易钻探。它是水土保持工程勘察中应优先采用的勘察方法，用来查明土层和浅表岩体风化带、卸荷带、溶蚀带以及断层破碎带等的地质条件。重型勘探包含工程地质坑探中的平洞、竖井、斜井等，和常规工程地质机械岩芯钻探。它是水土保持工程勘察中，用来解决轻型勘探无法揭示的工程地质条件和需重点或进一步查明的工程地质条件的勘察方法。水土保持工程调查与勘测标准中对生产建设项目弃渣场及防护工程等各建筑物区所采取的重型勘探工作均有规定。

生产建设项目水土保持工程不同建筑物区采用的勘探方法及作用如下：

（1）弃渣场及防护工程

①弃渣场的勘探手段宜根据弃渣场类型、级别、地质条件等选择。以轻型勘探为主，对临河型、库区型与坡地型弃渣场宜布置钻探。

②弃渣场堆渣区域勘探线宜垂直于斜坡走向布置，勘探线长度应大于规划堆渣范围。勘探线间距宜选用 50~200 m，且不应少于两条。每条勘探线上勘探点间距不宜大于 200 m，且不应少于 3 个点，当遇到软土、软弱夹层等应适当增加勘探点。

③拦渣工程勘探线沿轴线布置，勘探点距离宜为 20~30 m，地质条件复杂区宜布置辅助勘探线。每条勘探线的勘探点不宜少于 3 个，地质条件复杂时可加密或沿勘探线布置对地质情况进行辅助判断。

④在堆渣区，钻孔深度应揭穿基岩强风化层或表层强溶蚀层，进入较完整岩体 3~5 m。在拦渣工程区，当松散堆积层深厚，钻孔不必揭穿其厚度时，孔深宜为设计拦渣体最大高度的 0.5~1.5 倍。

⑤在弃渣场防洪排导工程的丁坝、顺坝、渡槽桩（墩）、排水洞进出口等部位，根据需要可布置适量的钻探。排水洞的勘察应符合《中小型水利水电工程地质勘察规范》(SL 55—2005)的有关规定。

（2）天然建筑材料

应根据工程不同勘察阶段相对应的天然建筑材料勘察级别，宜按《水利水电工程天然建筑材料勘察规程》(SL 251—2015)中的勘探布置规定执行。

3.4.5 勘察成果

（1）成果形式

勘察成果应包括勘察报告正文、附图及附件等，以文字报告、图件、照片、视频、表格、三维地质模型等形式体现。

（2）主要图件编制内容及要求

工程地质主要图件的编制内容及要求见表 3-9 至表 3-12。

表 3-9　工程地质基本图件编制内容

地质图件	编制内容
钻孔柱状图	1. 包括地层单位、层底高度、层底深度、层厚、柱状图及钻孔结构、岩心采取率、RQD、裂隙密度、风化程度、地质描述、透水率与渗透系数、不同含水层的地下水位及观测日期、承压水的初见水位和稳定水位及其观测日期、取样点深度及编号、测试点深度及编号、电阻率、纵波波速、钻孔电视、摄影位置及文字说明等栏目 2. 柱状图中宜表明地层岩性、断层、破碎带、岩脉、蚀变带、岩层接触关系、钻孔各段的孔径、套管下入深度、止水位置等。软弱夹层、岩溶洞穴等应突出表示 3. 地质描述栏中宜说明岩石名称、颜色、成分、结构、构造，软弱夹层的性状，岩石风化和完整程度，断层、破碎带和节理裂隙密集带的宽度、充填物质、胶结情况，岩溶洞穴的规模和填充情况等；土层名称、颜色、物质成分、结构特征、物理性质、状态、胶结成分和胶结情况。对土层中的粉细砂、软土和架空结构等应着重描述 4. 文字说明中宜记录钻进方法、钻进情况、回水颜色及水量的突变情况，不良地质因素引起的卡钻、掉钻、塌孔、漏砂等现象和位置等 5. 土基钻孔柱状图应反映各种原位测试成果
坑探展示图	坑探包括探坑、探槽、探井(浅井、竖井、斜井)、探洞(平洞)，其展示图绘制应包括以下内容： 1. 平洞展示图宜绘制洞顶和两壁，采用以洞顶为基准、两壁掀起俯视的展示方式。应标明坐标、高程、方向，洞深以洞顶中心线为准。洞口明挖部分和掌子面应进行描绘 2. 探井展示图宜绘制两壁或三壁，平列展开，并注明井壁方向。原井以 90°等分线剖开，取相邻两壁平列展开。应标明井的坐标、高程，井深以井口某一壁固定桩为准。斜井注明其斜度 3. 地层年代，岩土名称、颜色、成分、结构、构造，岩体完整性，软弱夹层的性状、土层的胶结情况等 4. 断层及破碎带、挤压带的产状、性质、规模、填充物性质及胶结程度，蚀变带、岩脉的穿插情况 5. 主要节理裂隙的产状、性质、性状(包括长度、宽度、填充物、壁面的起伏状况、粗糙度等)；节理裂隙发育程度分段统计描述并绘制统计图 6. 岩体风化程度及风化带、卸荷裂隙的发育程度及充填情况、岩溶洞穴等 7. 地下水出露位置、形式、类型、流量、水温 8. 岩体工程地质分段或围岩工程地质分类 9. 取样点、测试点、拍摄点等的位置及编号，岩体的测试值或曲线 10. 施工开挖过程中有关情况，包括开挖方法、掉块、塌方、涌水、片帮、岩爆等发生位置，有害气体及放射性等

表 3-10　工程地质区域综合性图件编制内容

地质图件	编制内容
综合地层柱状图	1. 分层号、代号、柱状图、厚度、地层描述和主要地质特征等栏目 2. 地质栏中地层单位的划分应根据勘察阶段、绘图比例尺和具体要求而定，自上而下地层从新到老编排 3. 柱状图栏中应以花纹填充反映各地层单位的岩性、厚度、接触关系、岩浆岩侵入情况和化石等，并以反映的清晰程度选定柱状图比例尺 4. 厚度栏绘图高度应根据地层厚度和比例尺确定，栏内标注地层厚度的变化范围值 5. 地层描述中，可按如下顺序进行：①地层名称、颜色、结构和构造、矿物成分；②沉积层的成层状态、胶结状态、胶结物性质、胶结程度，相变情况和化石名称等。对第四系地层，还应说明成因类型和物质成分，岩浆岩的生成顺序、产出形式及与围岩的接触关系，变质岩的岩性、变质程度、变质类型及变质相带；③软弱岩层、软弱夹层、岩溶化岩层等工程地质性质不良岩层；④水文地质特性、分层标志等

(续)

地质图件	编制内容
区域地质图	1. 区域地貌形态类型、地貌单元，水系变迁情况，与现代构造有关的洪积扇、阶地 2. 区域内的地层岩性分布、地质构造与水文地质情况 3. 工程场地位置等
区域构造纲要图	1. 区域构造格架展布，区域性大断裂、活断层、发震断裂及其产状和性质，地热(温泉、热海及其温度) 2. 已经发生的中、强震震中分布等
主体工程区综合地质图	1. 地貌形态。河流阶地及其分级，古河道、埋藏谷、洼地等 2. 地层岩性。地层、年代、岩性、岩相及接触关系 3. 地质构造。岩层产状，褶皱形态，断层和破碎带及其产状、性质、延伸情况 4. 岩溶和物理地质现象。岩溶形态的分布与规模，滑坡体、崩塌体、采空区、塌陷区、潜在不稳定岩土体等 5. 水文与工程地质。井、泉及其类型、高程、流量或水位(注明观测日期)；渗漏或可能的渗漏地段和渗漏方向；塌岸和浸没的预测范围，以及库岸稳定分段 6. 其他。勘探点、岩土体位移监测点、地下水动态观测点、地质剖面线、坝轴线、正常蓄水位线及高程，与水库工程有关的城镇、厂矿以及交通线路等

表 3-11　天然建筑材料料场综合性图件编制内容

地质图件	编制内容
天然建筑材料料场位置分布图	1. 料场名称、编号、种类(沙砾料、土料、石料、掺和料)、范围 2. 主要建筑物、交通线、居民点 3. 各料场概况一览表，内容包括材料种类、料场名称、分布高程、勘察级别、料场面积、无用层与有用层平均厚度、无用体积、有用层储量和质量，以及距主体工程距离、开采与运输条件等
天然建筑材料料场综合地质图	1. 地形地貌、河流阶地，以及耕地、林场范围和其他标志 2. 土层成因类型，岩层岩性、产状 3. 主要断层、节理裂隙密集带的分布及产状 4. 储量计算范围线、储量计算汇总表，以及各料场试验结果汇总表 5. 质量分区界线 6. 勘探点(线)位置及编号、孔坑深度、取样点位置及编号、地质剖面线等
天然建筑材料料场纵横地质剖面图	地形、勘探点、地质构造、剖面穿越的不良地质体、储量计算开挖线等

表 3-12　主体工程区工程地质综合性图件编制内容

地质图件	编制内容
实际材料图	1. 不同比例尺工程地质测绘的范围、地质点、地质剖面线及其编号 2. 物探点、物探剖面线及其编号 3. 钻孔、平洞、竖井、坑、槽及其编号和高程 4. 取样点、测试点、标本和化石采集点及其编号 5. 岩土体位移监测点、地下水动态观测点、摄影或录像点及其编号 6. 主要建筑物轴线或轮廓线 7. 钻孔、平洞等勘探点情况汇总表，以及勘察工作量统计表

(续)

地质图件	编制内容
坝址及其他建筑物区工程地质图	1. 地形地貌、地层岩性、地质构造、水文地质等一般地质现象 2. 岩基中的软弱岩层、软弱夹层、易风化岩层、石膏夹层、岩溶化岩层、岩脉等,土基中的软土、膨胀土、湿陷性黄土、冻土、有机质土、粉细砂和架空结构等 3. 活断层、顺河断层、缓倾角断层及其他缓倾角结构面、节理裂隙密集带、蚀变带、卸荷带,以及褶皱和叠瓦式构造等 4. 滑坡体、崩塌体、坐落体、蠕变体、潜在不稳定岩土体或不稳定岸坡、泥石流,古河道和河床深潭等 5. 岩土体工程地质分类或分区 6. 地质点(含泉水点)、试验点、观测点、取样点、摄像点、勘探点线、物探点线、地质剖面线、建筑物轴线或轮廓线、正常蓄水位线等
岩溶区水文地质图	1. 地貌形态。与岩溶发育有关的地形地貌要素,如河谷裂点、阶地、侵蚀面、古河道、地形分水岭、低邻谷等 2. 地层岩性。可溶岩、非可溶岩界线,突出表示强岩溶化岩层 3. 地质构造。岩层产状,褶皱形态,断裂构造的产状、性质、延伸情况等 4. 岩溶现象。各种岩溶形态的分布、高程、规模、延伸连通情况,地下洞穴和暗河应投影表示 5. 物理地质现象。滑坡体、崩塌体、坍滑体、潜在不稳定岩土体、蠕变体、泥石流等 6. 水文地质。含水层或透水层,相对隔水层,地下水露头点及其性质、高程、流量,地下水流向,地下水分水岭及其高程,渗透通道等 7. 岩溶渗透程度分区(段),并附岩溶水文地质剖面图
坝址及其他建筑物区工程地质剖面图	1. 坝址及其他建筑物区工程地质图中的有关内容全部绘制成剖面形式 2. 地下水位、岩体风化、卸荷分带,岩体工程地质分类(级) 3. 岩溶形态及充填物 4. 坝址轴线剖面图应有岩体渗透性分级界线和建议防渗帷幕范围线
坝(闸)址渗透剖面图	除反映一般地质现象外,尚应包括下列内容: 1. 强透水层和相对隔水层的分布、地下水和河水位的补排关系、岩土体渗透性分级 2. 潜水位、承压含水层顶板及其稳定水位、河水位(注明观测日期和高程)、正常蓄水位线 3. 可能产生的管涌、潜蚀、软化、液化等现象,应用特殊符号表示 4. 水文地质说明,必要时附渗漏计算表和计算公式
专门性工程地质图	除反映常规地质图内容外,尚需反映专门性工程地质问题的相关内容

(3) 报告内容及要求

勘察报告正文应包括前言、区域地质概况、工程区及建(构)筑物工程地质条件、天然建筑材料、结论与建议等。

①前言。应包括工程概况,气象水文和设计主要指标,勘察工作过程、方法,内容,完成的主要工作量等。

②区域地质概况。应包括区域地质概况,区域构造稳定性评价,提出地震活动性及地

震动参数等。

③天然建筑材料。应包括勘察任务，各料场的基本情况和储量、质量及开采和运输条件等。

④结论和建议。应包括主要工程地质结论，下阶段勘察工作重点的建议等。

弃渣场勘察报告正文除应包括上述内容外，还应包括以下内容：

①堆渣区的地形地貌、地层岩性、地质构造、物理地质现象、水文地质条件、主要岩土体的物理力学参数建议值。

②论述堆渣区基本地质条件与主要地质问题，评价场地稳定性，评价堆渣后发生泥石流等次生灾害的可能性，并提出防治建议。

③论述拦渣工程沿线地基工程地质条件与主要工程地质问题，对地基稳定性作出评价，并提出处理建议。

防洪排导工程地质条件应包括下列内容：论述防洪排导沿线工程地质条件与主要工程地质问题；评价防洪排导沿线地基稳定性，重点评价丁坝、顺坝、渡槽桩（墩）、排水涵管等工程的地基稳定性，并提出处理建议；分段评价排水洞沿线工程地质条件，进行围岩工程地质分类，对围岩与进出口边坡稳定性作出评价，并提出处理建议。

(4) 附图、附件及要求

勘察报告附图宜按《水利水电工程制图标准勘测图》（SL 73.3—2013）的规定执行，应图面准确、内容实用、数据可靠、图文相符；勘察报告附件是报告重要内容的补充文件，其所需附图、附件见表3-13。

表3-13 工程地质勘察报告图件（初步设计阶段）

序号	附图、附件名称	序号	附图、附件名称
1	区域构造与地震震中分布图	7	滑坡、泥石流等专门性问题工程地质图与剖面图
2	弃渣场区工程地质图（仅限4级及以上弃渣场）	8	天然建筑材料产地分布图
3	弃渣场拦渣工程、防洪排导工程区工程地质图（仅限4级及以上弃渣场）	9	料场综合地质图
4	停淤场周边综合地质图（仅限大型淤地坝）	10	钻孔柱状图
5	基岩顶板等高线图（根据需要）	11	探坑展示图（根据需要）
6	建筑物轴线工程地质剖面图、代表性的工程地质横剖面图	12	物探相关图件（根据需要）

3.5 调查与勘测的主要技术

3.5.1 遥感技术

遥感（remote sensing，RS）即遥远的感知，它是通过遥感器"遥远"地采集目标对象的数据，并通过对数据的分析来获取有关地物目标、地区或现象的信息的一门学科和技术。

在生产建设项目水土保持工作中，遥感技术可用于宏观区域和项目区自然因素、水土流失情况、水土保持措施提取、土地扰动等情况的多尺度、多频次动态调查与勘测，是弥补常规调查与勘测手段局部性、效率低等限制的必不可少的手段。

(1) 遥感类型

①根据遥感平台的高度分类。按照遥感平台的高度，遥感可分为航天遥感、航空遥感和地面遥感，是工程地质调查与勘察中常用的技术手段，其详细特点及应用见表3-14。

表3-14 遥感按工作平台高度分类

分类	定义	遥感平台	特点及应用
航天遥感（太空遥感）	从人造卫星轨道高度上对地球表面的遥感	地球人造卫星、航天飞机、宇宙飞船、航天空间站等	覆盖范围大，不受领空限制，可进行定期重复的轨道观测等。卫片在判明区域地质条件，特别是对活动断层分布特征的分析能发挥独特的作用
航空遥感（机载遥感）	在航空飞行器的飞行高度上对地球表面的遥感	空中的飞机、飞艇、飞球等	机动性强，可以根据研究主题选用适当的遥感器、飞行高度和飞行区域。航片可作为大、中比例尺工程地质测绘底图，用于直观、准确地判明测绘区的基本地质条件，对研究区的崩塌、滑坡、泥石流等物理地质现象非常有效，多时相航片可用于某些地质现象的对比监测
地面遥感	遥感平台位于地球表面的遥感	高塔、车、船、三脚架等	可进行各种地物波谱测量。数码摄影地质编录技术和地面三维激光扫描技术是近年发展起来的地面遥感技术，适用于边坡、洞室、开挖基坑等小范围、大比例尺地质测绘，量测地物的产状、点坐标、迹线长、坡面积和挖填方量

②根据电磁波的波谱段分类。按传感器工作主要利用波谱段范围，遥感可分为紫外遥感(波长 0.05~0.40 μm)、可见光遥感(波长 0.40~0.76 μm)、红外遥感(波长 0.76~14.00 μm)、微波遥感(波长 1~1000 μm)、多谱段遥感(波长 0.4~1000 μm)、高光谱遥感(波长 0.4~1000 μm)。

③根据电磁波来源分类。按电磁波来源，遥感可分为主动遥感和被动遥感。主动遥感又称有源遥感，指从遥感平台上的人工辐射源向目标发射一定频率的电磁波，再由遥感器记录其反射波的遥感系统；被动遥感又称无源遥感，指用传感器从远距离接收和记录目标物自身发射的或反射自然物(太阳)辐射的电磁波，继而获取该目标物波谱特征的遥感。

(2) 常用遥感数据源

随着传感器技术、航空和航天平台技术、数据通信技术的发展，可以使用的遥感数据源日益增多，遥感所能提供的信息正以我们无法想象的倍率速增。根据需要选择合适的数据是生产建设项目水土保持调查与勘测工作的前提和保证。从遥感的应用产品来讲，目前生产建设项目水土保持工作中，应用较多的遥感数据源主要有：资源系列卫星、高分系列卫星、北京系列小卫星以及国外的 SPOT 系列、QuickBird、WorldView 等。

(3) 遥感图像解译

遥感解译工作一般分为准备工作、遥感图像预处理、初步解译、外业调查验证与复核解译、最终解译与成果编制等内容。

①准备工作。包括资料搜集、遥感图像的质量检查和编录、整理等内容。资料搜集应包括不同勘察阶段所需比例尺的地形图、各种遥感卫星图像、拟建工程场址和线路位置等相关资料。航空遥感图像质量的检查内容包括范围、重叠度、成像时间、比例、影像清晰度、反差、物理损伤、色调和云量等。

②遥感图像预处理。目的是对初始遥感信息进行技术加工，突出工程所需要的现象和信息，以满足工程技术的要求。由于遥感传感器、系统空间、波谱、时间以及辐射分辨率的限制，很难精确地记录复杂的地表信息，因而误差不可避免地存在于数据获取过程中。这些误差降低了遥感数据的质量，从而影响了图像分析的精度。因此，在实际的图像分析和处理之前，应依据遥感图像的波谱特征、空间特性、时相特性以及阶段任务要求，采用相应的处理方法和方法组合，对遥感原始图像进行预处理。预处理的过程包括辐射校正、几何校正、配准、图像镶嵌与裁剪、融合与增强等。

③初步解译。遥感图像的解译过程可以说是遥感成像过程的逆过程，即从遥感对地面实况的模拟影像中提取遥感信息，反演地面原型的过程。遥感解译过程复杂，它是由许多因素决定的。在生产建设项目水土保持工作中，遥感解译的对象主要是各种生产建设项目，而解译工作主要是利用地理学、地质学、水文学等知识来识别与工程建设有关的地形地貌、地层岩性等，可分为基于像元的遥感图像分类和面向对象的遥感图像分类。遥感图像初步解译前应根据工程需要，遥感图像的种类及其可解译程度等，确定解译范围和解译工作量，制订解译原则和技术要求，建立区域解译标志。遥感图像在解译过程中，应按"先主后次，先大后小，从易到难"的顺序，反复解译和辨认，重点工程应仔细解译和研究。

遥感图像的调绘和解译内容见表3-15。

表3-15 遥感图像的调绘和解译内容

遥感目标物	调绘和解译内容
地形地物	1. 交通线位置和道路类型 2. 居民点、耕地、植被、水系等的范围界线 3. 地形划分出平原、丘陵和山区等地势范围
地 貌	1. 各种地貌形态、类型以及地貌分区界线 2. 地貌与地层(岩性)、地质构造之间的关系 3. 地貌的个体特征、组合关系和分布规律
水 系	1. 水系形态的分类、水系密度和方向性的统计，冲沟形态及其成因 2. 河流袭夺现象、阶地分布情况及特点 3. 水系发育与岩性、地质构造的关系 4. 岩溶地区的水系应标出地表分水岭的位置
地层岩性	1. 根据已有的地质图确定地层、岩性(岩组)的类型，进行地层、岩性(岩组)划分，估测岩层产状 2. 对工程地质条件有直接影响的单层岩石应单独勾绘出来 3. 确定第四纪地层的成因类型和时代 4. 不同地层、岩性(岩组)的富水性和工程地质条件等的评价

(续)

遥感目标物	调绘和解译内容
地质构造	1. 褶皱的类型，褶皱轴的位置、长度和倾伏方向 2. 断层的位置、长度和延伸方向，断层破碎带的宽度 3. 节理延伸方向和交接关系，节理密集带分布范围 4. 隐伏断层和活动断层的展布情况
水文地质	1. 大型泉水点或泉群出露的位置和范围 2. 湿地的位置和范围 3. 潜水分布和第四纪地层的关系
不良地质作用与特殊岩土	1. 各种不良地质作用的类型及其分布范围 2. 不良地质作用的分布规律、产生原因、危害程度和发展趋势 3. 特殊岩土的类型及其分布范围

初步解译后，应编制遥感地质初步解译图，其内容应包括各种地质解译成果、调查路线和拟验证的地质观测点等。

④外业调查验证与复核解译。解译工作完成后，应对解译成果进行外业调查与验证复核。外业调查验证与复核的工作内容包括：对工程有影响或有疑问的地质现象或地质体；对工程有影响的重大不良地质作用和特殊岩土；尚未确定的地层、岩性（岩组）界线，地质构造线等；解译结果和现有资料不一致的地质问题。

⑤最终解译与成果编制。外业验证调查结束后，应进行遥感图像的最终解译，全面检查遥感解译成果，遥感图像和遥感成图的比例关系应符合相关规定。

3.5.2 无人机技术

无人驾驶航空器（unmanned aerial vehicle，UAV）即无人机，是一种无人驾驶的航空载具，它集人工智能、微型传感器、自动控制、通信等技术于一身，近年来逐渐成为遥感数据获取的新平台，在环境监测、资源管理和基础建设方面被广泛应用。

(1) 无人机分类及产品

根据桨叶类型，常见的无人机有固定翼和多旋翼两种。固定翼无人机稳定性相对较好，能够抵抗较大级别的风，其飞行和起降通过动力系统和机翼的滑行实现；多旋翼无人机机动性较强，飞行和起降主要依靠桨叶的旋转和倾斜实现。

动力系统方面，根据其发动机类型，可分为燃油发动机和电机两种。燃油发动机通过燃烧燃油为无人机提供动力，续航时间相对较长，在固定翼无人机上应用较多；电机类依靠电池为无人机提供动力，轻便安全，易于携带，在微型无人机中应用广泛。

无人机的最初发展主要源于军事需求，随后在各领域得到广泛关注和应用。目前，国外使用较多的有美国 VDOS 环球公司的 Sky Ranger 无人机、瑞士 SenseFly 公司的 eBee 微型无人机。国内民用无人机以大疆为代表，在全球占据了较大的市场份额。此外，还有极飞科技侧重农业植保的无人机，成都纵横大鹏无人机科技有限公司开发的固定翼无人机等。

(2) 无人机航测系统组成

无人机航测系统由飞行系统、任务载荷和地面系统 3 部分组成。飞行系统包括飞控系统、传感器和微型无人机飞行器。飞控系统主要用于引导无人机按照既定航线飞行，控制任务荷载；传感器主要是用于采集风速、温度等信息供飞控系统利用；飞行器是飞控系统、传感器以及任务载荷等的载体。任务载荷一般是指用于航测的无人机为完成任务搭载的设备。由于载荷的限制，微型无人机上搭载的通常为普通的非量测数码相机。地面系统的主要作用是支持飞行系统工作并对航测数据进行处理。

(3) 无人机航测

无人机航测的工作流程可大致分为任务规划、数据获取、数据处理3个步骤。其中任务规划主要是根据使用目的确定无人机的飞行高度、航线重叠率、航向重叠率等内容。数据获取是在确定天气和现场环境满足起飞条件后，控制无人机按照规划好的航线飞行，并将数据传输至飞控系统。数据处理则是基于获取的影像数据和控制点，将无人机拍摄的影像处理成具有空间地理信息的影像数据产品，以供地形分析和地表信息提取。

3.5.3 地理信息系统

地理信息系统(geographic information system，GIS)是以空间数据库为基础，采用地理模型分析方法，适时提供多种空间的和动态的地理信息，为地理研究和地理决策服务的计算机技术系统。它与其他信息系统的主要区别在于其存储和处理的信息是经过地理编码的，包括地理位置以及与该位置有关的地物属性信息。完整意义的地理信息系统包括计算机硬件系统、计算机软件系统、地理数据(或空间数据)以及系统操作人员。其中数据是指以地球表面空间位置为参照的自然、社会和人文经济景观数据以及它们叠加产生的各类专题数据，可以是图像、图形、表格、文字等形式，是生产实践中最重要的内容。地理数据可通过地形图输入或 GPS 测量得到，专题数据可以通过现场调查勾绘图斑或遥感图像分类获得。目前，GIS 技术在自然资源监管、生态环境保护方面应用广泛。

3.5.4 全球定位系统

全球定位系统(global positioning system，GPS)是以人造卫星组网为基础的无线电导航定位系统，由空间卫星、地面控制系统和用户接收处理装置3部分组成。GPS 的实质是利用设置在地面或运动载体上的专用接收装置，接收卫星发射的无线电信号，获取当前位置的"地理坐标"和"当前的时间"，从而实现导航定位。GPS 的导航定位功能应用于很多方面，如交通、测绘、农业等领域，给很多行业带来了巨大的发展和变革。其中基于实时差分技术(real-time kinematic，RTK)的 GPS 导航定位技术(RTK-GPS)，能够实时地提供测站点在指定坐标系中的三维空间位置信息，并达到厘米级精度。RTK 技术的本质是基于 GPS 的载波相位差分技术，至少需要两个数据源放在一起进行差分解算。RTK-GPS 导航定位系统包含基准站和移动站两部分相互配合工作，基准站将载波相位观测值和基准站的位置等相关信息发送至移动站，移动站负责利用两站的载波相位观测值进行差分运算消除公共误差，完成高精度定位，从而得到精确至厘米级的三维空间位置信息。基准站和移动站的两台接收机同时接收同一个系统、相同频率的卫星信号，获取载波相位观测信息，并通过通信接口将解算数据和原始数据发送至用户端，供用户使用。RTK-GPS 技术具有精度高、操作简单、效率高等一系列优势，被广泛应用于地形测量、施工放样测量、竣工测量等一系列测量工作当中。在生产建设项目水土保持工作中，可结合地形图测量计算渣体体积；对于不易或无法到达的区域，还可以利用激光枪和 GPS 进行坐标传递。

3.5.5 全站仪

全站仪（electronic total station）是全站型电子速测仪的简称，是电子经纬仪、光电测距仪及微处理器相结合，集水平角、垂直角、距离（斜距、平距）、高差测量功能于一体的光电测绘仪器。其测量结果能够自动显示，还能在仪器内部进行计算和存储，同时也能与外界设备自动交换信息，具有数字化、自动化、多功能的特性。随着技术与需求的不断发展，形成了具有高度智能化和集成化的智能型全站仪测绘系统，被广泛应用于各类工程测绘作业，在测量工作中起着巨大的作用。

全站仪测图的工作内容包括数据采集、数据处理、图形编辑和图形输出。数据采集的目的是获取数字化成图所必需的数据信息，包括描述地图实体的空间位置信息和属性信息；数据处理是将采集的数据进行处理，使之成为符合成图软件要求的数据，包括数据格式或结构的转换、投影变换以及误差检验等内容；图形编辑是对已经处理的数据所生成的图形进行编辑、修改的过程；图形输出则是将已经编辑好的图形输出到所需介质上的过程，一般用绘图仪或打印机输出。图形输出还包括以某种指定的或标准的格式输出数据文件。

复习思考题

1. 为什么要进行生产建设项目水土保持调查与勘测？
2. 生产建设项目水土流失防治过程中如何完成自然因素和土地利用的调查？
3. 生产建设项目水土流失与水土保持调查的侧重点各有哪些？
4. 生产建设项目水土保持调查与勘测的方法有哪些？
5. 简述生产建设项目水土保持调查与勘测的基本步骤。
6. 简要介绍生产建设项目水土保持调查与勘测的主要技术。

第 4 章

生产建设项目水土保持方案

4.1 概述

4.1.1 水土保持方案类型

凡从事有可能造成水土流失的生产建设单位和个人，必须编报水土保持方案，其内容和格式应当符合《生产建设项目水土保持技术标准》(GB 50433—2018)和其他有关规定。

工程征占土地面积在 0.5 hm² 以上或挖填土石方总量在 1000 m³ 以上的项目生产建设单位应编制水土保持方案，在项目开工前报水行政主管部门(或地方人民政府确定的其他水土保持方案审批部门)审批。征占地面积在 5 hm² 以上或挖填土石方总量在 5×10⁴ m³ 以上的生产建设项目应编制水土保持方案报告书，征占地面积在 0.5 hm² 以上 5 hm² 以下或挖填土石方总量在 1000 m³ 以上 5×10⁴ m³ 以下的项目只需编制水土保持方案报告表，实行承诺制管理。征占地面积不足 0.5 hm² 且挖填土石方总量不足 1000 m³ 的项目，不再办理水土保持审批手续，生产建设单位和个人依法做好水土流失防治工作。

4.1.2 水土保持措施相关概念

生产建设项目水土保持措施体系确定和措施设计是水土保持方案的重点，是做好水土保持施工、监理、监测、工程管理、监督执法、制度建设等后续工作的前提。从水土保持措施的功能上来区分，生产建设项目水土保持措施可分为九大类型：表土保护工程、拦渣工程、边坡防护工程、土地整治工程、防洪排导工程、降水蓄渗工程、植被恢复与建设工程、防风固沙工程、临时防护工程。

(1) 表土保护工程

表土层是土壤的最上部层次，一般将覆盖于基岩之上的第四纪冲积层和岩石风化带统称为表土层。表土层通常位于土层上部 20~30 cm，其中水田、旱地表土层厚度可达 50 cm 以上。表土层是土壤中含有最多有机质和微生物的地方，又称耕作层。生产建设项目大量扰动地表、开挖土方等行为往往对表土层造成严重破坏。因此，在生产建设项目开工初期，对工程占地范围内的表土进行剥离，集中堆存防护，并在工程后期用于耕地复垦或植被恢复是保护优质表土资源、减少水土流失的重要措施。

(2) 拦渣工程

生产建设项目在施工期和生产运行期产生大量弃渣(土、毛石、矸石、尾矿、尾砂和其他废弃固体物质等),必须布置专门的堆放场地,进行必要的分类处理,并修建拦渣工程。拦渣工程根据弃渣堆放的位置,可分为4种形式:拦渣坝(尾矿库)、挡渣墙、拦渣堤、围渣堰。拦渣坝(尾矿库坝、贮灰坝、拦矸坝等)是横拦在沟道中,拦挡堆放在沟道内弃渣的建筑物;挡渣墙是当弃渣堆置在坡顶及斜坡面时,布设在弃渣坡脚部位的拦挡建筑物;拦渣堤是当弃渣堆置于河(沟)滩岸时,按防洪治导线规划布置的拦渣建筑物;围渣堰是在平地弃渣场周边布设的拦挡弃渣的建筑物。

(3) 边坡防护工程

对于生产建设项目因开挖、填筑、弃渣(土、石)、取料等活动形成的坡面,应根据地形、地质、气象、水文等条件,采取边坡防护措施。对开挖、削坡、取土(石)形成的土质坡面或风化严重的岩石坡面坡脚以上一定部位采取挡墙防护措施,防止因降水渗流渗透、地表径流及沟道洪水冲刷或其他原因导致荷载失衡,产生边坡湿陷、坍塌、滑坡、岩石风化等;对于易风化岩石或泥质岩层坡面、土质坡面等采取锚喷工程支护、砌石护坡等工程护坡措施;对于超过一定高度的不稳定边坡也可采取削坡开级进行防护;对于稳定的土质或强风化岩质边坡采取种植林草的植物护坡措施;对于易发生滑坡的坡面,应根据滑坡体的岩层构造、地层岩性、塑性滑动层、地表地下分布状况,以及人为开挖情况等造成滑坡的主导因素,采取削坡反压、拦排地表水、排除地下水及布置抗滑桩、抗滑墙等滑坡整治工程。

(4) 土地整治工程

土地整治工程是指将扰动和损坏的土地恢复到可利用状态所采取的措施,即对由于采、挖、排、弃等作业形成的扰动土地、弃渣场(排土场、堆渣场、尾矿库等)、取料场、采矿沉陷区等,应根据立地条件采取相应的措施,将其改造成为可用于耕种、造林种草(包括园林种植)、水面养殖、商服用地或住宅用地等状态。土地整治的主要内容包括场地清理、平整和覆土等。

(5) 防洪排导工程

防洪排导工程是指生产建设项目在基建施工和生产运行中,当破损的地面、取料场、弃渣场等易遭受洪水和泥石流危害时,布置的排水、排洪和排导泥石流的工程措施。根据建设项目实际情况,可采取拦洪坝、排洪渠、涵洞、防洪堤、护岸护滩、泥石流治理等防洪排导工程。当防护区域的上游有小流域沟道洪水集中危害时,布设拦洪坝;一侧或周边有坡面洪水危害时,在坡面及坡脚布设排洪渠,并与各类场地道路以及其他地面排水衔接;当坡面或沟道洪水与防护区域发生交叉时,布设涵洞或暗管,进行地下排洪;防护区域紧靠沟岸、河岸,易受洪水影响时,布设防洪堤和护岸护滩工程,对泥石流沟道需实施专项治理工程,布设泥石流排导工程及停淤工程。

(6) 降水蓄渗工程

降水蓄渗工程是指北方干旱半干旱地区、西南缺水区、海岛区,为利用项目区或周边的降水资源而采取的一种措施,其既有利于解决植被用水,也改善了局地水循环。对干旱缺水和城市地区的项目,宜限制项目区硬化面积,恢复并增加项目区内林草植被覆盖率。

对于上述地区，应根据地形条件采取措施拦蓄地表径流，主要采取坡面径流拦蓄措施（如布设蓄水池等），对地面、人行道路面硬化结构宜采用透水形式，也可将一定区域的径流通过渗透措施渗入地下，改善局地地下水循环。

（7）植被恢复与建设工程

植被恢复与建设工程主要是指主体工程开挖回填区、施工营地、附属企业、临时道路、设备及材料堆放场、料场区、弃渣场区在施工结束后所采取的造林种草或景观绿化等植被恢复措施，包括植物防护，封育管护，恢复自然植被以及高陡裸露岩石边坡绿化。

对于立地条件较好的坡面和平地，采用常规造林种草；坡度较缓且需适时达到防冲要求的，采取草皮护坡、框格植草护坡等；工程管理区、厂区、居住区、办公区进行园林式绿化；在降水量少难以采取有效措施绿化的地区，则可以采取自然恢复方式或配置相应的灌溉设施恢复植被。

（8）防风固沙工程

防风固沙工程是指在沙漠、沙地、戈壁等风沙区，由于生产建设项目在施工建设和生产运行中开挖扰动地表、损坏植被，引发土地沙化，或生产建设项目可能遭受风沙危害时采取的措施。在流动沙丘和半固定沙丘地区，应因地制宜综合采取植物固沙、机械固沙、化学固沙等措施，在戈壁风蚀区宜采取砾石压盖措施。

（9）临时防护工程

临时防护工程是指在施工准备期和施工期，对施工场地及其周边、取料场、弃渣场和临时堆料（渣、土）场等采取的非永久性防护措施，主要包括临时拦挡、覆盖、排水、沉沙、临时种草等措施。

4.2 水土保持方案编制

生产建设项目水土保持方案编制的主要内容应包括项目及项目区概况、主体工程水土保持评价、水土流失防治责任范围与防治分区、水土流失分析与预测、水土流失防治措施体系、水土保持监测、水土保持投资估算及效益分析等。因生产建设项目类型多，不同类型的项目具有不同的特点，以下仅对部分重点内容进行介绍。

4.2.1 主体工程水土保持评价

主体工程水土保持评价是指对主体工程选址（线）、建设方案等方面的评价，是逐一排除主体工程水土保持方面的制约性因素的工作，或虽遇到一些无法避免的限制性因素，但可以通过提高水土流失防治标准等手段有效控制可能带来的影响或减少可能的损失的论证。主体工程设计对水土保持方案起控制作用，反过来水土保持方案又对主体工程起到制约、修正作用。水土保持措施与主体工程的设计紧密相关，一方面，水土保持方案编制需在主体工程设计方案的基础上进行；另一方面，主体工程设计方案即便再细致、再经济，如果不符合水土保持规定也不能通过水土保持方案审批。主体工程水土保持评价包括两部分：一是排除其不合理性；二是提出补救措施的要求，指导后面章节编制。

《生产建设项目水土保持技术标准》（GB 50433—2018）规定了主体工程选址（线）、工程建设方案、取土(石、砂)场和弃土(石、渣、灰、矸石、尾矿)场选址、施工组织设计、工程施工等方面的限制性规定,还对不同水土流失类型区做出了特殊规定。水土保持评价的主要工作是对上述规定的符合程度进行逐一检查。此外,水土保持评价还包括对主体工程设计中具有水土保持功能工程的评价。

《生产建设项目水土保持技术标准》对要求严格程度有4种不同表述:一是绝时限制行为,没有商量的余地,用"必须"和"严禁"强调,如果违反了此类规定,建设项目就无法通过水土保持评价;二是普遍要求行为,正常情况下(特殊情况除外)均应这样做的,用"应""不得""不应"表示,这里的特殊情况须在方案中论证,并提出减少水土流失影响的要求和提高防治标准的建议;三是推荐性要求行为,用"宜""不宜"来表示,条件许可时首先应该这样做,如果不这样做就应在方案评价中说明理由;四是可选择行为,对在一定条件下可以这样做的,用"可"来表示。

主体工程选址(线)、建设方案、工程占地、土石方平衡、取土(石、砂)场和弃土(石、渣、灰、矸石、尾矿)场选址、施工方法与工艺水土保持评价以及主体工程设计中具有水土保持功能工程的评价,均应符合《生产建设项目水土保持技术标准》的限制性规定,特别是绝对限制行为,即使有一项绝对限制行为存在,该主体工程设计方案也不能通过水工保持方案审批。

4.2.1.1 主体工程选址(线)水土保持评价

对主体工程选址(线)的水土保持评价应基于表4-1所列的限制性规定。

表4-1 主体工程选址(线)应遵循的限制性规定

普遍要求行为	主体工程选址(线)应避下列区域: 1. 水土流失重点预防区和重点治理区 2. 河流两岸、湖泊和水库周边的植物保护带 3. 全国水土保持监测网络中的水土保持监测站点、重点试验区及国家确定的水土保持长期定位观测站

4.2.1.2 建设方案水土保持评价

对工程建设方案的水土保持评价应基于表4-2所列的限制性规定。

表4-2 工程建设方案应遵循的限制性规定

普遍要求行为	1. 公路、铁路工程在高填深挖路段,应采用加大桥隧比例的方案,减少大填大挖;填高大于20 m,挖深大于30 m的,应进行桥隧替代方案论证;路堤、路堑在保证边坡稳定的基础上,应采用植物防护或工程与植物防护相结合的设计方案 2. 城镇区的建设项目应提高植被建设标准,注重景观效果,配套建设灌溉、排水和雨水利用设施 3. 山丘区输电工程塔基应采用不等高基础,经过林区的应采用加高杆(塔)跨越方式 4. 对无法避让水土流失重点预防区和重点治理区的生产建设项目,建设方案应符合下列规定: ①应优化方案,减少工程占地和土石方量 ②截排水工程、拦挡工程的工程等级和防洪标准应提高一级 ③提高植物措施标准,林草覆盖率应提高1~2百分点

(续)

推荐性要求行为		对无法避让水土流失重点预防区和重点治理区的生产建设项目,建设方案应符合下列规定: 1. 公路、铁路等项目填高大于 8 m 宜采用桥梁方案;管道工程穿越宜采用隧道、定向钻、顶管等方式;山丘区工业场地宜优先采取阶梯式布置 2. 宜布设雨洪集蓄、沉沙设施

不同水土流失类型区的限制性规定见表 4-3。

表 4-3　不同水土流失类型区的限制性规定

东北黑土区	普遍要求行为	1. 应合理利用和保护黑土资源 2. 防护措施应考虑冻害影响
	推荐性要求行为	在丘陵漫岗区宜布设坡面径流排导工程
北方风沙区	普遍要求行为	应控制施工扰动范围,保护地表结皮层、沙壳、砾幕
	推荐性要求行为	植物措施宜配套灌溉设施
	可选择行为	可采取砾(片、碎)石覆盖、沙障、植物固沙、化学固化等措施防治风蚀
北方土石山区	普遍要求行为	1. 应保存和综合利用土壤资源 2. 江河上游水源涵养区应采取水源涵养措施
西北黄土高原区	普遍要求行为	坡面应采取截(排)水和排水顺接、消能措施
	推荐性要求行为	宜设置雨水集蓄利用设施
南方红壤区	普遍要求行为	1. 坡面应布设径流排导工程,防止引发崩岗、滑坡等灾害 2. 针对暴雨、台风特点,应采取应急防护措施
西南紫色土区	普遍要求行为	1. 弃土(石、渣)场应注重防洪排导、拦挡措施 2. 江河上游水源涵养区应采取水源涵养措施
西南岩溶区	普遍要求行为	1. 应保存和综合利用土壤资源 2. 应避免破坏地下暗河和溶洞等地下水系
青藏高原区	普遍要求行为	1. 应严格控制施工扰动范围,保护地表、植被 2. 高原草甸区应注重草皮的剥离、保护和利用 3. 防护措施应考虑冻害影响
平原地区	普遍要求行为	1. 应保存和利用耕作层土壤 2. 应采取沉沙措施,防止河渠淤积 3. 应优化场地、路面设计标高,或采取其他措施,减少外借土石方量
	推荐性要求行为	取土(石、砂)场宜以宽浅式为主,注重取土后的恢复利用措施

(续)

城市区域	普遍要求行为	1. 应采用下凹式绿地和透水材料铺装地面等措施,增加降水入渗 2. 应综合利用地表径流,设置蓄水池等雨洪利用和调蓄设施 3. 临时堆土(料)应采取拦挡、苫盖、排水、沉沙等措施,运输渣、土的车辆车厢应遮盖,车轮应冲洗,防止产生扬尘和泥沙进入市政管网
	推荐性要求行为	取土(石、砂)、弃土(石、渣)处置,宜与其他建设项目统筹考虑

主体工程施工组织设计的限制性规定见表4-4。

表4-4 主体工程施工组织设计的限制性规定

普遍要求行为	1. 应控制施工场地占地,避开植被相对良好的区域和基本农田区 2. 应合理安排施工,防止重复开挖和多次倒运,减少裸露时间和范围 3. 弃土、弃石、弃渣应分类堆放 4. 外借土石方应优先考虑利用其他工程废弃的土(石、渣),外购土(石、料)应选择合规的料场 5. 工程标段划分应考虑合理调配土石方,减少取土(石)方、弃土(石、渣)方和临时占地数量
推荐性要求行为	1. 在河岸陡坡开挖土石方,一级开挖边坡下方有河渠、公路、铁路、居民点和其他重要基础设施时,宜设计渣石渡槽、溜渣洞等专门设施,将开挖的土石导出 2. 大型料场宜分台阶开采,控制开挖深度。爆破开挖应控制装药量和爆破范围

主体工程施工的限制性规定见表4-5。

表4-5 主体工程施工的限制性规定

普遍要求行为	1. 施工活动应控制在设计的施工道路、施工场地内 2. 施工开始时应首先对表土进行剥离和保护,剥离的表土应集中堆放,并采取防护措施 3. 裸露地表应及时防护,减少裸露时间;填筑土方时应随挖、随运、随填、随压 4. 临时堆土(石、渣)应集中堆放,并采取临时拦挡、苫盖、排水、沉沙等措施 5. 施工产生的泥浆应优先通过泥浆池沉淀,再采取其他处置措施 6. 围堰填筑、拆除应采取减少流失的有效措施 7. 弃土(石、渣)场地应事先设置拦挡措施,弃土(石、渣)应有序堆放 8. 取土(石、砂)场开挖前应设置截(排)水、沉沙等措施 9. 土(石、料、渣、矸石)方在运输过程中应采取保护措施,防止沿途散溢

4.2.1.3 工程占地水土保持评价

工程占地应从节约和保护土地资源、维护和提高水土保持功能的角度进行水土保持评价。

(1) 占地面积复核

生产建设项目占地可分为永久征地和临时占地。国家对各类项目的主体工程永久征地有明确的规定和限制,并有严格的审查审批程序,评价中应以用地预审或行业用地标准为衡量指标。在工程前期设计阶段,如对临时占地考虑不全面,往往造成现场施工时大量增加临时占地;或未考虑土地节约利用,造成大面积临时占地地表被破坏。通过对施工道路、取土场、弃渣场、施工场地等附属区域的临时占地进行分析、复核,对占地漏项、不足或不符合节约用地要求的应进行补充或提出优化建议。

(2)占地类型复核

不同土地类型的水土保持功能、生产力均有所差异,如林地、草地的水土保持功能较强,若破坏将新增更多土壤流失;耕地、园地的土地生产力较高,若破坏将会造成大量经济损失。因此,在水土保持评价中,应对取土场、弃渣场等临时占用的林地、草地、耕地和园地进行充分的调研和评价。当有荒地可供选择时,不应占用生产力较高和水土保持功能较强的土地,特别是在耕地面积少的山区,应严格控制工程占用耕地。对不符合要求的,应提出评价意见,修正主体工程设计方案。

4.2.1.4 土石方平衡水土保持评价

土石方平衡水土保持评价是通过对工程土石方的挖、填、借、弃、调配等方面进行分析,减少工程可能产生水土流失的施工环节,并减少土石方挖填量和弃渣量,从而减少水土流失及其危害。

在土石方平衡水土保持评价中,首先,应对土石方挖填数量进行复核,主体工程设计中的土石方工程量往往只有主体工程区(如公路、铁路项目为路基工程)的土石方量,经常会遗漏附属设施区(如站场、立交、施工道路、材料场地、施工场地)的土石方量,水土保持方案中应对遗漏的土石方量进行补充。其次,应分析评价土石方调运是否符合节点适宜、时序可行、运距合理原则,余方是否首先考虑综合利用。工程土石方平衡分析应以主体工程的土石方平衡为基础,查阅项目设计文件及技术资料,充分考虑地形地貌、挖填方的施工时段、土石方组成、运距、剥采比及回填利用率等因素进行综合分析,并从水土保持角度分析土石方流向,对不合理的土石方调配提出评价意见并予以修正。

另外,在分析工程土石方平衡的同时,还应复核工程区表土的剥离保护与利用情况,对表土进行单独的平衡分析,并将表土纳入工程土石方平衡分析。当主体工程设计中没有按要求剥离和利用表土时,水土保持方案编制时应予以补充和落实。剥离的表土应首先满足工程自身迹地恢复的覆土需求,有多余的表土时应考虑周边其他生产建设项目的用土需求。

4.2.1.5 弃土(石、渣)场选址水土保持评价

弃土(石、渣)场的选址是水土保持方案编制的重点内容之一。在弃土(石、渣)场选址过程中,应充分征求主体工程设计、水文、地质、施工、移民、环境等各专业人员的意见,按照国家标准要求的各项限制性规定进行合理选址。弃土(石、渣)场选址的限制性规定见表4-6。

表4-6 弃土(石、渣)场选址的限制性规定

绝对禁止行为	严禁在对公共设施、基础设施、工业企业、居民点等有重大影响的区域设置弃土(石、渣、灰、矸石、尾矿)场
严格限制行为	1. 涉及河道的应符合河流防洪规划和治导线的规定,不得设置在河道、湖泊和建成水库管理范围内 2. 应充分利用取土(石、砂)场、废弃采坑、沉陷区等场地 3. 应综合考虑弃土(石、渣、灰、矸石、尾矿)结束后的土地利用
普遍要求行为	在山丘区宜选择荒沟、凹地、支毛沟;平原区宜选凹地、荒地,风沙区宜避开风口

4.2.1.6 取土(石、砂)场选址水土保持评价

取土(石、砂)场选址的限制性规定见表4-7。

表4-7 取土(石、砂)场选址的限制性规定

绝对禁止行为	严禁在崩塌和滑坡危险区、泥石流易发区内设置取土(石、砂)场
严格限制行为	1. 应符合城镇、景区等规划要求,并与周边景观相互协调 2. 在河道取土(石、砂)的应符合河道管理的有关规定 3. 应综合考虑取土(石、砂)结束后的土地利用

4.2.1.7 施工方法与工艺水土保持评价

生产建设项目的水土流失主要是由于工程施工扰动会形成松散体或裸露面,其抗蚀力弱,在水力、风力、重力及冻融等外营力作用下,极易造成水土流失。只有摸清主体工程的施工方法与工艺,才能把控生产建设项目造成水土流失的主要环节,进而精准采取水土保持措施进行水土流失防治。因而在编制水土保持方案时,需要说明工程施工可能诱发水土流失的主要子项工程土建施工工艺、工序,分析施工可能产生水土流失隐患的部位和时段。施工的方法与工艺不同,可能造成的水土流失影响也不同,水土保持方案应从减少扰动、减少土石方等角度分析和评价工程施工方法与工艺是否符合水土保持要求,对于不符合要求的,应提出优化建议。主体工程的施工工艺,应按项目组成,逐项介绍产生水土流失环节的施工方法及工艺,可用文字说明,也可用表格反映。

4.2.1.8 主体工程设计中具有水土保持功能工程的评价

基于主体工程对安全、完整、绿色、生态的要求,主体工程在设计中往往涉及边坡防护、拦挡、防洪排导、绿化等水土保持措施。因而,只有分析、明确主体工程设计是否满足水土保持要求,在主体工程设计具有水土保持功能工程的基础上,水土保持专业才能针对生产建设项目水土流失特点补充完善水土保持措施,做到主体工程设计与水土保持设计相互衔接,形成完整、有效的水土流失综合防治措施体系,确保水土保持设施发挥作用。主体工程设计中具有水土保持功能工程的评价对象为主体工程设计的地表防护工程,评价内容包括工程类型、数量及标准。

(1)水土保持措施界定的原则

主体工程设计中具有水土保持功能的工程并不全部列为水土保持措施。水土保持措施界定应符合下列规定。

①以防治水土流失为主要目标的防护工程,应界定为水土保持工程。以主体工程设计功能为主、兼有水土保持功能的工程,不纳入水土流失防治措施体系,仅对其进行水土保持分析与评价;当不能满足水土保持要求时,可要求主体设计修改完善,也可提出补充措施,纳入水土流失防治措施体系。

②对永久占地区内主体工程设计功能和水土保持功能难以直观区分的防护措施,可按破坏性试验的原则进行排除,即假定没有这项防护措施,主体工程设计功能仍旧可以发挥作用,但会产生较大的水土流失,该项防护措施应界定为水土保持工程,纳入水土流失防治措施体系。

(2) 主体工程设计中的水土保持措施界定

①为保证主体工程稳定与安全，主体工程一般会设计拦挡、排水等措施。生产建设项目拦挡和排水措施界定可按表 4-8 的规定确定。

表 4-8　生产建设项目拦挡和排水措施界定

项目类别	界定为水土保持的措施		不界定为水土保持的措施	
	拦挡措施	排水措施	拦挡措施	排水措施
火电厂	弃土（石、渣）场挡渣墙、拦渣坝、拦渣堤	厂区雨水排水管、排水沟、截水沟、雨水蓄水池、灰场周边截水沟、排水沟	厂区挡土墙、围墙，储煤场防风抑尘网、灰场灰坝、拦洪坝、隔离堤	煤场沉淀池，灰场排水竖井、卧管、涵洞、盲沟、坝后蓄水池
水利水电（含航电枢纽）	弃土（石、渣）场挡渣墙、拦渣坝、拦渣堤	厂坝区、办公生活区雨水排水管、截水沟、排水沟、弃土（石、渣）场、取料场截水沟、排水沟	厂坝区、办公生活区挡土墙、围堰修筑和拆除	施工导流工程
输变电、风电	弃土（石、渣）场（点）挡渣墙	变电站（所）截水沟、排水沟、塔基和风机周边截水沟、排水沟、挡水堤	变电站（所）、塔基、风机挡土墙	—
有色冶金、化工	废石场和排土场挡渣墙、拦渣坝、拦渣堤	厂区和工业场地的雨水排水管、排水沟、截水沟、雨水蓄水池、采掘场和废石场截水沟、排水沟	厂区和工业场地挡土墙、围墙、尾矿库（赤泥库）的尾矿坝、拦渣坝、上游挡水坝，冶炼渣场拦渣坝	尾矿库（赤泥库）排水竖井、卧管、涵洞、冶炼渣场和废石场盲沟
井采矿	矸石场的挡矸墙、拦矸坝	工业场地雨水排水管、截水沟、排水沟、雨水蓄水池、排矸场截水沟、排水沟	工业场地挡土墙、围墙	—
露采矿	排土场、废石场挡渣墙、拦渣坝、拦渣堤	工业场地雨水排水管、截水沟、排水沟、雨水蓄水池、排土场、废石场截水沟、排水沟、采掘场截水围堰	工业场地挡土墙、围墙	采坑内集水、排水设施
公路、铁路	弃土（石、渣）场挡渣墙、拦渣坝、拦渣堤	服务区、养护工区等雨水排水管、截水沟、排水沟、路基截水沟、边沟、排水沟、急流槽、蒸发池、桥梁排水管、排水沟、隧道洞口截水沟、排水沟，弃土(石、渣)场、取土(石、砂)场截水沟、排水沟，西北戈壁区路基两侧导流堤	服务区、养护工区、路基挡土墙	路基涵洞、路面排水
机场	弃土（石、渣）场挡土墙	飞行区、航站区、办公区、净空区雨水排水管、排水沟、截水沟、蓄水池，取土（料）场和弃土（石、渣）场截水沟、排水沟	飞行区、航站区、办公区挡土墙	—
港口码头	—	堆场、码头雨水排水管、排水沟	海堤、堆场、码头挡土墙	—

(续)

项目类别	界定为水土保持的措施		不界定为水土保持的措施	
	拦挡措施	排水措施	拦挡措施	排水措施
输气、输油、输水管道	弃土(石、渣)场挡土墙、挡渣墙	站场截水沟、排水沟,管道作业带、穿越工程的截水沟、排水沟	站场挡土墙、围墙、稳管镇墩、截水墙、管道穿(跨)越的挡土墙	—
油气田开采	弃土(石、渣)场挡渣墙	站场、井场雨水排水管、截水沟、排水沟、弃土(石、渣)场、取土(石、砂)场截水沟、排水沟	站场、井场挡土墙	—

②生产建设项目边坡防护措施界定。为保证工程开挖或填筑边坡的安全与稳定,主体工程一般会设计边坡防护措施,其中,植物护坡应界定为水土保持措施;工程与植物措施相结合的综合护坡应界定为水土保持植物措施;主体工程设计在稳定边坡上布设的工程护坡应界定为水土保持措施;处理不良地质采取的护坡措施(锚杆护坡、抗滑桩、抗滑墙、挂网喷混等)不应界定为水土保持措施。

③生产建设项目其他措施界定应符合下列规定:工程开工前表土剥离和保护应界定为水土保持措施;土地整治应界定为水土保持措施;为集蓄降水的蓄水池应界定为水土保持措施;防风固沙措施应界定为水土保持措施;采用透水形式的场地硬化措施可界定为水土保持措施;江、河、湖、海的防洪堤、防浪堤(墙)、抛石护脚不应界定为水土保持措施。

4.2.2 水土流失防治责任范围与防治分区

4.2.2.1 水土流失防治责任范围

(1)水土流失防治责任范围的概念

水土流失防治责任范围(以下简称防治责任范围)是指依据法律法规的规定和水土保持方案,生产建设单位或个人(以下简称建设单位)对其生产建设行为可能造成的水土流失必须采取有效措施进行预防和治理的范围,也即承担水土流失防治义务与责任的范围。

科学界定水土流失防治责任范围是合理确定建设单位水土流失防治义务的基本前提,也是水行政主管部门对建设单位进行监督和验收的范围。建设单位须负责预防和治理该范围内可能出现的水土流失危害或影响,如果因防治不当造成水土流失危害或影响,就要承担由此而引起的处理费用,赔偿对周边居民和环境造成的损失,并承担相应的法律责任和经济责任。

(2)水土流失防治责任范围的内涵

水土流失防治责任范围主要有3个方面的内涵:一是确定了空间范围。在此范围内的水土流失,不管是否由生产建设行为造成,均需对其进行治理并达到水土流失防治标准规定的治理要求或当地的治理规划;在此范围内,建设单位应根据地形地貌、地质条件和施工扰动方式,有针对性地设置预防及治理措施,避免或减轻可能造成的水土流失危害或影响。二是明确了时间区间。因防治责任与土地利用权属直接相关,在永久征地范围内建设单位具有土地使用权，毫无疑问要承担全过程的水土流失防治责任；通过水土保持专项验收前，临时占地范围内的水土流失防治责任也由建设单位承担，通过验收、土地移交后建设单位不再具有土地使用权，无法再设置防治措施，即超出了责任期间。三是明确了责任主体。为落实具体的防治责任，需明确承担该空间和时间范围内水土流失防治责任的主体；在生产建设期间，责任主体为建设单位。当主体工程完工、临时占地归还地方时，需在土地交还前完成水土流失防治义务并经水行政主管部门验收后将防治责任归还土地使用权的接收者，即通过水土保持验收后建设单位或运行管理单位的水土流失防治责任范围仅为项目的永久占地范围。

(3) 水土流失防治责任范围的划分

生产建设项目水土流失防治责任范围应包括项目永久征地、临时占地(含租赁土地)以及其他使用与管辖的区域。

(4) 水土流失防治责任范围的界定

在水土保持方案中，水土流失防治责任范围一般按单项工程、分行政区域列表说明占地面积、占地类型和占地性质。主要包括：①永久建筑物占地。②施工临时生产、生活设施占地。③施工道路(公路、便道等)占地。④料场(土、石、砂砾骨料等)占地。⑤弃渣(土、石、灰、渣等)场占地。⑥水库正常蓄水位以下的淹没面积(应注明其余各项占用的库区淹没面积，在合计时扣除，不能重复)。⑦改建、扩建工程项目(如大坝加高加固、公路扩宽等)中所涉及的原有工程的占地和土地管辖范围，但应扣除各项重复计算的占地面积。⑧移民安置区和专项设施复建区。如果该区域的水土流失防治责任没有转移，应由建设单位设置相应的防治措施，纳入防治责任范围。⑨分期建设项目的交叉范围，如项目二期扩建时共用一期的施工场地，应同时列入防治责任范围。

4.2.2.2 水土流失防治分区

(1) 水土流失防治分区的目的

生产建设项目水土保持方案在确定水土流失防治责任范围的基础上进行水土流失防治分区，目的是科学合理地布设防治措施。同一分区内造成水土流失的影响因素基本相同，水土流失防治措施基本相同，可以典型设计来代表分区内具体各地点的设计，进而可以用典型设计的工程量推算整个分区的工程量。防治分区还可为水土流失预测和水土保持监测奠定基础。

(2) 水土流失防治分区的依据

生产建设项目水土保持方案应根据实地调查(勘测)结果，在确定的防治责任范围内，依据工程布局、施工扰动特点、建设时序、地貌特征、自然属性、水土流失影响等主要依据进行分区。

①工程布局。线型工程和点型工程的施工总体布局不同，分区具有明显的差别。

②施工扰动特点。如水利水电工程的进场道路多在山区修建，工程量大，扰动剧烈，与扰动轻微的厂内道路有明显区别，不能划作一个分区。

③建设时序。同一分区内的建设和生产过程即施工时序及建设期应基本相同，根据建设时序分区既便于水土流失预测时段的选择，也便于防治措施的进度安排。

④地貌特征。不同地貌特征的区段，尽管建设内容与施工特点相同，但造成水土流失的形态和影响各不相同，对防治措施的要求也不相同。

⑤自然属性。在线性工程中，当线路较长时，不同工程区之间常具有不同的气象、水文、地质、地貌等自然特征，其防治措施形式和要求也不相同。

⑥水土流失影响。建设前地形可能不相同，水土流失强度也不相同，但施工将它们改变为相近地形时，可能发生的水土流失危害和治理难度却基本接近，因而这种情况也可以划入同一分区，如公路路堑。

(3) 水土流失防治分区的原则

①区内具有明显相似性，区间具有显著差异性。在地形地貌、施工布局，扰动地表的时段、可能造成的水土流失的强度以及防治措施等方面，同一分区内应具有明显的相似性，不同分区之间应具有显著的差异性。

②主导因素原则。分区内影响水土流失类型、强度及时间的主导因子相近或相似，分区划分时应对这些因素有显著的反映。

③综合性与层次性原则。一个建设项目的水土流失防治分区不可能过细，是各种影响因素和防治要求的组合，因而在划分防治分区时应注意综合性。分区内的差异性和相似性是相对的，可以不是完全一致的，也可以在分区的基础上再行划分。总体要求是一级分区应具有控制性、整体性、全局性，如线型工程应按地貌类型划分一级区，二级及以下分区应结合工程布局和施工区进行逐级分区。各级分区应层次分明，具有关联性和系统性。

④用途一致原则。各分区内防治措施体系应基本相同，具有较为一致的改造利用途径和措施。不同防治用途的区域，水土保持设施的建设标准可能有重大差别，因而在划分分区时应注意土地利用的用途。

⑤地域完整性原则。划分防治分区时，应遵循集中连片、便于水土保持措施体系布置和施工的原则，尊重标段划分的惯例，这样既便于水土保持措施的统筹规划与管理，也便于开展典型设计。

(4) 常见生产建设项目分区示例

①线型项目。以某高速公路为例，其水土流失防治分区见表4-9。

表4-9 某高速公路水土流失防治分区

防治分区	备 注
路基工程防治区	公路长 38.472 km，占地面积 261.82 hm²
桥梁工程防治区	桥梁长 21 373 m/56 座，占地面积 21.77 hm²
隧道工程防治区	隧道长 31 950 m/29 座，占地面积 25.58 hm²
交叉工程防治区	互通立交 7 座（1 处预留）、分立立交长 2769 m/9 座，占地面积 168.92 hm²
沿线设施工程防治区	服务区 3 处、管养中心 3 处、收费站 5 处（1 处预留），占地面积 26.40 hm²
改移工程区	改路长 12.84 km、改沟长 5.28 km，占地面积 8.51 hm²
弃渣场防治区	39 处，占地面积 182.48 hm²
表土堆放场防治区	86 处，占地面积 46.61 hm²

(续)

防治分区	备注
施工生产生活防治区	117处(其中项目部23处),占地面积86.26 hm²
施工便道防治区	总长154.47 km,其中新建99.27 km,改(扩)建55.20 km,占地面积90.46 hm²

②点型项目。以某水电项目为例,其水土流失防治分区见表4-10。

表4-10 某水电项目水土流失防治分区

序号	防治分区	
	一级防治分区	二级防治分区
1	水源工程防治区	枢纽建筑物防治区
		工程永久办公生活区
		施工生产生活防治区
		交通道路防治区
		料场防治区
		弃渣场防治区
2	输水工程防治区	输水建筑物防治区
		施工生产生活防治区
		交通道路防治区
		弃渣场防治区
3	移民安置及专项设施复建工程防治区	
4	水库淹没防治区	

4.2.3 水土流失分析与预测

4.2.3.1 水土流失分析与预测的目的

生产建设项目水土流失分析与预测是基于人们对水土流失的认识和掌握的规律,根据拟建生产建设项目所在区域的原始地形地貌、水土流失类型和降水、大风等自然条件,以及工程总体布局、施工工艺和时序,特别是扰动地表形式、强度和面积、弃土(石、渣)形式和数量等情况,在全面调查和一定勘察(勘测)、试验的基础上,分析工程建设过程中可能引起水土流失的环节与影响因素,通过科学试验成果或类比周边同类工程的水土流失监测、实地调查成果,分析评价拟建项目的水土流失规律,确定各分区在不同时段内的水土流失形式、原因、数量、强度及分布,定量预测每个分区可能产生的水土流失总量和新增量及其分布,定性分析各分区水土流失类型、危害;同时,还对可能损毁植被的面积进行预估。

水土流失预测的目的在于分析生产建设项目在建设过程中扰动、破坏原有地貌可能造成的水土流失和对项目区及周边环境的影响,了解水土流失可能存在的潜在危害和植被恢复的难易程度,为主体工程选址选线(特别是如取土场、弃渣场,以及电厂的贮灰场、冶金矿业工程的矸石场，尾矿库等选址）、总体布局、施工总平面布置和局部工程设计提供进一步的修正意见，为在不同水土流失防治分区内合理确定水土流失防治措施布局和分区防治措施的规模，有效减少新增水土流失，同时为确定水土保持监测重点地段提供依据。另外，如果由于水土流失可能造成难以挽回的重大经济损失或重大环境危害，则水土流失预测还应为否决项目立项提供充分的理由，并为水行政主管部门的监督检查提供依据和帮助。

4.2.3.2 水土流失影响因素分析

生产建设项目造成水土流失的影响因素包括自然因素和人为因素，其中人为因素是造成新增水土流失的主要因素，各种建设活动改变了建设区域的地形地貌，破坏了水土资源和植被，最终将导致水土流失的加剧。对于工程建设所造成水土流失应着重分析以下方面：

(1) 对于植被破坏、地表裸露和加剧水土流失的分析

工程建设不可避免地进行场地平整、清理或土石方开挖，使地表裸露、植被破坏，失去其蓄水保土功能，当受到雨滴击溅、水流冲刷或风力吹袭时，加速了土壤侵蚀，特别是在风沙区，经过雨水浸湿形成的地表结皮、硬壳均可起到水土保持的作用，当地表植被遭到破坏或表层的结皮、硬壳遭到破坏后，遇到风力吹袭便可将下层的细土或流沙吹动，形成较强的风力侵蚀。

(2) 对于堆弃物极易引起水土流失的分析

在工程建设中，当土石方在一定时间和空间内不能完全平衡时，将产生临时或永久的大量弃土、废渣。这些堆弃物十分疏松，降水易于入渗，抗蚀抗冲性能极差，弃渣堆置过程中如不采取适当防护措施将可能造成弃渣场受冲刷、滑塌和坍塌，易发生强度水力侵蚀和重力侵蚀，从而增加新的水土流失，甚至引发地质灾害。

弃渣场所占用的土地类型一般多为耕地、林地和荒草地等，而且堆弃物多是无序堆弃而成，弃渣的堆放再塑了原地貌，形成较陡的边坡，改变了原地表坡面的产（汇）流条件，若不妥善解决排水问题，不仅会造成弃渣本身的流失，而且可能使渣堆附近区域的水土流失由原来的面蚀逐渐变为沟蚀，加剧当地局部区域的水土流失，甚至遇到降水等诱因时，可明显降低堆弃物的稳定性，发生地质灾害。

(3) 对于地表硬化和工程占压可能引起水量流失的分析

工程建设会导致建筑物占压地表以及地表硬化或将土壤碾实，引起水分入渗的减少和地表径流的增加，在加剧土壤侵蚀的同时，也造成了水的流失。地表硬化度较高时，如果不做好排水工作，将诱发强度的水力侵蚀；即便排水做好了，在干旱、半干旱地区还引起了水的流失。

(4) 对于地形再造，尤其对于地面坡度增大可能加剧水土流失的分析

较陡的、裸露的、疏松的开挖面，遇暴雨或坡面来水将发生强烈、极强烈水力侵蚀。如在整修施工便道中，由于作业条件有限，经常采用半挖半填的方式修筑，土壤固结能力降低，土地裸露面积加大，坡下的拦挡措施往往滞后或难以施工，大量的土、石、渣在重力的作用下滚入坡下，造成植被大面积损毁，甚至压占整面坡的植被，极大地降低了原坡面植被水土保持功能;另外,坡面上松散的土壤遇到降水或洪水极易造成剧烈水土流失。削坡等施工活动扰动了原土体结构,破坏了原有植被和地面稳定性,致使土壤结构松散,地面坡度和汇流方向发生改变,进而造成了建设期较为强烈的水力侵蚀或风力侵蚀。

4.2.3.3 水土流失预测的范围、单元与时段

实践表明,由于生产建设项目不同单元工程的施工工艺和时序以及所处地形地貌、土壤、植被、土地利用现状和组成物质的不同,由工程建设造成的水土流失形式和特点存在差异,而且其水土流失强度也会随施工工序的改变而发生相应变化。因此,在进行水土流失预测时,首先应明确水土流失预测的范围,并在此基础上划分水土流失预测单元,确定预测时段。

(1) 确定预测范围

客观确定生产建设项目的水土流失预测范围是做好水土流失预测的基础。确定预测范围时,应遵循以下原则:

①水土流失预测范围应该是项目的永久征地和临时占地面积。

②对于扩建工程,应在分清本期工程建设所涉范围及其与原有工程占地关系的基础上,只对本期工程建设所扰动的范围进行预测。

③对于新建且留有进一步扩建余地的工程,新增水土流失量的预测范围也应限于本期工程建设扰动地表的区域,但在水土流失总量计算时还需考虑征用而未扰动的土地。

④对于建设期电厂贮灰场,其水土流失预测范围只限于修筑灰坝、截(排)水沟,以及进行防护林建设等扰动地表的区域,但若进行了防渗处理,应将扰动地表的部分也算作为预测的范围。

⑤对于建设期冶金矿业工程的尾矿库,同样存在有上述情况,其建设期的水土流失范围只限于修筑库坝区和截(排)水沟,以及进行防渗处理范围的扰动区域。

⑥对于沿海地区需要围海造地或需要在海域内进行作业(如吹沙造地)的工程项目,水土流失预测只对形成陆地后的部分进行预测。

⑦对于一个生产建设项目来说,尽管在不同时段的扰动范围或裸露地表面积会发生一定变化,但一旦确定了其相应的水土流失预测范围就不应再进行变更。

(2) 划分预测单元

对于生产建设项目的土壤流失量预测来说,在确定预测范围之后,首先需要考虑根据施工区的原地貌、建筑物类型、地表扰动程度、施工工艺、施工场地、工程环节、工程规模和施工期,以及项目不同施工区域的土壤流失类型及特点等因素进行预测分区,将土壤流失范围划分成若干个小流失区,称为划分预测单元,该项工作应符合下列原则与要求:

①在同一预测单元内,不仅要求其原生的地形地貌相同,而且如针对水力侵蚀地区的降水特征值(降水量、降水强度与降水量的年内分配等)和风力侵蚀地区的风力特征值(平均风速、主风向、大风日数及其频率)等自然条件也应基本一致。

②在同一个预测单元内,不仅要求扰动前的地表物质组成基本接近,而且要求原有土地利用现状基本一致,可以概括为要求具有相同的土壤侵蚀背景值。

③在同一个预测单元内,不仅要求工程建设期扰动地表的时段、形式总体上相同,

而且其扰动的强度和基本特点也应大体一致，如开挖或填筑形成的地表形态及松散程度等。

④在同一预测单元内，工程建设期间扰动所产生的水土流失类型、过程及特点，以及新增水土流失的强度、规律都应该基本一致。

⑤在同一预测单元内，应集中连片形成一个或几个集中的区域，可根据土地利用的功能进行划分，也可根据扰动的强度及其外在形状做进一步的划分。

⑥预测单元的划分还应该充分考虑工程建设过程的实际情况，有时还可以将某一个预测单元做进一步的划分，如近年编制的方案中较为普遍的公路项目，其主体工程区可进一步划分为路基防治区、桥梁隧道防治区、收费及服务设施区等单元，其中路基防治区预测单元可划分为深挖路堑段、高填路堤段和一般路基段，必要时还可以再划分为边坡和路面两个单元；弃土(渣)场或贮灰场等也可以划分为顶面和坡面两个单元；取土场也可以进一步划分为边坡和地面两个单元。

(3) 划分预测时段

水土流失预测时段是与预测范围、预测单元一样重要的预测参数，确定预测时段应遵循以下原则：

①生产建设项目水土流失预测时段的划分，应以主体工程施工组织及施工进度图为依据，不能简单地采用工程的总工期(即自工程开工建设至完工的总时间)，而应根据不同预测单元的具体施工时间确定各自的预测时段。

②因预测基础为不采取任何水土保持措施的假定，根据生态修复或生态恢复理论，依靠大自然的力量，植被在一定时间内会逐步恢复，水土流失态势便可逐步趋于稳定，直至土壤侵蚀强度低于土壤流失容许值或背景值，将这段时间称为自然恢复期。该时段的划分应根据项目区自然条件按植被自然恢复所需的时间来确定，而在干旱沙漠区等无法自然恢复林草植被的区域，则按地表自然硬化(结皮)所需的时间来确定。

③由于施工准备期通常指通水(即供、排水)、通路、通电和场地平整阶段，这一阶段是造成水土流失的重要时段，因此水土流失预测在划分时段时必须包含施工准备期。

④生产建设项目可能造成水土流失量的预测时段，一般可以分为施工期(含施工准备期)和自然恢复期两个时段；若有必要且条件许可，施工期还可以做进一步的划分。

⑤各单元的预测时段应根据相应单元的单项工程施工进度安排，结合产生水土流失的季节，按最不利的条件来确定；若扰动最剧烈、产生水土流失强度最大的工序的施工时间超过产生土壤侵蚀季节(即风蚀以风季计，水蚀的以雨季计)的按全年计算，不超过雨(风)季长度的按所占雨(风)季时间的比例计算，当预测时段进行上述调整后，后面的时段相应缩短，以不超过总的预测时段为原则进行控制。

⑥预测时段的划分还应该充分考虑工程建设过程的实际情况，将建设期做进一步的划分，如公路工程的填方路基预测单元，其建设期还可以进一步划分为土石方填筑期和路面加工期两个时段。

⑦对于弃土(石、渣)场可能造成水土流失量的预测，一般按其外表的投影面积与相应土壤侵蚀模数的乘积来估算，若随着弃土(石、渣)量的增加，每年外表投影面积发生变化时，取其年终的面积来计算，并分年度进行计算和汇总，此时的预测时段就是一年。

4.2.3.4 水土流失预测的内容与方法

水土流失预测的内容应包括工程扰动地表和损毁植被面积、弃土弃渣量、土壤流失量等。

(1) 扰动地表和损毁植被面积预测

对于扰动地表及植被损毁情况，主要采用实地调查和图面直接量测相结合的方法进行预测，即根据主体工程的工程征占地资料、施工布置等相关资料，利用设计图纸，结合实地分区抽样调查，计算确定扰动地表的面积、植被损毁的面积及程度、土地利用现状和各区域的土壤侵蚀模数背景值等。

(2) 弃土弃渣量预测

弃土(石、渣)量应通过查阅项目技术资料、现场勘察实测或类比调查相结合的方法进行预测。

①以主体工程的土石方平衡为基础，查阅设计文件及技术资料，充分考虑地形地貌、土地占压、运距、回填利用率(与土石料质量有关)、剥采比(采石场)等分段、分建筑物类型抽取典型地段进行分析，从而了解单位工程的开挖量、回填量、弃渣量等信息，推算出各时段、各区的弃土、弃石、弃渣总量。

②现场实测时，应特别注意项目的挖填平衡、松散系数、剥采比与弃土弃渣的关系，以及弃土(渣)数量与堆积高度、占地面积的关系、不同位置的堆放要求等，进而确定所堆放的场地高度、坡比，分析其相应的稳定性。

③弃土、弃石、弃渣的预测应注意其实方与松方换算时松散系数的选取。

④土石方平衡和弃土(渣)计算表中应标明弃渣的来源与去向，有条件的情况可绘制流向图，也可采用表的形式。

(3) 土壤流失量预测

水土保持方案中，土壤流失量包括工程建设扰动区的背景土壤流失量和由工程建设而造成的新增土壤流失量。预测土壤流失量的关键在于确定工程扰动区域的土壤侵蚀模数背景值、工程扰动后的土壤侵蚀模数和自然恢复期的土壤侵蚀模数。

①土壤侵蚀模数背景值的确定。土壤侵蚀模数背景值是工程区在自然状态下，由自然因素引起的水土流失的强度。一般来讲，引起水土流失的自然因素包括地形地貌、降水、地面物质组成和植被4个方面。地面坡度越大，地表径流的流速越快，对土壤的冲刷侵蚀力就越强。坡面越长，汇集地表径流量越多，冲刷力也越强。降水强度超过土壤入渗强度才会产生地表径流，造成对地表的冲刷侵蚀。地面物质组成疏松的区域，抗侵蚀能力弱，容易造成严重的水土流失。林草植被有保护土壤不被侵蚀的作用，郁闭度越高，保持水土的能力越强。通过对施工占地范围内土地利用现状的典型调查，结合施工征地范围内的土地利用现状图分析，依据工程区降水、土地利用类型、植被覆盖率、地面坡度、土壤类型等因子，参考《土壤侵蚀分类分级标准》(SL 190—2007)对工程各防治区内土壤侵蚀强度进行分析，确定各防治区的土壤侵蚀模数背景值。

②扰动后土壤侵蚀模数的确定。扰动后土壤侵蚀模数是指在工程施工期间，若不采取任何水土流失防治措施，工程区将会造成的土壤侵蚀强度。施工期土壤流失量可根据《生

产建设项目土壤流失量测算导则》(SL 773—2018)推荐公式计算,扰动后的土壤侵蚀因子可根据项目区地形地貌、气候(降水、风速等)、土地利用、植被情况等实际情况结合工程特点,参照《生产建设项目土壤流失量测算导则》计算确定。

③自然恢复期土壤侵蚀模数的确定。自然恢复期土壤侵蚀模数是指主体工程以及水土保持工程措施已经完成,而水土保持植物措施因植物生长的滞后性,未充分发挥其相应的水土保持功能的时期。在这个阶段,因水土保持工程措施的实施,项目建设区土壤侵蚀状况已得到较大改善,但由于林草植被未完全恢复,故水土保持措施还未达到预期效果。自然恢复期土壤侵蚀模数可参照《生产建设项目土壤流失量测算导则》计算确定。

④土壤流失量计算。在分析得到各预测单元的土壤侵蚀模数背景值、扰动后土壤侵蚀模数、自然恢复期土壤侵蚀模数之后,结合各预测单元的预测时段,根据《生产建设项目水土保持技术标准》进行土壤流失量预测,土壤流失量和新增土壤流失量计算公式如下:

$$W = \sum_{j=1}^{3} \sum_{i=1}^{n} (F_{ji} \times M_{ji} \times T_{ji}) \tag{4-1}$$

$$\Delta W = \sum_{j=1}^{3} \sum_{i=1}^{n} (F_{ji} \times \Delta M_{ji} \times T_{ji}) \tag{4-2}$$

式中,W 为土壤流失量(t);ΔW 为新增土壤流失量(t);F_{ji} 为某时段某单元的预测面积(km^2);M_{ji} 为某时段某单元的土壤侵蚀模数[$t/(km^2 \cdot 年)$];ΔM_{ji} 为某时段某单元的新增土壤侵蚀模数[$t/(km^2 \cdot 年)$];T_{ji} 为某时段某单元的预测时间(年);i 为预测单元($i=1,2,\cdots,n$);j 为预测时段($j=1,2$),分别为工程施工期(含施工准备期)和自然恢复期。

4.2.3.5 水土流失危害分析及指导意见

生产建设项目施工活动所造成的水土流失危害往往具有潜在性,因此,必须在汇总并综合分析水土流失预测成果,对水土流失可能造成的危害进行分析,同时,对防治措施体系和水土保持监测提出指导意见。

(1)对土地资源和土地生产力可能造成的影响分析

①对土地资源可能造成破坏的分析。具体内容包括:

a. 是否会因工程的建设(如高填、深挖段等)将来引起坍塌等使原有的土地遭受破坏,导致无法继续耕种。

b. 对于工程建设内容中有新筑护岸工程的,应分析是否由于新筑工程的设计标准或由于河道主流方向的改变而产生塌岸等不良现象,从而使原有的耕地遭到破坏。

c. 对于矿业工程或者隧道开挖等工程,应分析其未来是否会因地下矿藏挖掘和隧道的形成,使地面发生塌陷等不良现象。

d. 对于部分工程乱堆弃渣、乱修临时建筑物或挤占耕地所造成的土地浪费等现象。

②对土地生产力可能造成下降的分析。具体内容包括:

a. 土壤生产力的高低与土壤理化性质密切相关,对于某些可能给当地造成遗留物质,影响土壤的含水量、透水性、抗蚀性、表层土壤厚度、营养物质状态、土壤形态和内部组织等特性的,就有可能造成土壤质地的改变,进而造成土地生产力的下降。

b. 对于某些生产建设项目将会加重周边环境水土流失的,不仅破坏土壤中抗侵蚀颗粒的物理特性,使土壤有机质发生迁移,土壤易遭受侵蚀,还会降低土壤保水性能,增加土壤容重，进而会在短期内使土地沙化、资源退化。

c. 对于某些工程由于排水系统不健全（如排水设施设计标准过低等），就有可能造成地面积水，暴雨季节出现排洪不畅甚至导致内涝，长期之后就有可能形成涝渍。对此类工程，应对当地的土地盐碱化或沼泽化等问题进行分析。

d. 有些生产建设项目主体工程会对所经区域的植被、耕地、水池、堤坝等造成直接侵占和破坏，如铁路、公路和管道工程等线型工程，在通过农田的路段，特别是路堤、桥梁或交叉点，降水侵蚀所产生的泥沙会直接流向工程区域外的农田，由于地势变缓，其中大部分泥沙沉积下来，形成"沙压农田"。还有矿区洗煤厂、冶金化工工程和矿井的排污水也可能存在污染耕地的情况。

（2）对河流行洪、防洪影响分析

生产建设项目产生的弃土、弃石、弃渣直接倾倒于沟道、河流，会导致河流泥沙含量显著增加，淤积抬高河道，对河流的行洪、防洪造成严重影响。

①对于在沟道或河滩地堆放弃土、弃渣的，首先要分析其是否采取了拦挡措施，还应分析其设计标准是否能满足当地暴雨洪水的要求。如果与应有的防洪标准存在一定差异，就要针对不同的差异分析可能造成的不同程度危害。

②对于论证后同意在河道或河滩地弃渣（土）的，并在主体设计中已经考虑了拦挡设施的，还应该检查该措施的实施时间。如果防护标准比河流的防洪标准低，应根据弃土弃渣的体积和平面布置、防护形式、防护标准及失事后可能的影响，分析是否会阻断河流，造成大的水土流失危害或其他突发性灾害。

③对于修建桥梁、实施跨河工程等项目，除了解该工程是否已进行专门的洪水评价分析等论证外，更重要的是分析工程建设或将来生产运行期间是否发生水土流失并造成危害。因此就要了解桥台周边是否修筑了围堰或采取了必要的措施，包括穿越工程在内的工程建设过程中所产生的泥浆是否堆放到合适的地方，尤其桥梁围堰的修筑和拆除过程中，可能造成的土壤流失量，抬高、淤积河道，甚至产生影响行洪等危害。

④对于港口、码头及相关的护岸工程，除掌握相关工程的设计标准能否满足实际需要外，还应了解工程的施工工艺、时序以及临时堆土场地等信息，若施工工艺不当或未采取适当的防护措施，就有可能造成部分土壤或弃渣直接进入河流、港湾，进而产生淤积等危害。因此，应分析其施工过程中及将来运行期间可能造成的水土流失及危害。

⑤对于新建工程下游有水库、引水灌溉工程的，还要分析由于具体工程的建设或将来运行造成严重水土流失的可能性，是否有可能由于具体工程而改变了原有河流的水位或主流方向，进而产生严重的水土流失或导致原有工程无法继续发挥作用等。

⑥对于部分改河、护岸等工程，应分析是否因具体工程的建设或运行而造成原有河流纵比降和主流方向的改变，从而造成如冲刷河岸、河堤、滩地甚至村庄等危害。同时，应分析这些冲刷造成的河床形态变化并引发其他灾害。

⑦对于从河道大量采砂的工程，应分析是否会造成河槽混乱，对河床造成破坏，进而影响河床原有的形态和平衡，影响正常的行洪和两岸大堤的安全。同时，应分析是否会对部分河段的灌溉能力造成严重影响。

(3) 对可能形成泥石流的危险性分析

有些生产建设项目会严重影响建设区域的地质环境，降低其岩土稳定性，引发地质灾害。

①高速公路和铁路等工程在建设过程中所形成的高边坡，以及大量弃渣所形成的松散堆积体，由于开挖路基或拓宽路面时破坏了原坡面山体支撑，使上方坡面坡度变陡，基岩或土体失去原有的稳定性；或者新形成的不稳定土(渣)堆积体，一旦遇上大暴雨、连阴雨或轻微地震，就可能产生山体滑坡甚至泥石流，从而造成不可估量的危害。因此，应该针对具体工程所处的地质情况，结合新形成高边坡和松散堆积体的实际，对可能产生的危害进行较为全面的分析与评价。

②对于开采过程中大量岩土剥离物堆放的场地，无疑对堆积体构成了独特的侵蚀方式——岩土侵蚀，除普遍发生的面蚀、沟蚀外，还出现了黄土区少见的沉陷侵蚀、沙砾化面蚀、土砂流泻、坡面泥石流等侵蚀方式，进而对周边的河道、水渠和设施造成威胁。因此，对这些方面可能存在的危害及隐患，应在调查的基础上进行全面分析。

③对于弃渣场原占地类型均为耕地、林地、荒草沟谷地等的，弃渣的堆放再塑了原地貌，形成较陡的边坡，改变了原地表坡面的产(汇)流条件，若不妥善解决排水问题，不仅会造成弃渣本身的流失，而且可能使渣堆附近区域的水土流失由原来的面蚀逐渐改变为沟蚀，加剧当地局部区域的水土流失，甚至产生泥石流等严重的灾害。因此，应根据弃渣场所处的具体位置进行分析。

(4) 对可能出现地面塌陷等危害的分析

①对于煤炭、采矿、冶金等工程，由于大量进行地下开挖，尽管部分有建筑物的地方预留了煤柱或采取了其他保护性措施，但地下形成了采空区，随着时间的推移，很有可能在外力作用下产生地面塌陷、地裂缝、滑坡、煤层自燃等现象，进而对周边基础设施和村寨，甚至人民群众的生命安全造成危害。因此，应该针对具体工程实际，在实地调查和对工程设计、施工等环节深入分析的基础上，进行未来可能产生水土流失危害的分析。

②对于地下采矿工程，应重视由疏干碳酸盐围岩含水层所引起的危害。大量向外排放疏干水不仅可以引起地面塌陷下沉、地面设施受到破坏，而且当塌陷区或井巷地表贮水体存在水力的沟通时，则会酿成淹没矿井的重大事故。另外，当岩层疏干的设计不合理时，还会导致露天边坡、台阶的滑动和变形，从而出现相应的灾害后果。因此，需对此做出分析评价和预测，并在工程建设期间采取相应的措施，以消除隐患。

(5) 大型滑坡和崩塌危险性评价

①开山造地、大型工程的深挖地段和所形成的高边坡，以及开挖过程中将大量松散的土体、岩体剥离物挤占河道、水体的，这些都极易造成大型滑坡和坍塌的危险，进而对交通、水利、通信等基础设施造成破坏。因此，应根据工程实际进行可能性分析。

②对于部分水利工程建设形成的大型水库，由于大量水体的聚集，使库区地壳结构的地应力发生变化，成为诱发地震灾害的潜在条件。因此，应结合地质灾害评价进行分析。

(6) 对周边环境可能造成影响的分析

一些大型的建设项目，如公路工程、铁路工程、采矿工程等，由于需要大量的填筑料,将进行大量的土和砂石料开采,这无疑会对周边生态环境产生严重影响,其中许多影响具有长期性和不可逆性等特点。

①分析由于工程建设进而造成对工程周边地区地表土层和植被的影响范围和程度,进而对周边生态环境产生的影响。

②分析建设过程产生的废弃物(弃土、弃渣、弃石等)及其堆放场地,分析其对原有植被产生破坏、加剧水土流失和环境效益的影响。

③部分工程大量开挖采石,造成局部山体缺口,不但直接破坏了大量植被,而且严重影响周边的景观。

④对于部分大型输水(渠道)工程,应该分析其对两岸的渗漏影响,同时分析地下水位抬高对大面积土壤次生盐碱化等方面的影响。

⑤对于由于工程建设造成的高边坡地区,应分析其上游来水情况,以及土壤因土壤含水量情况,如果土壤含水量过高就会引起滑坡或泥石流。

⑥对于电厂干灰的贮灰场以及露天生产所造成的扬尘,应分析其对土地及周边生态环境的影响。

⑦对于采矿工程,由于大量疏干水的排放,不仅对下游产生直接冲刷,而且对矿区及附近的地表河流、浅层地下水造成影响和破坏,直接导致植物枯死,土地沙化和植被退化等危害。

(7) 对地下水位的影响分析

随着生产建设项目不断增加,对水资源的需求也越来越强烈,在大力开发地表水资源的同时,地下水开采量也在不断增加,再加上部分采矿工程大量排放疏干水等原因,对当地的地下水位造成很大影响。

①分析由于工程建设和生产运行造成的区域性地下水位下降情况,特别是针对深层地下水超采和大量疏干水的排放,必然会形成局部地下水下降漏斗,进而导致地质灾害或海水入侵、咸水界面上移,以及深层地下水水质恶化等后果。

②一些采矿类工程会破坏地下岩层,产生岩层裂隙,也对地下水位产生严重影响,如减少当地河流的补水量,将造成采空区地下水位显著下降,进而导致部分乔木枯萎以及煤炭开采后周边的民用水井全部干枯等。

③城镇化建设进程加快,导致大面积的地表被硬化,从大的方面来说,必然会改变地表水的下渗特性,使地表径流加大,水资源被作为城市废水排出,再加上城市人口的急剧增加,地下水的过度开采,在城市地下形成一个巨大的空洞,不但破坏水资源,还存在有潜在的地质危害等。

④井采矿疏干水和露采矿疏干地下水的大量排放,必然会对当地的地表水系统和地下水系统造成影响,甚至产生严重破坏。应根据排水量及流向,结合当地地表、地下水循环系统的具体情况,分析其可能受到的影响甚至破坏的程度。

(8) 对地表水资源损失及城市洪灾影响的分析

①对城市水资源影响的分析。在城市开发建设过程中,因硬化地表,破坏地形、地貌、植被等水土保持设施,使原有的水土保持功能降低或丧失。地表的硬化或覆盖使降水不能下渗,土壤渗流系数减小,地表径流系数增大,使地下水源的涵养和补给

受到阻碍,地表径流汇流时间缩短,强度增大,地表径流量增加,导致地下水补给量减少。在产生强地表径流的同时,加剧对裸露地表土壤的侵蚀,其结果是造成河道和城市下水系统淤塞,增加城市的防洪压力,甚至造成巨大的生命财产损失。

②井采矿工程疏干排水对矿区及周边地区影响的分析。大量疏干水的排放是对矿区及周边地区水资源和水循环产生影响的问题所在。

4.2.4 水土流失防治措施体系

4.2.4.1 水土保持措施的类型

(1)表土保护措施

生产建设项目的表土保护措施,是指将扰动土地表层熟化土剥离并搬运到固定场地堆放,并采取必要的水土流失防治措施的过程,主要包括表土剥离、表土堆存与防护。

①表土剥离。表土剥离量应根据扰动范围内表土的分布和厚度等因素确定,做到"应剥尽剥"。表土剥离厚度根据表层熟化土厚度确定,黄土高原等土层较厚的地区也可不剥离表土。表土剥离还应考虑工程占地性质,永久占地(建筑物、水库淹没区)内的表土应优先考虑剥离,临时占地使用后需恢复农、林、牧草种植的表土需考虑剥离。在土层较厚的平原区、山丘区可采用机械结合人工的方式剥离表土,在土层较薄的山丘区及高寒草原草甸地区采用人工剥离的方式。各地区表土剥离厚度参考值见表 4-11。

表 4-11 各地区表土剥离厚度参考值

分 区	表土剥离厚度(cm)	分 区	表土剥离厚度(cm)
西北黄土高原区的土石山区	30~50	南方红壤丘陵区	30~50
东北黑土区	30~80	西南土石山区	20~30
北方土石山区	30~50		

②表土堆存及防护。剥离表土就近集中堆存于征用的土地范围内,堆放场地表土不宜受到水蚀,堆放过程中防止岩石等杂物混入,使土质恶化,尽可能做到回填后保持原有土壤结构。表土临时堆存一般采用推土机堆叠,在自然稳定的前提下堆高 2.5~3.0 m。堆存表土应采取临时防护措施,如土袋拦挡、苫盖、边坡撒播草籽(或铺植草皮,草皮可再利用)等临时防护措施。

(2)拦渣工程

水土保持拦渣措施主要包括挡渣墙、拦渣堤、围渣堰和拦渣坝。弃渣堆置于台地、缓坡地上,易发生滑塌,应修建挡渣墙。弃渣堆置于河道或沟道两岸,受洪水影响,应按防洪要求设置拦渣堤。弃渣堆置于沟道内,宜修建拦渣坝。弃渣堆置于平地上,应设置围渣堰。

①挡渣墙。是指支撑和防护弃渣体,防止其失稳滑塌的构筑物。一般适用于生产建设项目弃渣场的渣坡脚防护,如坡地型弃渣场和不受洪水影响的平地型弃渣场防护。对于开挖、削坡、取土(石)形成的土质坡面或风化严重的岩石坡面的坡脚,也可采取挡

渣墙防护。

②拦渣堤。是指支撑和防护堆置于河岸边或沟道旁的弃渣，防止堆体变形失稳或被径流、降水等冲入河流（沟道）造成淤塞的构筑物。适用于生产建设项目涉水弃渣场的挡护，如临河型弃渣场、沟道型弃渣场、库区型弃渣场和受洪水影响的平地型弃渣场的挡护。

③围渣堰。适用于平地型弃渣场的渣脚防护。弃渣堆放在宽缓平地，其拦渣工程为围渣堰。围渣堰不挡水时设计同挡渣墙，挡水时设计同拦渣堤。

④弃渣堆。置于沟道内，受沟道洪水影响，应按防洪、拦渣等要求设置拦渣坝。拦渣坝布置在堆渣体下游，工程实践中常用两种拦渣坝：滞洪式拦渣坝和截洪式拦渣坝。滞洪式拦渣坝既有拦渣作用，又有滞蓄上游洪水的作用；截洪式拦渣坝仅拦渣不滞洪，其上游洪水由排洪涵洞等排洪建筑物排出。受技术、经济条件和工期的影响，水土保持工程中一般采用低坝。截洪式拦渣坝坝高不超过 15 m，滞洪式拦渣坝坝高不超过 30 m。

(3) 边坡防护工程

边坡防护是防止边坡滑移、垮塌，维持稳定的主要工程措施，主要包括削坡开级工程、砌石护坡工程、混凝土护坡工程、综合护坡工程。

①削坡开级工程。削坡主要是指削掉边坡上的非稳定坡体，减缓坡度，保持坡体稳定；开级是指通过开挖坡体成阶梯，达到截短坡长，改变坡型、坡度，降低荷载重心，维持边坡稳定的目的。在坡面采取削坡开级工程时，应布置山坡截水沟、马道排水沟、急流槽及排水边沟等排水系统，防止坡面径流及坡面上方地表径流对坡面的冲刷。

②砌石护坡工程。主要包括干砌石护坡和浆砌石护坡两种形式，可根据不同需要分别采用。

③混凝土护坡工程。适用于边坡坡脚可能遭受洪水强烈冲刷的陡坡段。根据具体情况，可采用混凝土护坡或钢筋混凝土护坡，必要时需要加锚固定。

④综合护坡工程。是将植被防护技术与工程防护技术有机结合起来，实现共同防护的一种护坡方法，通常采用干/浆砌片（块）石、混凝土等形成框格骨架，或采用格宾、干硬性混凝土联锁砌块、预制高强混凝土块等铺面做成护垫，然后在框格内、护垫表面植草或栽植藤本植物。其特点是可充分发挥植物防护与工程防护的优点，取长补短、施工简单、速度快、投资省、效果好。

a. 框格护坡。主要是在人工开挖的软质边坡面上，按方形、菱形、人字形、弧形采用干砌石、浆砌石、混凝土等材料形成骨架，框格内可挂网（钢筋网、铁丝网或土工网）、植草、喷射混凝土等进行防护，以减少地表水对坡面的冲刷，减少水土流失，从而达到护坡和保护环境的目的。

b. 格宾护坡。先采用低碳钢丝编制成六边形双绞合金属网面，再将金属网面制作成箱体结构，并在其内填充符合既定要求的块石或鹅卵石，来达到防冲刷的目的。与传统护坡结构相比，格宾护坡具有安全性、耐久性、组装和施工的便捷性、高效性和环保等性能。

c. 联锁式护坡。联锁砌块是由一组尺寸、形状和重量一致的新型混凝土预制块相互连接而形成的连锁结构,是一种新型连锁式混凝土预制块相互联锁组成的铺面系统。联锁式护坡可为明渠和受低中型波浪作用的边坡提供有效、耐久的边坡防护。

d. 铰接式护坡。是由一组尺寸、形状和重量一致的预制混凝土块用一系列绳索(如镀锌钢绞线)相互连接而形成的连锁型矩阵,是一种预制高强度混凝土块铺面系统,可应用在天然河道、河沟或人工明渠的底部和边坡,具有抵抗水力侵蚀的作用,并对防止水土流失具有很高的实用功能。

(4) 防洪排导工程

生产建设项目施工及生产运行中,应在受暴雨和洪水危害的区域兴建防洪排导工程。常用的防洪排导工程有拦洪坝、排水洞、排洪渠、涵洞、截排水沟等。

①拦洪坝。布置在弃渣场上游,主要用于拦截和排泄上游来水。被拦截来水通过排水洞等设施排至弃渣场下游或相邻沟谷,因此,拦洪坝适用于上游有沟道洪水危害的弃渣场等项目区。拦洪坝的坝型主要根据洪水规模、地质条件、当地材料等确定,可采用土石坝、砌石坝和混凝土坝等形式。

②排水洞。常与拦洪坝配合使用,主要用于排泄截洪式弃渣场等上游来水,适用于地质、地形条件适宜布置隧洞的沟道型弃渣场等项目区。

③排洪渠。适用于上游沟道或周边坡面有洪水危害且沟道洪水较小,项目区一侧或两侧有布置排洪渠的地形地质条件的弃渣场等项目区。

④涵洞。适用于填土(或渣体)下面有排洪排水要求的情况。按流态可分为无压涵洞、半有压涵洞和有压涵洞3种类型,水土保持工程常用无压涵洞;按洞身结构形式分为有盖板涵、圆涵、拱涵和刚结点箱涵4种类型;按材料分为钢筋混凝土涵洞、混凝土涵洞和浆砌石涵洞3种类型。

⑤截排水沟。包括截水沟和排水沟。截水沟是指在坡面上修筑的拦截、疏导坡面径流,具有一定比降的沟槽工程;排水沟是指用于排除地面、沟道或地下多余水量的沟槽工程。截排水沟的断面一般可采用矩形、梯形,分为衬砌、不衬砌两种形式。适用于所有生产建设项目的开挖、填筑边坡、场地及土石堆积体等的防护。

(5) 降水蓄渗工程

降水蓄渗工程是指在工程建设区域内,对原有良好天然集流面或项目区域内增加的硬化面(坡面、屋顶面、地面、路面)上所形成的汇聚径流进行收集、蓄存、调节、利用而采取的工程措施。根据利用方式的不同,通常可分为蓄水和入渗两类。在水土保持工程建设实际中,为充分开发利用水资源短缺地区的降水资源,缓解水资源不足,蓄水工程的开发利用较多,而入渗工程则仅根据建设区域的特别要求而设。

①降水收集设施。工程设计中,根据蓄集降水服务对象所在区域的不同,主要利用主体工程永久占地区、弃渣场、料场、道路以及工程永久办公生活区内硬化的空旷地面、路面、坡面、屋面等集水面收集降水,同时根据不同的径流收集面,采取不同的降水输送措施。降水收集设施主要包括集流面、集水沟(管)槽、输水管等,另外由于降水蓄集使用目的的不同,在降水收集设施末端应考虑设置初期降水集流装置、降水沉淀和降水过滤等常规水质处理设施。

②降水蓄存设施。主要是为满足降水利用要求而设置的降水蓄存空间。所选择蓄水设

施形式通常根据地形、土质、用途、建筑材料和经济社会等因素确定，比较常用的有蓄水池、集雨箱(桶)、水窖等。蓄水构筑物布置时应避开填方或易滑坡地段，并保证有足够的集流面积，尽量使收集的降水自流入构筑物内。

a. 蓄水池。根据使用区域不同可分为开敞式和封闭式两种形式，其中开敞式蓄水池多用于区域地形比较开阔，且受水对象所需水质要求不高时，多用于山区；封闭式蓄水池适用于区域占地面积受限制或城镇建设项目区的蓄水利用工程。

b. 集雨箱(桶)。主要用于工程建设项目永久占地区内的一些管理场站，通常用于屋面的降水蓄存。因蓄存规模较小，通常为玻璃钢、金属或塑料制作的定型设备，多属于地上式降水存储设施。该种集雨箱(桶)可根据要求选材制作，也可选用成品。因其安装简便，维护管理方便，具有一定的使用优势。其缺点是需要占地空间，水质不易保障，不具备防冻功能，使用季节性较强。

c. 水窖。适宜于建在蒸发量大，降水相对集中，雨旱季节比较分明的地区。水窖的形式多种多样，根据使用地区土质不同，通常可为封闭圆柱形、球形、瓶式、隧洞式等。

③入渗工程。生产建设项目中，因基础设施建设内容占了相当的比例，往往存在区域内地表硬化面积比例较高而影响降水入渗的问题。水土保持工程中采用入渗工程的主要目的在于控制初期径流污染，减少降水流失、增加降水下渗等，通常仅设于对降水入渗回灌地下水有要求的城市建设区。现阶段，入渗工程较常用的渗透设施主要有下凹式绿地、透水铺装地面、渗透管沟、渗透浅沟(洼地)、渗透池、渗透井等渗水工程形式。设计时应优先选用下凹式绿地、透水铺装地面等地面入渗方式，当地面入渗方式不能满足要求时，可采用其他入渗方式或组合入渗方式。设计时除透水铺装地面入渗和不接纳客地降水的绿地入渗不需要配置降水收集设施外，其他渗透设施一般都需要通过降水收集设施收集降水，并引流到渗透设施。

(6) 土地整治工程

根据工程扰动破坏土地的具体情况和土地恢复利用方向确定相应的土地整治内容。土地整治的内容主要包括扰动占压土地的平整及翻松、表土回覆、田面平整和犁耕、土壤改良，以及必要的灌溉设施。

①扰动占压土地的平整及翻松。扰动后凸凹不平的土地需采用机械削凸填凹进行粗平整，粗平整包括全面平整、局部平整和阶地式平整3种形式。

a. 全面平整。多适用于种植大田作物，一般整平坡度小于1°(个别为2°~3°)。

b. 局部平整。用于种植经济林木、果树，一般整平坡度小于3°~5°，局部平整主要是削平堆脊，整成许多沟垄相间的平台，一般宽度8~10 m(个别为4 m)。

c. 阶地式平整。一般是形成分层平台(地块)，平台面成倒坡，坡度1°~2°。

②表土回覆。土地整平结束之后，黄土区或附近有取土条件的地方表层应覆土，覆土厚度依据土地利用方向确定，农业用地60~100 cm，林业用地50~80 cm，牧业用地30~50 cm。在土料缺乏的地区，可覆盖易风化物，如页岩、泥岩、泥页岩、污泥等。覆土有顺序地倾倒后形成"堆状地面"，若作为农业用地，须进一步整平；若为林牧业用地，可直接采用"堆状地面"种植。各地区覆土厚度参考值见表4-12。

表 4-12　各地区覆土厚度参考值

分 区	覆土厚度(cm)		
	农地	林地	草地
西北黄土高原区的土石山区	60~100	≥60	≥30
东北黑土区	50~80	≥50	≥30
北方土石山区	30~50	≥40	≥30
南方红壤丘陵区	30~60	≥40	≥20
西南土石山区	20~50	20~40	≥10

③田面平整和犁耕。田面平整包括坡面平整和平台面平整。坡面平整可根据林草种植需要，采用水平沟整地，也可修整成为窄条梯田、反坡梯田等。平台面平整一般先在平台面四周和内部修建田埂，然后根据林草种植需要，采取穴状、块状整地；对恢复为农用地的，应按耕作要求全面精细整地。

④土地改良。主要包括增肥改土、种植改土和粗骨土改良。地表有土时主要是通过施有机肥、无机肥和种植绿色植物等措施实现土壤培肥；恢复为耕地的，应增施有机肥、复合肥或其他肥料；恢复林草地的，优先选择具有根瘤菌或其他固氮菌的绿肥植物，必要时，工程管理范围的绿化区应在田面细平整后增施有机肥、复合肥或其他肥料。地表无土时，一般用易风化的泥岩和砂岩混合的碎砾作为土体，调整其比例，依靠物理风化和化学风化成土，如添加城市污泥、河泥、湖泥、锯末等改良物质；对于pH值过低或过高的土地，施加化学物料(如黑矾、石膏、石灰等)改善土壤；盐渍化土地，应采取灌水洗盐、排水压盐、客土等方式改良土壤。

⑤灌溉设施。生产建设项目区缺水、降水量不足或种植需水作(植)物规模大而需要采取人工补充水量的工程，应布设灌溉设施，以保证适时适量供水，满足作(植)物不同生长发育阶段的用水需求。灌溉设施工程有两类：一类是水源工程，其作用是将适宜的水(量)从灌溉水源中取(引)出来，该类工程主要有蓄水工程、引水工程、提水工程和蓄、引、提相结合的工程等；另一类是将适宜的水(量)逐级输送并分配到田间的输配水工程，这类工程包括渠道(管道)系统，以及系统上的建(构)筑物等。

(7)植被恢复与建设工程

植被恢复与建设工程包括护岸(堤、滩)林、道路防护林、中央分隔带绿化、路侧隔离带绿化、渣料场绿化、周边绿化、管理区及厂区绿化、施工场地(临时占地)植被恢复。

①护岸(堤、滩)林。沿江河岸边或河堤配置的绿化措施，用以控制水流流向，抵御波浪、水流侵袭与淘刷的水土保持技术。一般包括护岸林、护堤林和护滩林。无堤防的河流，其河流两岸应营造护岸林，利用乔灌木的根系巩固河岸。有堤防的河流，其河流两岸的堤防及靠近堤防的地带，应营造护堤林，以保护河堤，免受水流的冲刷和风浪的打击。河漫滩发育较大的河流，其河漫滩应营造护滩林，缓流挂淤，以维护河势稳定。

②道路防护林。指在各类道路两侧营造的，为防止风沙、积雪以及横向风流等对道路本身或行驶车辆造成有害影响而建植的林带。按植被类型可分为两类：单一植被型道路防护林，即由乔木或灌木组成的道路防护林；复合植被型道路防护林，即由乔木、灌木及草

本共3种植物类型任意组合而成的道路防护林。按照与风沙源的位置关系可分为3类，包括沙源内道路防护林，即位于沙漠、戈壁及沙漠化土地等沙源内的道路防护林；风口处道路防护林，即位于风口处的道路防护林；风沙影响区道路防护林，即沙源及风口以外的风沙区道路防护林。按照风沙强度可进一步分为严重、中等和轻微3类风沙影响区的道路防护林。

③中央分隔带绿化。是指在公路中央分隔带建植的以防眩和景观美化为主要目的的人工绿化带。相比防眩板，中央分隔带绿化具有防眩、景观美化和水土保持等多重功能，但需设置防洪、排水设施，养护成本较大。

④路侧隔离带绿化。是指位于道路两（外）侧隔离带，以分隔和美化为主要目的的人工绿化；相比纯工程隔离措施，植物措施景观效果好，生态及水土保持效益高。

分界型隔离绿化：指位于道路两侧、路基排水沟外侧至道路占地边界范围，以地界分隔和美化为目的的隔离带绿化。

分车隔离带绿化：位于道路两侧的机动车道和非机动车道或同方向机动车道之间的以交通导向、分流和美化为目的的隔离带绿化。

⑤渣料场绿化。在取土料场开采的边坡、迹地和弃渣场的边坡、顶部平台以及一切能够用绿色植物覆盖的区域所进行的植被建设和绿化美化工程。适用于水利水电、公路、铁路、矿山等生产建设项目的料场和弃渣场。取土料场开采边坡坡比一般不超过1∶1.5；每级坡面高度不超过5 m。弃渣场边坡坡比一般不超过1∶1.25，坡比超过1∶1.0时慎用；每级坡面高度不超过10 m。

⑥周边绿化。在防治责任范围内，各防治分区周边能够用绿色植物覆盖的区域所进行的植被建设和绿化美化工程，适用于所有生产建设项目区内的绿化。

⑦管理区及厂区绿化。除道路、厂房等永久建筑物区域外，在一切能够用绿色植物覆盖的区域所进行的植被景观建设和园林式绿化美化工程，使其具有美化环境、净化空气、调节气候、减弱噪声、保持水土和划分区域等功能。适用于水利水电、工矿企业等生产建设项目的管理区及厂区等。

⑧施工场地（临时占地）植被恢复。施工结束后拆除临时建筑物，施工场地（道路等临时占地）区域根据原地类及时进行植被恢复。

（8）临时工程

临时工程包括临时拦挡措施、临时排水措施、临时覆盖措施和临时植物措施。

①临时拦挡措施。施工建设中，在施工边坡下侧、临时堆料、临时堆土（石、渣）及剥离表土临时堆放场等周边，为防止施工期间边坡、松散堆体对周围造成水土流失危害，应采取临时拦挡措施。临时拦挡措施形式包括填土草袋（编织袋）、土埂、干砌石挡墙、钢（竹栅栏）围栏等。结合具体情况，遵循就地取材、经济合理、施工便捷、实用有效等原则选定防护形式。临时拦挡措施大多数情况下为等外工程，不考虑建筑物级别，应在主体工程施工完毕后拆除。有特殊要求时，其规模和设计标准需根据防护对象的规模、地形坡度、洪水及降水等情况分析确定。

a. 填土草袋（编织袋）。适用于生产建设项目施工期间临时堆土（石、渣、料）、施工边坡坡脚的临时拦挡防护，多用于土方的临时拦挡。

b. 土埂。适用于生产建设项目施工期管沟、沉淀池开挖的土体、流塑状土等临时拦挡防护，施工简易方便，具有简单拦水、挡土作用。

c. 干砌石挡墙。适用于生产建设项目施工期施工边坡、临时堆土(石、渣、料)的临时拦挡防护，多用于石方的临时拦挡。

d. 钢(竹栅栏)围栏。适用于生产建设项目施工期施工边坡、临时堆土(石、渣、料)的临时拦挡防护，多用于城区附近的园区类项目及线型工程，具有节约占地、施工方便、可重复利用和减少项目建设对周边景观影响等优点。

②临时排水措施。是指为减轻施工期间降水及地表径流对临时堆土(渣、料)、施工道路、施工场地及周边区域的影响，通过汇集地表径流并导引至安全地点以控制水土流失的措施。根据沟道材质，可分为土质排水沟、砌石(砖)排水沟、种草排水沟等形式。

a. 土质排水沟。施工简便、造价低，但其抗冲、抗渗、耐久性差，易崩塌，运行中应及时维护。适用于使用期短、设计流速较小的生产建设项目。

b. 砌石(砖)排水沟。施工相对复杂、造价高，但其抗冲、抗渗、耐久性好，不易崩塌。适用于石料(砖)来源丰富、可就地取材、排水沟设计流速偏大且建设工期较长的生产建设项目。

c. 种草排水沟。简易草沟，指种植草类防止冲蚀的土筑沟；复式草沟，指侧沟种植草类，沟底则铺设石材、植草砖等硬式材料防止冲蚀的草沟。

③临时覆盖措施。是指施工期为防止水土流失及粉尘危害所采取的措施。覆盖材料可选用草袋、苫布、防尘网、密目网、塑料布及大块砾石等。临时覆盖措施种类包括草袋覆盖、砾石覆盖、苫布覆盖、防尘网覆盖、塑料布覆盖等，既适用于风蚀严重地区或周边有明确保护要求的生产建设项目的扰动裸露地、堆土、弃渣、砂砾料等的临时防护，也适用于暴雨集中地区工程，控制和减少雨水溅蚀冲刷临时堆土(料)和施工边坡。

④临时植物措施。包括临时种草、临时绿化等。

a. 临时种草。在条件合适的地区，对堆存时间较长的土方可采取临时撒播绿肥草籽的方式，既可防治水土流失、美化区域环境，又可有效保存土壤中的有机养分，以达到后期利用的目的。主要适用于施工过程中临时堆存的表土，也可用于弃渣场。

b. 临时绿化。对于施工期扰动后裸露时间较长的区域，可通过植树种草等方式进行临时绿化，通过增大地表植被盖度控制水土流失、涵养土壤地力并改善环境。主要适用于工期较长的施工营地区、弃渣场及土料场等。

(9) 防风固沙措施

防风固沙工程主要是对修建在沙地、沙漠、戈壁等风沙区遭受风沙危害的生产建设项目及因工程建设产生的料场、弃渣场、施工生产生活场地、施工道路等容易引起土地沙化、荒漠化的工程扰动区域，所采取的以防风固沙为目的的生态建设活动。防风固沙措施按照治理方式可分为工程固沙措施、化学固沙措施和植物固沙措施。

①工程固沙措施。工程措施通过采取沙障、网围栏等抑制风沙流的形成，达到防风固沙的目的。

a. 沙障。是用作物秸秆、活性沙生植物的枝茎、黏土、卵石、砾质土、纤维网、沥青乳剂或高分子聚合物等在沙面上设置各种形式的障碍物或铺压遮蔽物，平铺或直立于风蚀沙丘地面，以增加地面糙度，削弱近地层风速，固定地面沙粒，减缓和制止沙丘流动，从而起到固沙、阻沙、积沙的作用。适用于年降水量 100~500 mm 的沙地、沙漠、戈壁风沙区。

b. 围栏。按材料可分为机械围栏和生物围栏两大类，常用的机械围栏包括刺丝围栏、网围栏、枝条围栏及石(土)墙围栏等，生物围栏由栽植的灌木及乔木组成。

②化学固沙措施。在流动的沙丘上喷洒化学胶结物质，使沙体表面形成一层具有一定强度的防护壳，达到固定流沙的目的。适用于不具备植物生长条件的区域。

③植物固沙措施。通过人工栽植乔木、灌木、种草，封禁治理等手段，提高植被覆盖率，达到防风固沙的目的。

4.2.4.2 水土保持措施布设

水土保持措施布设是指在对主体工程设计分析评价的基础上，将主体已列和方案新增的工程措施、植物措施和临时措施科学地配置，按防治分区布设，形成综合防治措施体系。其布设原则包括：

①根据工程所处土壤侵蚀类型区，结合工程实际和项目区水土流失现状，因地制宜，因害设防，科学配置，优化布局。

②吸收当地和同类项目水土流失防治经验，借鉴国内外先进技术，尽量做到高科技、低投入、高效益，有效地防治项目建设、生产过程中的水土流失。

③既注重各防治区内部的科学性，又关注分区之间的联系性、系统性。

④防治措施体系布设，特别是对弃土(石、渣)场、取料场、高路堑、大型开挖面的防治应提出几个方案，从工程安全、防治效果、施工条件、工程投资几方面进行比选，确定最佳方案。

⑤树立生态文明理念，尊重自然规律并与周边景观相协调。

⑥防治措施体系布设要与主体工程密切结合，相互协调，形成整体。

⑦工程措施要尽量选用当地材料，做到技术上可行，经济上合理。

⑧植物措施要尽量选用适合当地的品种，并考虑绿化、美化效果。

⑨临时防护措施需与施工进度、施工工艺等密切结合，尽量减少新增水土流失。

4.2.4.3 水土保持措施布局

(1) 公路、铁路工程

①公路工程。公路工程的水土流失防治分区按照工程特点进行划分，可分为主体工程区(含路基工程、桥涵工程隧道工程和附属工程等)、料场区、弃渣场区、施工生产生活区和施工道路区。公路工程水土保持措施布局见表 4-13。

表 4-13 公路工程水土保持措施布局

防治分区	措施类型	主要措施
主体工程区	工程措施	护坡、截排水及消能设施、表土剥离及回覆、场地平整
	植物措施	边坡植草和灌木、空地及管理范围占地园林绿化、桥下植草和灌木绿化
	临时措施	临时拦挡、排水、沉沙、苫盖等

(续)

防治分区	措施类型	主要措施
料场区	工程措施	削坡开级、截排水、表土剥离及回覆、场地平整、复耕
	植物措施	取土平面栽植乔灌木、播撒草籽、边坡植草或灌木
	临时措施	截排水、沉沙、表土临时挡、苫盖等
弃渣场区	工程措施	拦挡、截排水、表土剥离及回覆、边坡整治、复耕
	植物措施	顶部栽植乔灌木、边坡植草、撒播草籽等
	临时措施	表土临时拦挡、排水及苫盖等
施工生产生活区	工程措施	表土剥离及回覆、场地平整、复耕
	植物措施	栽植乔灌木和播撒草籽
	临时措施	临时拦挡、排水、苫盖等
施工道路区	工程措施	表土剥离及回覆、场地平整
	植物措施	栽植乔灌木、撒播草籽
	临时措施	临时拦挡、排水、洒水抑尘

②铁路工程。根据铁路工程建设特点和项目组成，结合工程施工区布局，可将项目划分为路基工程区、站场工程区、桥梁工程区、隧道工程区、料场区、弃渣场区、施工生产生活区及施工便道区等。铁路工程水土保持措施布局见表4-14。

表4-14 铁路工程水土保持措施布局

防治分区	措施类型	主要措施
路基工程区	工程措施	护坡、路基截排水及顺接工程、表土剥离及回覆、场地平整
	植物措施	边坡绿化、路基两侧绿化美化
	临时措施	临时拦挡、排水、沉沙、苫盖、边坡挡水埂、临时绿化等
站场工程区	工程措施	站场边坡防护、站场截排水、表土剥离及回覆、场地平整
	植物措施	站场边坡绿化、站区园林绿化
	临时措施	施工裸露面苫盖、临时堆土拦挡、撒播草籽、临时排水、沉沙
桥梁工程区	工程措施	表土剥离及回覆、场地平整、排水及顺接工程
	植物措施	桥下植草、灌木绿化
	临时措施	沉淀池、泥浆池、临时拦挡、排水、沉沙、苫盖、播撒草籽
隧道工程区	工程措施	隧道洞口护坡、截排水及顺接工程
	植物措施	隧道洞口绿化美化
	临时措施	洞口仰坡临时拦挡、临时排水、沉沙、苫盖、临时堆土拦挡等
料场区	工程措施	削坡开级、截排水、表土剥离及回覆、场地平整
	植物措施	取土平面栽植乔灌木和播撒草籽、边坡植草或灌木
	临时措施	截排水、沉沙、表土临时挡、苫盖等
弃渣场区	工程措施	拦挡、截排水、表土剥离及回覆、边坡整治、复耕
	植物措施	顶部栽植乔灌木、边坡植草、撒播草籽等
	临时措施	表土临时拦挡、排水及苫盖等

(续)

防治分区	措施类型	主要措施
施工生产生活区	工程措施	表土剥离及回覆、场地平整、硬化地面清除、复耕
	植物措施	栽植乔灌木、播撒草籽
	临时措施	临时拦挡、排水、沉沙、苫盖、播撒草籽、洒水抑尘
施工便道区	工程措施	表土剥离及回覆、复耕
	植物措施	栽植乔灌木、撒播草籽
	临时措施	临时拦挡、排水、洒水抑尘

(2) 城市轨道交通工程

城市轨道交通工程一般位于城市建成区或规划区，地形地貌以平原为主。一般可划分为线路工程区、车站工程区、附属工程区、料场区、弃渣场区、施工生产生活区及施工道路区等。城市轨道交通工程水土保持措施布局见表4-15。

表4-15 城市轨道交通工程水土保持措施布局

防治分区		措施类型	主要措施
线路工程区	地下线路工程区（明挖暗埋段）	工程措施	U形槽顶两侧截排水、沉沙
		植物措施	U形槽顶两侧绿化
		临时措施	洗车池、沉淀池、集水井、临时拦挡、排水、沉沙、苫盖、围护等
	地面线路工程区	工程措施	护坡、截排水、表土剥离及回覆、场地平整
		植物措施	路基边坡植草和灌木、边坡外侧栽植乔灌木
		临时措施	洗车池、临时拦挡、排水、沉沙、苫盖
	高架线路工程区	工程措施	排水、沉沙、表土剥离及回覆、场地平整
		植物措施	桥下植草、灌木绿化
		临时措施	洗车池、沉淀池、临时拦挡、排水、沉沙、苫盖
车站工程区	地下车站工程区（明挖暗埋段）	工程措施	排水
		植物措施	车站出入口、风亭、冷却塔用地范围绿化
		临时措施	洗车池、集水井、临时拦挡、排水、沉沙、苫盖
	地面车站工程区	工程措施	护坡、排水、沉沙、表土剥离及回覆、场地平整
		植物措施	路基边坡植草和灌木、车站范围绿化
		临时措施	洗车池、临时拦挡、排水、沉沙、苫盖
	高架车站工程区	工程措施	排水、沉沙、表土剥离及回覆、场地平整
		植物措施	桥下植草和灌木绿化
		临时措施	洗车池、沉淀池、临时拦挡、排水、沉沙、苫盖
附属工程区		工程措施	护坡、截排水及消能设施、表土剥离及回覆、场地平整
		植物措施	路基边坡植草和灌木、场地绿化
		临时措施	洗水池、临时拦挡、排水、沉沙、苫盖

(续)

防治分区	措施类型	主要措施
料场区	工程措施	削坡开级、护坡、截排水及消能设施、表土剥离及回覆、场地平整、复耕
	植物措施	取土平台栽植乔灌木和播撒草籽、边坡植草或灌木
	临时措施	表土临时拦挡、排水、苫盖等
弃渣场区	工程措施	拦挡、护坡、截排水及消能设施、表土剥离及回覆、场地平整、复耕
	植物措施	顶部栽植乔灌木、边坡植草、撒播草籽等
	临时措施	表土临时拦挡、排水及苫盖等
施工生产生活区	工程措施	表土剥离及回覆、场地平整、硬化地面清除、复耕
	植物措施	栽植乔灌木、播撒草籽
	临时措施	临时拦挡、排水、沉沙、苫盖、播撒草籽、洒水抑尘
施工便道区	工程措施	表土剥离及回覆、复耕
	植物措施	栽植乔灌木、撒播草籽
	临时措施	临时拦挡、排水、洒水抑尘

(3) 涉水交通(码头、桥隧)及海堤防工程

水交通(码头、桥隧)及海堤防工程水土流失防治分区一般可分为码头及港池工程区、陆域站场工程区、对外交通工程区、场外临时设施区、料场区、排泥场区、弃渣场区。涉水交通(码头、桥隧)及海堤防工程水土保持措施布局见表4-16。

表4-16 涉水交通(码头、桥隧)及海堤防工程水土保持措施布局

防治分区	措施类型	主要措施
码头及港池工程区	工程措施	岸线表土剥离、边坡覆土
	植物措施	岸线边坡绿化、堤防防护林移栽
	临时措施	泥浆沉淀池(宜钢板结构)、边坡苫盖、陆域吹填围堰
陆域站场工程区	工程措施	表土剥离及回覆、场地平整、截排水、边坡防护、沿海地区抗盐碱工程措施(暗管排盐、石屑隔离、检查井、客土覆盖等)
	植物措施	站场绿化
	临时措施	预压土方、临时堆土苫盖、临时堆土拦挡、临时排水、沉沙
对外交通工程区	工程措施	表土剥离及回覆、边坡截排水
	植物措施	边坡绿化
	临时措施	临时拦挡、排水、沉沙、苫盖、沉淀池
场外临时设施区	工程措施	表土剥离及回覆
	植物措施	栽植乔灌木、播撒草籽
	临时措施	临时排水、沉沙、苫盖、临时堆土拦挡等

(续)

防治分区	措施类型	主要措施
料场区	工程措施	护坡、拦挡、截排水、表土剥离及回覆、场地平整、复耕
	植物措施	栽植乔灌木、播撒草籽
	临时措施	临时排水、表土临时拦挡、苫盖等
排泥场区	工程措施	截排水、表土剥离及回覆、场地平整、复耕
	植物措施	乔灌草绿化、围堰边坡和顶面绿化
	临时措施	围堰拦挡、临时排水、沉沙
弃渣场区	工程措施	拦挡、截排水、表土剥离及回覆、边坡整治、复耕
	植物措施	顶部栽植乔灌木、边坡植草、撒播草籽等
	临时措施	表土临时拦挡、排水及苫盖等

(4) 机场工程

机场工程的水土流失防治分区可分为飞行区(跑道、升降带、滑行道、联络道、站坪机位)、航站区(航站楼、停车位及站前广场)、航油库区、净空处理区、交通道路区、综合管理区、配套设施区(供水、供电、供气等)、料场区和弃渣场区。机场工程水土保持措施布局见表4-17。

表4-17 机场工程水土保持措施布局

防治分区	措施类型	主要措施
飞行区	工程措施	场外边坡防护、截排水、固定流沙(风沙区)、表土剥离及回覆、场地平整
	植物措施	土面区绿化、植物护坡、防风固沙林草植被(风沙区)
	临时措施	临时拦挡、排水、沉沙、苫盖
航站区	工程措施	表土剥离及回覆、场地平整、排水
	植物措施	景观绿化
	临时措施	临时排水、沉沙、苫盖
航油库区	工程措施	表土剥离及回覆、场地平整、截排水
	植物措施	场区绿化、植物护坡、防风固沙林草植被(风沙区)
	临时措施	临时拦挡、排水、沉沙、苫盖
净空处理区	工程措施	表土剥离及回覆、场地平整、边坡防护及坡面排水
	植物措施	植物护坡
	临时措施	临时堆土拦挡、临时排水、沉沙、苫盖
交通道路区	工程措施	表土剥离及回覆、场地平整、工程护坡、截排水
	植物措施	路基绿化、植物护坡、防风固沙林草植被(风沙区)
	临时措施	临时拦挡、排水、沉沙、苫盖
综合管理区	工程措施	表土剥离及回覆、场地平整、截排水
	植物措施	站场绿化、防风固沙林草植被(风沙区)
	临时措施	临时苫盖、拦挡、排水、沉沙

(续)

防治分区	措施类型	主要措施
配套设施区	工程措施	表土剥离及回覆、场地平整、固定流沙(风沙区)
	植物措施	绿化、防风固沙林草植被(风沙区)
	临时措施	临时苫盖、拦挡、排水、沉沙
料场区	工程措施	削坡开级、截排水、表土剥离及回覆、场地平整、固定流沙(风沙区)
	植物措施	取土平面栽植乔灌木和播撒草籽、边坡植草或灌木、防风固沙林草植被(风沙区)
	临时措施	截排水、沉沙、表土临时拦挡、苫盖等
弃渣场区	工程措施	拦挡、截排水、表土剥离及回覆、边坡整治、复耕
	植物措施	绿化、植物护坡、防风固沙林草植被(风沙区)
	临时措施	临时堆土拦挡、排水、沉沙及苫盖等

(5) 电力工程

电力工程包括火电工程、核电工程、风电工程、光伏发电工程和输变电工程。

①火电工程。该类工程的水土流失防治分区可分为厂区、厂外道路区、厂外管线区、贮灰场区、施工生产生活区。火电工程水土保持措施布局见表4-18。

表4-18 火电工程水土保持措施布局

防治分区	措施类型	主要措施
厂区	工程措施	表土剥离及回覆、护坡、排水
	植物措施	厂区绿化
	临时措施	临时排水、沉沙、临时堆土拦挡、苫盖
厂外道路区	工程措施	边坡防护、截排水
	植物措施	栽植行道树及边坡绿化
	临时措施	临时拦挡、排水、沉沙
厂外管线区	工程措施	表土剥离、边坡防护、截排水
	植物措施	栽植灌木、播撒草籽及边坡绿化
	临时措施	临时拦挡、排水、沉沙、苫盖
贮灰场区	工程措施	截排水、土地整治、表土剥离及回覆
	植物措施	运灰道路行道树、管理站绿化、灰坝表面绿化、灰场周边防护林
	临时措施	临时堆土拦挡、临时排水
施工生产生活区	工程措施	表土剥离及回覆、土地整治
	植物措施	施工迹地植被恢复
	临时措施	临时拦挡、排水、沉沙及苫盖

②核电工程。该类工程的水土流失防治分区一般包括厂区、永久办公生活区、施工生产生活区、交通道路区、海工工程区、施工力能工程区、弃渣场区等。核电工程水土保持措施布局见表4-19。

表 4-19 核电工程水土保持措施布局

防治分区	措施类型	主要措施
厂区	工程措施	表土剥离及回覆、边坡防护、厂区排水
	植物措施	厂区绿化美化
	临时措施	临时排水、沉沙、临时堆土拦挡、苫盖
永久办公生活区	工程措施	表土剥离及回覆、边坡防护
	植物措施	植物绿化美化
	临时措施	临时苫盖、拦挡、排水、沉沙
施工生产生活区	工程措施	表土剥离及回覆、边坡防护、土地整治
	植物措施	乔灌草植被恢复
	临时措施	临时拦挡、排水、沉沙及苫盖
交通道路区	工程措施	表土剥离及回覆、场地平整、工程护坡、截排水
	植物措施	栽植行道树、路堤路堑边坡绿化
	临时措施	临时拦挡、苫盖
海工工程区	工程措施	排水
施工力能工程区	工程措施	边坡防护
	植物措施	管理范围绿化
	临时措施	临时拦挡、排水
弃渣场区	工程措施	拦挡、截排水、表土剥离及回覆、边坡整治、复耕
	植物措施	绿化、植物护坡
	临时措施	临时堆土拦挡、排水、沉沙及苫盖等

③风电工程。该类工程的水土流失防治分区可分为风机组区、升压站区、道路区、集电线路区、施工生产生活区、弃渣场区。风电工程水土保持措施布局见表 4-20。

表 4-20 风电工程水土保持措施布局

防治分区	措施类型	主要措施
风机组区	工程措施	表土剥离及回覆、截排水、场地平整
	植物措施	植草绿化、栽植攀缘植物
	临时措施	临时排水、沉沙、临时堆土拦挡、苫盖、临时绿化
升压站区	工程措施	表土剥离及回覆、截排水、场地平整
	植物措施	乔灌草绿化
	临时措施	临时苫盖、拦挡、排水、沉沙
道路区	工程措施	表土剥离及回覆、截排水
	植物措施	植树植草绿化、栽植攀缘植物
	临时措施	临时拦挡、排水、沉沙及苫盖、临时绿化

(续)

防治分区	措施类型	主要措施
集电线路区	工程措施	表土剥离及回覆
	植物措施	植草绿化
	临时措施	临时拦挡、苫盖
施工生产生活区	工程措施	表土剥离及回覆、场地平整、截排水
	植物措施	植被恢复
	临时措施	临时拦挡、排水、沉沙及苫盖、临时绿化
弃渣场区	工程措施	拦挡、截排水、表土剥离及回覆、边坡整治、复耕
	植物措施	栽植乔灌木、播撒草籽
	临时措施	临时拦挡、排水、沉沙及苫盖

④光伏发电工程。该类工程的水土流失防治分区一般由站场区、进站道路区、集电线路区、施工生产生活区等组成。光伏发电工程水土保持措施布局见表4-21。

表 4-21　光伏发电工程水土保持措施布局

防治分区	措施类型	主要措施
站场区	工程措施	表土剥离及回覆、截排水、场地平整
	植物措施	植草绿化
	临时措施	临时堆土拦挡、苫盖
进站道路区	工程措施	表土剥离及回覆、截排水
	植物措施	植树植草绿化、栽植攀缘植物
	临时措施	临时拦挡、苫盖
集电线路区	工程措施	表土剥离及回覆
	植物措施	植草绿化
	临时措施	临时拦挡、苫盖
施工生产生活区	工程措施	表土剥离及回覆、场地平整、截排水
	植物措施	植被恢复
	临时措施	临时拦挡、排水、沉沙及苫盖、临时绿化

⑤输变电工程。该类工程的水土流失防治分区一般由变电站区和输电线路区组成。变电站区包括站区、进站道路区等；输电线路区包括塔基区、牵张场区、人抬道路区等。输变电工程水土保持措施布局见表4-22。

表 4-22　输变电工程水土保持措施布局

防治分区		措施类型	主要措施
变电站	站　区	工程措施	表土剥离及回覆、边坡防护、排水
		植物措施	站区绿化
		临时措施	临时堆土拦挡、苫盖

(续)

防治分区		措施类型	主要措施
变电站	进站道路区	工程措施	表土剥离及回覆、边坡防护、场地平整
		植物措施	栽植行道树、边坡绿化
		临时措施	临时拦挡、排水
输电线路	塔基区	工程措施	表土剥离及回覆、边坡防护、拦挡、排水
		植物措施	栽植灌木、播撒草籽
		临时措施	临时拦挡、苫盖
	牵张场区	工程措施	场地平整、复耕
		植物措施	栽植乔灌木、播撒草籽
		临时措施	临时拦挡、排水
	人抬道路区	工程措施	场地平整
		植物措施	植被恢复
		临时措施	临时拦挡

(6) 水利水电工程

水利水电工程的水土流失防治分区一般可划分为主体工程区、永久办公生活区、料场区、弃渣场区、施工生产生活区、交通道路区、移民安置与专项设施复改建区。水利水电工程水土保持措施布局见表4-23。

表4-23 水利水电工程水土保持措施布局

防治分区		措施类型	主要措施
主体工程区	水库(水电)枢纽区	工程措施	表土资源保护、边坡防护、截排水、灌溉设施
		植物措施	边坡绿化、管理范围绿化美化、防风固沙林带(风沙区)
		临时措施	临时拦挡、排水、沉沙、苫盖
	闸(站)工程区	工程措施	表土剥离及回覆、边坡防护、截排水
		植物措施	管理范围绿化美化、防风固沙林带(风沙区)
		临时措施	临时拦挡、排水、沉沙、苫盖
	河道、堤防工程区	工程措施	堤防背水坡脚排水、沙障(风沙区)
		植物措施	堤防防护林、护岸绿化
		临时措施	临时堆土及堆料拦挡、排水、沉沙、苫盖
	输水(灌溉)渠道工程区	工程措施	表土剥离及回覆、边坡防护、排水、沙障(风沙区)、灌溉设施
		植物措施	渠道防护林、防风林、护岸绿化
		临时措施	临时堆土及堆料拦挡、排水、沉沙、苫盖
主体工程区	供水管线(箱涵)工程区	工程措施	表土剥离及回覆、场地平整
		植物措施	栽植灌木、播撒草籽
		临时措施	临时堆土及堆料拦挡、排水、苫盖、临时压盖
	引(输)水隧洞区	工程措施	截排水
		植物措施	洞脸绿化、坡面绿化
		临时措施	临时堆土及堆料拦挡、排水、沉沙、苫盖

(续)

防治分区	措施类型	主要措施
永久办公生活区	工程措施	表土剥离及回覆、雨水集蓄、截排水、灌溉设施
	植物措施	绿化美化、边坡绿化、防护林
	临时措施	临时堆土及堆料拦挡、排水、沉沙、苫盖
料场区	工程措施	边坡防护、截排水、拦挡、回填、表土剥离及回覆、场地平整、复耕
	植物措施	栽植乔灌木、播撒草籽
	临时措施	临时拦挡、排水、顶部压盖(风沙区)
弃渣场区	工程措施	拦挡、护坡、截排水、表土剥离及回覆、场地平整、复耕
	植物措施	栽植乔灌木、撒播草籽
	临时措施	临时拦挡、排水、苫盖、沙障、顶部压盖(风沙区)
施工生产生活区	工程措施	表土剥离及回覆、场地平整、截排水
	植物措施	栽植乔灌木、播撒草籽
	临时措施	临时拦挡、排水、沉沙、苫盖
交通道路区	工程措施	边坡防护、截排水、表土剥离及回覆、沙障(风沙区)
	植物措施	路基绿化、路肩绿化
	临时措施	临时拦挡、排水、顶部压盖(风沙区)
移民安置与专项设施复改建区	工程措施	库岸防护、边坡防护、截排水、表土剥离及回覆、沙障、防风林(风沙区)
	植物措施	道路及公共绿地绿化、其他植被恢复措施
	临时措施	临时拦挡、排水、苫盖

(7) 工矿企业工程

工矿企业工程可分为矿山工程、冶金工程、煤矿工程、煤化工工程、水泥工业等,各类工程水土保持措施布局见表4-24至表4-28。

表4-24 矿山工程水土保持措施布局

防治分区	措施类型	主要措施
采矿场区	工程措施	表土剥离及回覆、场地平整、削坡开级、截排水、沉沙及消能设施、陡坎
	植物措施	种植乔灌草
	临时措施	临时挡护、排水、沉沙、苫盖
工业场地区	工程措施	截排水、拦挡、边坡防护、表土剥离及回覆、土地平整、降水集蓄
	植物措施	空地绿化、道路植物防护
	临时措施	临时拦挡、排水、沉沙、苫盖
弃渣场区	工程措施	拦挡、边坡防护、削坡开级、截排水、沉沙及消能设施、陡坎、沙障(风沙区)、围埂、表土剥离及回覆、土地平整、复耕
	植物措施	周边种植乔灌木防护带、排土场边坡及平台植物防护、终期渣面复垦或造林
	临时措施	临时拦挡、排水、沉沙、苫盖、临时绿化

(续)

防治分区	措施类型	主要措施
供排管线区	工程措施	表土剥离及回覆、土地平整、沙障（风沙区）、复耕
	植物措施	造林、植草
	临时措施	临时拦挡、苫盖
地面运输系统区	工程措施	表土剥离及回覆、拦挡、护坡、截排水、消能设施、陡坎
	植物措施	道路两侧防护林、行道树、植草
	临时措施	临时拦挡、排水、沉沙、苫盖
供电及通信线路区	工程措施	表土剥离及回覆、土地平整、沙障（风沙区）、复耕
	植物措施	造林、植草
	临时措施	临时拦挡、苫盖

表 4-25　冶金工程水土保持措施布局

防治分区	措施类型	主要措施
冶炼厂区	工程措施	表土剥离及回覆、截排水、沉沙、拦挡、边坡防护、陡坎、土地平整、雨水集蓄
	植物措施	空地绿化、道路植物防护
	临时措施	临时排水、沉沙、苫盖、表土临时拦挡
施工生产生活区	工程措施	表土剥离及回覆、截排水、沉沙、拦挡、边坡防护、陡坎、土地平整、雨水集蓄
	植物措施	空地绿化、道路植物防护
	临时措施	临时排水、沉沙、苫盖、表土临时拦挡
弃渣场区（含炉渣堆场、浸出渣场、赤泥堆场、临时转运场地）	工程措施	表土剥离及回覆、拦挡、边坡防护、截排水、沉沙及消能设施、陡坎、沙障（风沙区）、围埂和平台网格围埂
	植物措施	周边种植乔灌木防护带、排土场边坡及平台植物防护、终期渣面复垦或造林
	临时措施	表土撒播草籽防护、临时拦挡、排水、沉沙、苫盖
供排管线区	工程措施	表土剥离及回覆、土地平整、沙障（风沙区）、复耕
	植物措施	造林、植草
	临时措施	临时拦挡、苫盖
进场道路区	工程措施	表土剥离及回覆、拦挡、护坡、截排水、沉沙及消能设施、陡坎
	植物措施	道路两侧防护林、行道树、植草
	临时措施	临时拦挡、排水、沉沙、苫盖
供电及通信线路区	工程措施	表土剥离及回覆、土地平整、沙障（风沙区）、复耕
	植物措施	造林、植草
	临时措施	临时拦挡、苫盖

表 4-26　煤矿工程水土保持措施布局

防治分区	措施类型	主要措施
矸石场区	工程措施	表土资源保护及利用、拦挡、截排水、沉沙及消能设施、陡坎、围埂和平台网格围埂、削坡开级、沙障
	植物措施	周边种植乔灌木防护带、平台与边坡灌草防护、终期渣面复垦或造林
	临时措施	临时排水、苫盖、挡水围埂
采掘场区	工程措施	表土剥离及回覆、削坡开级、拦挡、截排水、沉沙及消能设施、陡坎
	植物措施	栽植乔灌草
	临时措施	平台挡水围埂、临时拦挡、排水、沉沙
工业场地区(含风井场、洗选厂与煤地面生产系统)	工程措施	表土剥离及回覆、开挖填筑边坡挡护、截排水、消能措施、场地硬化
	植物措施	空地绿化、道路植物防护、场地周边防护林
	临时措施	临时排水、沉沙、临时堆土拦挡、苫盖
供排水及供热管线区	工程措施	表土剥离及回覆、土地平整、沙障(风沙区)、复耕
	植物措施	造林、植草
	临时措施	临时拦挡、排水
地面运输系统区	工程措施	表土剥离及回覆、拦挡、护坡、截排水、沉沙及消能设施、陡坎
	植物措施	道路两侧防护林、行道树、植草
	临时措施	临时拦挡、排水、沉沙、苫盖
供电及通信线路区	工程措施	土地整治、沙障(风沙区)、复耕
	植物措施	造林、植草
	临时措施	临时拦挡、苫盖

表 4-27　煤化工程水土保持措施布局

防治分区	措施类型	主要措施
厂区	工程措施	表土剥离及回覆、截排水、拦挡、边坡防护、沉沙及消能设施、陡坎、雨水集蓄
	植物措施	空地绿化、道路植物防护
	临时措施	临时拦挡、排水、沉沙、苫盖
施工生产生活区	工程措施	表土剥离及回覆、截排水、拦挡、边坡防护、沉沙、降水集蓄
	植物措施	乔灌草绿化
	临时措施	临时拦挡、排水、沉沙、苫盖
进场道路区(专用铁路)	工程措施	表土剥离及回覆、拦挡护坡、截排水、沉沙、陡坎
	植物措施	道路两侧防护林、植草
	临时措施	临时拦挡、排水、沉沙、苫盖
供排水及输气(液体)管道区	工程措施	表土剥离及回覆、土地平整、沙障(风沙区)、复耕
	植物措施	造林、植草
	临时措施	临时拦挡、排水

(续)

防治分区	措施类型	主要措施
弃渣场区	工程措施	表土剥离及回覆、拦挡、截排水、土地平整、复耕
	植物措施	造林、植草
	临时措施	临时拦挡、排水、沉沙、苫盖
供电及通信线路区	工程措施	土地整治、沙障(风沙区)、复耕
	植物措施	造林、植草
	临时措施	临时拦挡、苫盖

表 4-28 水泥工业水土保持措施布局

防治分区		措施类型	主要措施
厂区	生产场区	工程措施	表土剥离及回覆、截排水、边坡防护、土地平整
		植物措施	厂区绿化、周边防护林
		临时措施	施工道路临时硬化、厂区临时拦挡、排水,临时堆土拦挡、排水、苫盖
	管线区	工程措施	土地平整
		植物措施	撒播草籽
		临时措施	临时堆土拦挡、排水、苫盖
道路及皮带走廊	运输道路区	工程措施	表土剥离及回覆、截排水、边坡防护
		植物措施	两侧防护林、路基绿化
		临时措施	临时堆土拦挡、排水、苫盖
	铁路专用线区	工程措施	表土剥离及回覆、截排水、边坡防护、土地整治
		植物措施	两侧防护林、路基绿化
		临时措施	临时堆土拦挡、排水、苫盖
	皮带走廊区	工程措施	截排水、土地整治
		植物措施	空地绿化
		临时措施	临时堆土拦挡、排水、苫盖
矿山开采区	开采区	工程措施	表土剥离及回覆、边坡防护、截排水、土地平整、复耕
		植物措施	栽植乔灌木
		临时措施	临时排水、沉沙,临时堆土拦挡、排水、苫盖
	废石堆场区	工程措施	表土剥离及回覆、拦挡、截排水、边坡防护、土地平整
		植物措施	栽植乔灌木
		临时措施	临时拦挡、排水、沉沙、苫盖
	工业场地	工程措施	表土剥离及回覆、拦挡、边坡防护、截排水
		植物措施	绿化美化
		临时措施	临时拦挡、排水、沉沙、苫盖

(8) 管道工程

管道工程的水土流失防治分区一般可分为管道作业带区、山体隧道区、跨(穿)越工程区、站场阀室区、料场区、弃渣场区、施工道路区等。管道工程水土保持措施布局见表4-29。

表4-29 管道工程水土保持措施布局

防治分区	措施类型	主要措施
管道作业带区	工程措施	表土剥离及回覆、恢复沟渠、恢复田埂、挡墙、防洪工程、护岸、护坡、排水、土地整治、砾石覆盖、沙障(风沙区)、坡改梯
	植物措施	种草、植树
	临时措施	盐结皮保护、管道临时排水、临时覆盖、临时拦挡、临时种草、表土堆场拦挡防护等
山体隧道区	工程措施	挡墙、护坡、排水、土地整治
	植物措施	种草、植树、洞脸绿化
	临时措施	中转堆场拦挡防护等、临时排水、沉沙
跨(穿)越工程区	工程措施	防洪导流护面、护坡、护岸、拦挡、砾石覆盖、恢复排水设施
	植物措施	种草、植树
	临时措施	临时拦挡、排水、沉沙、泥浆池
站场阀室区	工程措施	表土剥离及回覆、排水、护坡
	植物措施	种草、植树
	临时措施	临时排水、沉沙、表土临时拦挡、排水
料场区	工程措施	表土剥离及回覆、土地整治、复耕
	植物措施	种草、植树
	临时措施	表土临时拦挡防护
弃渣场区	工程措施	表土剥离及回覆、排水、挡墙、土地整治、复耕
	植物措施	种草、植树
	临时措施	表土临时拦挡、排水
施工道路区	工程措施	表土剥离及回覆、挡墙、护坡、排水、砾石覆盖
	植物措施	种草
	临时措施	临时拦挡、排水、苫盖

(9) 城市建设工程

城市建设工程中市政交通、管道等线性工程可参考公路工程、管道工程等水土保持措施体系。城市建设工程的水土保持措施布局见表4-30。

表4-30 城市建设工程水土保持措施布局

防治分区	措施类型	主要措施
建筑物区	工程措施	表土剥离及回覆、排水、边坡防护
	植物措施	屋顶绿化
	临时措施	临时排水沉沙、泥浆池等
道路、广场区	工程措施	表土剥离及回覆、排水、边坡防护
	植物措施	道路两侧及分隔带、交通岛栽植乔灌花草、护路林、园林绿化
	临时措施	洗车池、临时排水、沉沙、临时堆土拦挡及苫盖等

(续)

防治分区	措施类型	主要措施
施工生产生活区	工程措施	表土剥离及回覆
	植物措施	绿化
	临时措施	临时排水、沉沙、临时堆土拦挡及苫盖等

（10）农林开发工程

农林开发工程的水土流失防治分区一般可分为生产种植区、生产运输及作业道路区、配套水利排灌区、生态保护区。其中较为特殊的林纸一体化工程水土流失防治分区一般分为厂区和林区两部分。农林开发工程的水土保持措施布局见表4-31和表4-32。

表4-31 农林开发工程水土保持措施布局

防治分区	措施类型	主要措施
生产种植区	工程措施	梯田（含挡水埂、坎下沟）、带状整地、穴状整地
	植物措施	梯壁植草、梯面植树、种草
	临时措施	表土临时拦挡、覆盖
生产运输及作业道路区	工程措施	表土剥离及回覆、路基边坡工程护坡、排水
	植物措施	边坡植物护坡
配套水利排灌区	工程措施	截排水、蓄水、沉沙
生态保护区	植物措施	林草植被补植等管护措施

表4-32 林纸一体化工程水土保持措施布局

防治分区		措施类型	主要措施
厂区	生产厂区	工程措施	表土剥离及回覆、防洪排导、边坡防护、厂区硬化
		植物措施	道路防护林、空地绿化、周边防护林、绿化灌溉
		临时措施	施工道路临时硬化、厂区临时排水、临时堆土场拦挡、排水、苫盖
	道路区	工程措施	表土剥离及回覆、截排水、砌石挡墙、路基防护
		植物措施	砌石框格草皮护坡、两侧防护林、边坡范围绿化
		临时措施	表土拦挡、苫盖
	弃渣场区	工程措施	表土剥离及回覆、挡墙、截排水、复耕
		植物措施	周边绿化、植被恢复
		临时措施	临时堆土场拦挡、苫盖
	管线区	植物措施	林草措施
		临时措施	临时堆土场拦挡、苫盖
	综合处理池	植物措施	植被恢复、库岸管理范围内绿化
		临时措施	临时拦挡

(续)

防治分区		措施类型	主要措施
林 区	造林区	工程措施	表土剥离及回覆、反坡水平阶整地、谷坊、防洪排导
		临时措施	临时拦挡、排水
	林区道路区	工程措施	边坡防护、防洪排导
		植物措施	林草措施
		临时措施	临时拦挡
	附属设施区	工程措施	防洪排导、地面硬化、挡墙
		植物措施	林草措施
		临时措施	施工道路临时硬化、临时挡护、排水
	木材临时堆放场区	工程措施	边坡防护、防洪排导
		植物措施	林草措施
		临时措施	临时道路硬化、临时拦挡、排水

(11)移民工程

移民工程的水土流失防治分区一般可分为农村移民安置区、集镇及城镇迁建区、工业企业迁建区、专业项目复改建区、防护工程区、料场区、弃渣场区、施工道路及施工生产生活区等扰动区域。移民工程水土保持措施布局见表4-33。

表4-33 移民工程水土保持措施布局

防治分区	措施类型	主要措施
农村移民安置区	工程措施	表土剥离及回覆、边坡防护、排水
	植物措施	公共绿化
	临时措施	临时拦挡、排水
集镇及城镇迁建区	工程措施	表土剥离及回覆、边坡防护、排水
	植物措施	植物绿化美化
	临时措施	临时遮盖、围挡防护
工业企业迁建区	工程措施	表土剥离及回覆、边坡防护、排水
	植物措施	管理区域周边植物绿化
	临时措施	临时拦挡、排水
专业项目复改建区	工程措施	表土剥离及回覆、拦挡、排水、护坡、土地整治
	植物措施	植被恢复及绿化
	临时措施	临时拦挡、排水
防护工程区	工程措施	边坡防护
	植物措施	管理范围绿化
	临时措施	临时排水
料场区	工程措施	表土剥离及回覆、土地整治、复耕
	植物措施	边坡植物防护
	临时措施	临时拦挡、排水

(续)

防治分区	措施类型	主要措施
弃渣场区	工程措施	表土剥离及回覆、拦挡、边坡防护
	植物措施	边坡及顶部植被恢复
	临时措施	临时拦挡、排水
施工道路及施工生产生活区	工程措施	表土剥离及回覆、拦挡、排水
	植物措施	植被恢复
	临时措施	临时拦挡、排水

4.2.5 水土保持监测

4.2.5.1 监测范围及点位布设

(1) 监测范围

水土保持监测范围应为水土流失防治责任范围。

(2) 布设原则

①植物措施。监测点数量根据抽样设计确定。对于点型项目,每个监测分区至少布设1个监测点;对于线型项目,每100 km布设不少于5个监测点,项目涉及多个县级以上行政区时,各行政区内至少布设1个监测点。

②工程措施。监测点根据工程特点,综合分析,合理确定。对于点型项目,火电厂的贮灰场、水利枢纽的大型取土场和弃土(渣)场、矿山的矸石(场)等重点区域至少各布设1个监测点;对于线型项目,大型弃土(渣)场、取土场、施工道路、穿越河(沟)道、中长隧道等抽取30%布设监测点。对于规模大、影响范围广的大型项目,监测点数量参照线型项目。

③水土流失量。监测点数量根据抽样设计确定。径流小区法:点型项目布设不少于两个监测点,线型项目每100 km布设不少于两个监测点。测钎法:点型项目布设不少于3个监测点,线型项目每100 km布设不少于5个监测点。侵蚀沟量测法:点型项目布设不少于3个监测点,线型项目每100 km不少于10个监测点。

4.2.5.2 监测内容

项目监测内容主要包括扰动土地情况、水土流失状况、水土流失防治成效及水土流失危害等。

①扰动土地情况监测。重点监测实际发生的永久和临时占地、扰动地表植被面积、永久和临时弃渣量变化情况等。

②水土流失状况监测。重点监测实际造成的水土流失面积、分布、土壤流失量及变化情况等。

③水土流失防治成效监测。重点监测实际采取水土保持工程措施、植物措施和临时措施的位置、数量,以及实施水土保持前后的防治效果对比情况。

④水土流失危害监测。重点监测水土流失对主体工程、周边重要设施等造成的影响及危害等。

4.2.5.3 监测方法

水土保持监测方法主要包括地面观测、实地调查量测、卫星遥感、无人机遥感等。在监测中可根据实际施工条件灵活采用，以全面有效开展项目水土保持监测。为了提高技术含量，可适当采用互联网+、大数据、远程监控等其他先进技术，实现对生产建设项目水土流失的定量监测和过程控制。

(1) 地面监测

地面监测方法包括径流小区法、测钎法、侵蚀沟量测法等。应根据实际环境状况布设，对于环境条件不适合布设的可考虑采取其他方法。

①径流小区法。适用于下垫面以土质为主的地表、弃土弃渣等稳定的水土流失坡面的监测，不适用于纯弃石组成的堆积物监测。每次降水后量测泥沙集蓄设施中的泥沙量，计算土壤流失量。

②测钎法。在选定的土壤侵蚀量监测点选择代表性的原地表与扰动地表布设简易水土流失观测场（观测场的面积按实地地形确定，一般为 10 m^2），在区内布设土壤侵蚀钢钎（钢钎布设密度 1 根/m^2），定期观测土壤侵蚀情况。

③侵蚀沟量测法。适用于暂不扰动的土质开挖面、土质或土与粒径较小的石砾混合物堆垫坡面的土壤流失量的测定。一般选择存在时间超过 1 年的开挖面或堆垫面，在坡面上中下均匀布设量测场地或从坡顶至坡底全面量测，根据实际情况确定量测坡面的数量。量测内容包括：坡面形成初期的坡度、坡长、地面物质组成、容重等；每次降水或多次降水后，量测侵蚀沟的数量、体积，计算土壤流失量。

(2) 实地调查量测

实地调查量测分为普查调查、典型调查与抽样调查。

①普查调查。适用于面积较小的面上监测项目的调查，并根据需要对水土流失重点单元进行详查，调查内容和方法按《水土保持综合治理规划通则》（GB/T 15772—2008）的规定执行。

②典型调查。适用于滑坡、崩塌、泥石流的调查，可采用收集资料、实地考察和量测、访问、开调查会等多种形式，也可根据实际要求布设样地或设置固定观测点观测，并填写调查表。

③抽样调查。适用于范围较大的面上监测项目的调查，由抽样方案设计、现场踏勘、预备调查、外业测定、内业分析等环节组成，按《水土保持监测技术规程》（SL 277—2002）的规定执行。

(3) 卫星遥感

通过对遥感影像进行解译，提取项目区各划分单元植被覆盖率以及土地利用现状等信息，可精确计算项目区水土保持工程措施、植物措施面积等数据，实现对项目区的水土流失进行动态监测。

(4) 无人机遥感

无人机遥感是以项目区平面布置图及区域地形图为基础，利用小微型无人机对监测区范围内进行航拍，获取现场高清影像资料；后期通过专业无人机影像处理软件对航测数据进行解译，可以精确计算监测区实际扰动土地面积、堆渣方量、表土剥离量，以及水土保持措施的位置、面积、潜在土壤流失量等重要信息。

4.2.5.4 监测频次

根据现行规定，结合项目的水土流失与防治特点，针对各项水土保持监测内容拟定监测频次。

①扰动土地情况监测。至少每月监测1次，其中正在使用的取土、弃渣场至少每两周监测1次。

②水土流失状况监测。至少每月监测1次，发生强降水等情况后应及时加测。其中土壤流失量结合拦挡、排水等措施，设置必要的控制站，进行定量观测。

③水土流失防治成效监测。至少每季度监测1次，其中临时措施至少每月监测1次。

④水土流失危害监测。应结合以上监测内容一并开展，水土流失危害事件发生后1周内应完成监测工作。

4.2.6 水土保持投资估算及效益分析

4.2.6.1 水土保持投资估算的基本概念

水土保持投资估算是对工程水土保持投资的预测，是水土保持方案的重要组成部分，也是进行效益分析、措施比选的依据。在编制投资估算时，应充分考虑各种可能的风险，预留相关费用，并适当扩大定额，以概算足够的投资并适当留有余地。水土保持投资估算是建设项目开展水土保持工作的基础。

4.2.6.2 基础单价编制

在编制水土保持投资估算时，需要根据材料来源、施工技术、工程所在地区有关规定及工程具体特点等编制人工预算单价、材料及水电预算价格、施工机械使用费、混凝土材料单价，作为计算工程单价的基本依据。这些预算价格统称基础单价，是水土保持投资估算编制的基础工作。

(1) 人工预算单价

人工预算单价是指全行业平均的生产工人工作单位时间（工时）的费用，是计算工程单价和施工机械台时费的基础单价。

①单价组成。人工预算单价的组成是由基本工资、辅助工资和工资附加费组成。基本工资由岗位工资和年功工资以及年应工作天数内非作业天数的工资组成。辅助工资指在基本工资之外，以其他形式支付给职工的工资性收入，是根据国家有关规定属于工资性质的各种津贴，主要包括地区津贴、施工津贴、夜班津贴、节日加班津贴等。工资附加费指按国家规定提取的职工福利基金、工会经费、养老保险费、医疗保险费、工伤保险费、职工失业保险基金和住房公积金。

②计算方法。工程措施的人工预算单价直接采用主体工程中土石方工程的人工单价摘录即可。植物措施的人工预算单价需按《开发建设项目水土保持工程概（估）算编制规定》，从主体工程摘录相关内容进行计算。摘录内容包括基本工资标准、地区工资系数、地区津贴、施工津贴、夜班津贴、节日加班津贴，职工福利基金、工会经费、养老保险

费、医疗保险费、工伤保险费、职工失业保险基金和住房公积金等内容。

a. 基本工资。基本工资(元/工日)＝基本工资标准(元/月)×地区工资系数×12月÷年有效工作日数。

b. 辅助工资。辅助工资(元/工日)＝地区津贴+施工津贴+夜餐津贴+节日加班津贴。式中：地区津贴(元/工日)＝津贴标准(元/月)×12月÷年有效工作日数；施工津贴(元/工日)＝津贴标准(元/天)×365天×95%÷年有效工作日数；夜餐津贴(元/工日)＝(中班津贴标准+夜班津贴标准)÷2×计取比例；节日加班津贴(元/工日)＝基本工资(元/工日)×3×10天÷年有效工作日数×计取比例。其中，地区津贴按各省、自治区、直辖市的相关规定计算；施工津贴标准暂按3.5元/天计，中班和夜班的夜餐津贴标准暂按2.5元/班计算。园林标准的植物措施同工程措施一样，按主体工程土石方部分的津贴标准计算，植物措施做一定程度的下调。园林标准的植物措施，夜餐津贴计算中的计取比例取20%，节日加班津贴计算中的计取比例取35%；普通植物措施，夜餐津贴计算中的计取比例取10%，节日加班津贴计算中的计取比例取20%。

c. 工资附加费。工资附加费(元/工日)＝职工福利基金+工会经费+养老保险费+医疗保险费+工伤保险费+职工失业保险基金+住房公积金。当采用园林标准时，职工福利基金、工会经费、养老保险费、医疗保险费、工伤保险费、职工失业保险基金、住房公积金7项费用的计算基数为基本工资和辅助工资之和，费率标准分别为10%、1%、15%、4%、1%、2%、5%。普通植物措施减半计取。

d. 人工工日预算单价。人工工日预算单价(元/工日)＝基本工资+辅助工资+工资附加费。

e. 人工工时预算单价。人工工时预算单价(元/工时)＝人工工日预算单价(元/工日)÷日工作时间(工时/工日)。

(2) 材料及水电预算价格

水土保持设施所使用的材料包括消耗性材料、构成工程实体的装置性材料和施工中可重复使用的周转性材料，是工人加工或施工的劳动对象。材料费是工程投资的主要组成部分，一般由原材料、辅助材料、构配件、零件、半成品等费用组成。在编制过程中，必须坚持适时适地的原则，进行深入细致的调查研究工作，按工程所在地的价格水平编制投资估算。

对于用量多、影响工程投资大的材料称为主要材料，如钢材、木材、水泥、块石、油料等。用量较少或占投资比例不大的材料称为次要材料。

①材料预算价格组成。材料预算价格一般包括材料原价、包装费、运杂费、运输保险费和材料采购及保管费等5项。材料原价指材料指定交货地点的价格。包装费指材料在运输和保管过程中的包装费和包装材料的折旧摊销费。运杂费指材料从供货地至工地分仓库或材料堆放场所发生的全部费用，包括运输费、装卸费，调车费及其他杂费。运输保险费指材料在运输途中的保险而发生的费用。材料采购及保管费指材料在采购、供应和保管过程中发生的各项费用，主要包括材料的采购、供应和保管部门工作人员的基本工资、辅助工资、工资附加费、教育经费、办公费、差旅交通费及工具用具使用费；仓库、转运站等设施的检修费、固定资产折旧费、技术安全措施费和材料检验费；材料在运输、保管过程中发生的损耗等。

②工程措施类材料预算价格。砂石料是工程措施中混凝土、砌石、灌浆和反滤层等结

构物的主要建筑材料,是砂石料、砂、碎石、砾石、骨料等的统称。砂石料一般可分为天然砂石料和人工砂石料两种。天然砂石料有河沙、山沙、海沙以及河卵石、山卵石等,由岩石风化和水流冲刷形成;人工砂石料是用爆破等方式开采岩石后,经机械设备的破碎、筛洗、碾磨加工而成的碎石和人工砂(又称机制砂)。由于砂石料的用量很大,大中型工程一般由施工单位自行采备,形成机械化砂石料加工厂进行生产。小型工程一般就近在市场上采购。砂石的单价对工程投资有较大影响,所以在编制其单价时,必须深入现场调查,认真收集地质勘探、试验、设计资料,掌握其生产条件、生产流程,正确选用定额进行计算,以保证砂石料单价的可靠性。

工程措施所用的材料预算价格可直接从主体工程设计文件中摘录,主要包括水泥、块石、砂、土工布、柴油、水、电、风等。表4-34为摘录的某主体工程的材料单价。

表4-34 某主体工程材料单价摘录

材料名称	单位	预算单价(元)	材料名称	单位	预算单价(元)
水泥	元/t	504.44	砂	元/m³	198.58
钢筋	元/t	4956.94	碎石	元/m³	150.65
柴油	元/t	6570.00	块石	元/m³	138.78
汽油	元/t	8038.97	土工布	元/m²	2.00

③植物措施类材料预算价格。材料预算是指植物措施类工程材料由供货地点运达工地分仓库或相当于施工分仓库堆料场的价格。材料预算价格一般由材料原价、运输费、采购和保管费等组成。材料的预算价格计算公式为:材料预算价格=(材料原价+包装费+运杂费)×(1+采购及保管费率)+运输保险费。

材料原价也称材料市场价或交货价格,是计算材料预算价格的基础。一般按工程所在地区就近大的物资供应公司、材料交易中心的市场成交价或选定的生产厂家的出厂价或工程所在地建设工程造价管理部门公布的价格信息计算。包装费是指为便于材料的运输或为保护材料而进行包装所发生的费用,包括厂家所进行的包装以及在运输过程中所进行的捆扎、支撑等费用。运杂费是指材料由产地或交货地点运往工地分仓库或相当于工地分仓库(材料堆放场所)发生的全部费用,包括各种运输费、装卸费、吊车费及其他费用。在编制材料预算价格时,应按施工组织设计中所选定的材料来源和运输方式、运输工具,运输距离以及厂家和交通部门规定的取费标准,计算材料的运杂费,以距离和各地交通,铁路部门的有关规定计算。材料采购保管费是指建设单位或施工单位的材料供应部门在组织材料采购、运输保管和供应活动中所需的各项费用。材料采购及保管费率可按0.5%~2%计。材料运输保险费是指向保险公司缴纳的货物保险费用。表4-35为某工程植物措施单价汇总。

(3)施工机械使用费

施工机械使用费指消耗在建筑安装工程项目上的机械磨损、维修和动力燃料的费用等。施工机械使用费以台时为计算单位。台时是计算建筑安装工程单价中机械使用费的基础单价。随着工程机械化施工程度的提高,施工机械使用费在工程投资中所占比例越来越大,目前已达20%~30%,因此计算台时费非常重要。

表 4-35 某工程植物措施单价汇总　　　　　　　　　　　　　　　　　　　　元

材料名称	单位	预算价格	其中		
			材料原价	运杂费	采购及保管费
广玉兰(高 3 m, 胸径 4~5 cm, 土球 50 cm)	株	107.00	100.00	5.00	2.00
小叶黄杨(高 50 cm)	株	1.71	1.60	0.08	0.03
法国梧桐(胸径 9 cm)	株	169.83	161.50	5.10	3.23
马尼拉草皮	m^2	5.00	4.75	0.15	0.10
狗牙根草籽	kg	49.95	47.50	1.50	0.95
有机肥	m^3	53.50	50.00	2.50	1.00

注：材料原价是市场调查的平均批发价格；运杂费是考虑运输距离的市场询价均值。

施工机械使用费由两类费用组成：一类费用和二类费用。一类费用按金额编制，其金额主要取决于机械的价格和年工作制度，是按特定年物价水平确定的，由折旧费、修理及替换设备费(含大修理费、经常性修理费)、安装拆卸费组成。二类费用是在施工机械台时费定额中以实物量形式表示，是指机械所需人工费和机械所消耗的燃料费、动力费，其数量定额一般不允许调整，但是因工程所在地的人工预算价格、材料市场价格各异，所以此项费用一般随工程地点不同而变化。

施工机械使用费一般可从主体设计文件中摘录，也可按《水土保持工程概算定额》的附录一"施工机械台时费定额"计算。

表 4-36 为根据《水土保持工程概算定额》编制的施工机械使用费分析表，已知条件为工时和柴油单价，第一类费用直接查定额而得，第二类费用查定额后与单价相乘而得。

表 4-36 施工机械使用费分析

定额编号	名称及规格	台时费合计（元）	第一类			第二类				
			折旧费（元）	修理及替换设备费（元）	安拆费（元）	人工（工时）	汽油（kg）	柴油（kg）	电（kW·h）	风（m^3）	水（m^3）
1030	59 kW 推土机	68.47	10.80	13.02	0.49	2.4		8.4			
1002	1.0 m^3 液压挖掘机	169.97	28.77	29.63	2.42	2.7		14.2			
3059	胶轮架子车	0.82	0.26	0.64							
3013	自卸汽车 8 t	74.49	22.59	13.55	0	1.3		10.2			

注：人工费按 8.90 元/工时计；柴油费按 6.57 元/kg 计。

(4) 混凝土材料单价

当无法查到主体工程中混凝土及砂浆的单价时，可以根据设计确定的不同工程部位的混凝土标号、级配和龄期，分别计算单位体积混凝土的单价，同机械台时费的计算一样，从《水土保持工程概算定额》附录中查找混凝土中水泥、掺合料、砂石料、外加剂和水的配合比，乘以材料单价即可计算而得。混凝土的配合比还可依据工程试验资料确定。表 4-37 为某工程的砂浆、混凝土单价计算表。

表 4-37 某工程砂浆、混凝土单价计算

砂浆标号	级配	水泥(kg)	砂(m^3)	碎石(m^3)	水(m^3)	单价(元)
M5	中砂	244	1.12	—	0.276	345.90
M7.5	中砂	276	1.10	—	0.273	358.06
C15	中砂	260	0.583	0.89	0.165	381.42

注：水泥标号为 42.5，单价 0.50 元/kg，砂为 198 元/m^3，碎石 150 元/m^3，水 1.46 元/m^3。

4.2.6.3 主要工程单价编制

在确定人工、材料、机械台时单价的基础上，可计算出工程措施、植物措施、安装工程以及方案编制中明确的临时工程的单价。主要工程单价分析按工程措施和植物措施分别进行计算，均由直接工程费、间接费、企业利润和税金等 4 项组成，但费率有所不同。

(1) 费用组成

①直接工程费。指工程施工过程中直接消耗在工程项目上的活劳动和物化劳动，由直接费、其他直接费、现场经费组成。

a. 直接费。指施工过程中耗费的构成工程实体和有助于工程形成的各项费用，包括人工费、材料费、施工机械使用费。

b. 其他直接费。指为完成工程项目施工，发生于该工程施工前和施工过程中非工程实体项目的费用，以直接费为基础，按费率计取。内容包括：冬雨季施工增加费、夜间施工增加费、特殊地区施工增加费和其他费用。冬雨季施工增加费指在冬雨季施工期间为保证工程质量、安全生产和施工进度所需增加的费用；夜间施工增加费，指因夜间施工所发生的夜班补助费、夜间施工降噪、夜间施工照明设备摊销及照明用电等费用；特殊地区施工增加费指在高海拔、原始森林、沙漠等特殊地区施工而增加的费用；其他费用包括施工工具用具使用费、检验试验费、工程定位复测、工程交点、竣工场地清理等费用。

c. 现场经费。包括临时设施费和现场管理费。临时设施费指施工企业为进行工程施工所必需的临时建筑物、构筑物和各种设施的建设、维修、拆除或摊销费用以及施工期间的环境保护、安全和卫生等措施费用；现场管理费主要包括现场管理人员的工资、办公费、差旅交通费、固定资产使用费、工具用具使用费、保险费和排污费等。

②间接费。指承包商为进行工程施工而进行组织与经营管理所发生的各项费用。它构成产品成本，但又不便直接计量，由企业管理费、财务费用和其他费用组成。企业管理费指施工企业为组织施工生产经营活动所发生的管理费用，包括管理人员的工资、办公费、差旅交通费、固定资产使用费、工具用具使用费等；财务费用指企业为筹集资金而发生的各项费用，包括企业经营期间发生的短期贷款利息净支出、汇兑净损失、调剂外汇手续费、金融机构手续费、其他财务费用，以及投标和承包工程发生的保函手续费等；其他费用指按规定支付给工程造价(定额)管理部门的定额编制费以及按有关部门规定支付的上级

管理费等。

③企业利润。又称计划利润，指企业按规定应计入工程措施、植物措施及临时工程造价内的利润。

④税金。指国家税法规定应计入建筑安装等各类工程造价内的营业税、城市维护建设税和教育费附加。

(2) 工程措施单价

工程措施单价由直接工程费、间接费、企业利润和税金组成。

①直接工程费。直接工程费＝直接费＋其他直接费＋现场经费。

a. 直接费。包括人工费、材料费、施工机械使用费。

$$直接费 = 人工费 + 材料费 + 施工机械使用费$$

人工费可由定额中查到的工时定额，乘以人工单价而得：

$$人工费 = \sum 定额劳动量(工时) \times 人工预算单价(元/工时)$$

材料费可由定额中查到的材料定额，乘以材料单价而得：

$$材料费 = \sum 定额材料用量 \times 材料预算单价$$

机械使用费可由定额中查到的台时定额，乘以台时费单价而得：

$$施工机械使用费 = \sum 定额机械使用量(台时) \times 施工机械台时单价$$

定额中经常遇到其他材料费、零星材料费和其他机械费等内容，是指完成一项定额工作内容所需的全部未列量。其他或零星材料费和次要辅助机械的使用费均以百分比(%)来计费。其计算基数如下：

其他材料费：以主要材料费之和为计算基数。

其他机械费：以主要机械使用费之和为计算基数。

零星材料费：以人工费、机械使用费之和为计算基数。

b. 其他直接费。以直接费为基础，主要计取冬雨季施工增加费、夜间施工增加费、特殊地区施工增加费、其他费用4部分。

冬雨季施工增加费：以直接费的百分比计算。在西南、中南和华东区，费率取0.5%~0.8%，按规定不计冬季施工增加费的地区取小值，计算冬季施工增加费的地区可取大值；华北区取0.8%~1.5%，其中内蒙古等较严寒地区可取大值，其他地区取中值或小值；西北、东北区取1.5%~2.5%，陕西、甘肃等省取小值，其他地区可取中值或大值。但是，机械固沙、土地整治工程只能取下限。

夜间施工增加费：发生时按双方合同计取。编制方案时，除机械固沙、土地整治工程不计此费用外，其他工程可按直接费的0.5%计算。

特殊地区施工增加费：指在高海拔、原始森林、沙漠等特殊地区施工而增加的费用。其中高海拔地区随高程而增加，按规定直接进入定额。其他特殊增加费，如酷热、风沙等地区，应按工程所在地区规定的标准计算，地方没有规定的不计此费用。

其他费用：可按直接费的0.5%~1.0%计算，其中机械固沙、土地整治工程只能取下限。

c. 现场经费。包括临时设施费和现场管理两部分。现场经费的计算可用直接费乘以现场经费费率而得。现场经费费率见表4-38。

表 4-38 现场经费费率

工程类别	计算基础	临时设施费率(%)	现场管理费率(%)	现场经费费率(%)
土石方工程	直接费	1	2~4	3~5
土地整治工程	直接费	1	2	3
混凝土工程	直接费	3	3	6
基础处理工程	直接费	2	4	6
机械固沙工程	直接费	1	2	3
其他工程	直接费	2	3	5

②间接费。由企业管理费、财务费用和其他费用组成。间接费由直接工程费乘以间接费率而得：

$$间接费 = 直接工程费 \times 间接费率$$

间接费费率见表 4-39。

表 4-39 间接费费率

工程类别	计算基础	间接费费率(%)	工程类别	计算基础	间接费费率(%)
土石方工程	直接费	3.3~5.5	基础处理工程	直接费	6
土地整治工程	直接费	3	机械固沙工程	直接费	3
混凝土工程	直接费	4.3	其他工程	直接费	4

③企业利润。指施工企业完成所承包工程获得的盈利，在编制概算时按7%计列。

$$企业利润 = (直接工程费 + 间接费) \times 7\%$$

④税金。指国家税法规定的应计入建筑安装工程造价内的营业税、城市维护建设税及教育费附加等，税率随工程所在地的不同而有所不同。

$$税金 = (直接工程费 + 间接费 + 企业利润) \times 税率$$

⑤工程单价。上述各分项之和，即构成工程单价。

$$工程单价 = 直接工程费 + 间接费 + 企业利润 + 税金$$

需要注意的是，多数水土保持方案是在可研阶段编制的，水土保持投资部分为估算，工程措施、植物措施及临时工程的单价计算应考虑10%的扩大系数。

【例 4-1】编制 1 m³ 挖掘机露天开挖三类土，配 5 t 自卸汽车运送 3.5 km 的单价。从《水土保持工程概算定额》中查阅第 01209 号定额，摘录定额指标如下：人工 5.4 工时，零星材料费取 5%，1 m³ 挖掘机 1.07 台时，5 t 自卸汽车 14.6 台时，59 kW 推土机 0.54 台时。经分析，其他直接费取 1.8%，现场经费、间接费均取中值 4%，企业利润 7%，税金 9%。其工程单价计算见表 4-40。

表 4-40 土方开挖工程单价计算

定额编号：01007　　　　定额单位：100 m³(自然方)　　　　工作内容：挂线、使用镐锹开挖

序号	名称及规格	单位	数量	单价(元)	合价(元)
一	直接工程费	元	—	—	2010.78
(一)	基本直接费	元	—	—	1879.24

(续)

序号	名称及规格	单位	数量	单价(元)	合价(元)
1	人工	工时	205.0	8.90	1824.50
2	材料费	元	—	—	54.74
	零星材料费	%	3	1824.50	54.74
(二)	其他直接费	%	2.0	1879.24	37.58
(三)	现场经费	%	5.0	1879.24	93.96
二	间接费	%	5.5	2010.78	110.59
三	企业利润	%	7.0	2121.37	148.50
四	税金	%	9.00	2269.87	204.29
	合计				2474.16
	扩大10%				2721.57

(3) 植物措施单价

植物措施的单价计算同工程措施，个别项目的计算基础和费率不同。需要注意的是，植物措施除了栽植费外，还有苗木的支撑、绑扎、抚育等单价的计算。

①直接工程费。包括直接费、其他直接费和现场经费。

a. 直接费。人工费中的人工单价与工程措施有所不同。普通植物措施的人工单价与工程措施的人工单价不同，园林标准植物措施的人工单价与工程措施的单价相同。栽植费等预算价格中不含苗木、草及种子费用等材料费。施工机械台时费的计算同工程措施。

b. 其他直接费。其他直接费中，不计夜间施工增加费，特殊地区施工增加费同工程措施，冬雨季施工增加费和其他费用取工程措施的下限。

c. 现场经费。累计取直接费的4%，其中临时设施费取1%，现场管理费取3%。

②间接费。取直接工程费的3.3%。

③企业利润和税金。企业利润取直接工程费和间接费之和的5%。税金的计算同工程措施。

【例4-2】 栽植带土球(50 cm)的乔木工程单价计算表见表4-41。

表4-41 栽植乔木单价计算

定额编号：08115　　定额单位：100株　　工作内容：挖坑、栽植、浇水、覆土保墒、整形、清理

序号	名称及规格	单位	数量	单价(元)	合价(元)
一	直接工程费	元	—	—	1701.92
(一)	基本直接费	元	—	—	1620.87
1	人工	工时	76.0	8.90	676.40
2	材料费	元	—	—	944.47
	树苗(带土球)	株	102	230.00	
	水	m³	4.00	1.46	5.84
	其他材料费	%	4	23465.84	938.63

(续)

序号	名称及规格	单位	数量	单价(元)	合价(元)
(二)	其他直接费	%	1.0	1620.87	16.21
(三)	现场经费	%	4.0	1620.87	64.83
二	间接费	%	3.3	1701.92	56.16
三	企业利润	%	5.0	1758.08	87.90
四	税金	%	9.00	1845.98	166.14
	合计				2012.12
	扩大10%				2213.34

(4) 安装工程单价

生产建设项目的水土流失防治措施除工程措施、植物措施和临时工程外，仍有不少设备需要安装运行，如排灌设备和水土保持监测设备等。排灌设备安装费按占排灌设备的6%计算。水土保持监测设备安装费按占监测设备费的10%计算。

4.2.6.4 水土保持投资估算编制

(1) 基本要求

①编制原则。水土保持投资估(概)算的编制依据、编制定额、价格水平年与基础单价、主要工程单价中的相关费率等应与主体工程相一致；主体工程没有明确规定的，应采用《生产建设项目水土保持工程投资概(估)算编制规定》《水土保持工程概算定额》及相关行业、地方标准和当地现行价。水土保持投资费用构成应按《开发建设项目水土保持工程概(估)算编制规定》执行。

植物措施中需要达到园林化标准的部分，应采用园林行业的概算指标计算。建设期的水土保持投资从基建费中计列，运行期的水土保持投资从生产费用中计列，在水土保持方案中一般只计列建设期投资。

水土保持投资估算总表按工程措施、植物措施、临时工程和独立费用、预备费和水土保持设施补偿费等6部分计列。分部工程估算表、分年度投资表按照防治分区计列上述各项投资，跨省(自治区、直辖市)项目还应按省(自治区、直辖市)分列投资。

建设期融资利息暂不考虑，按水土保持投资的静态投资计列。

②编制依据。包括《生产建设项目水土保持技术标准》(GB 50433—2018)、主体工程设计文件的估(概)算资料、《开发建设项目水土保持投资概(估)算编制规定》《水土保持工程概算定额》、水利水电建筑工程估算定额、当地造价信息或市场信息、当地有关规费要求的文件、工程设计资料等。

(2) 费用构成

水土保持投资由工程措施投资、植物措施投资、临时工程投资、独立费用、预备费和水土保持补偿费6部分组成。

①工程措施投资。按设计工程量乘以工程单价进行编制。设备及安装工程的投资也计入工程措施并按设备费及安装费分别计算。项目划分中的一、二级项目须以《生产建设项目水土保持技术标准》和《开发建设项目水土保持工程概(估)算编制规定》进行划分，三级

项目可根据工作深度和实际情况进行调整。

②植物措施投资。由苗木、草、种子等材料费、种植费和抚育管护费组成。植物措施材料费由苗木、草、种子等的预算价格乘以设计数量进行编制。种植费按《水土保持工程概算定额》由设计工程量乘以工程单价进行编制。抚育管护费指栽植初期浇水、施肥、除草、剪枝、看护等费用，南方地区计列一年，北方地区计列两年；种草籽、种树籽按种植费的5%，种草、栽树按种植费的10%计算。

③临时工程投资。临时工程包括两部分：一部分是施工期为防止水土流失而在水土保持方案中设计的临时防护措施，按设计工程量乘以工程单价进行编制；另一部分为其他临时工程，按工程措施投资、植物措施投资二者总额的1.0%~2.0%进行编制，大型工程费率可取低些，小型工程费率可取高些。

④独立费用。又称其他基本建设支出，指在生产准备和施工过程中与工程建设直接有关而又难以直接摊入某个单位工程的其他工程和费用。独立费用包括建设单位管理费、水土保持勘测设计费、水土保持监理费、水土保持监测费、质量监督检测费、技术文件咨询服务费、水土保持设施技术评估及验收费等。

⑤预备费。一般包括基本预备费和价差预备费两部分。基本预备费主要为解决在施工过程中，由于设计变更、防止自然灾害措施费以及其他一些难以预料而增加的工程项目和费用，在工程可行性研究阶段取6%，初步设计阶段取3%。价差预备费主要为解决在工程建设过程中，因人工、材料、设备以及费用价格上涨而增加的费用。根据国家相关规定，价差预备费暂不计列。

⑥水土保持补偿费。属行政事业性收费项目，计算办法按各省(自治区、直辖市)的有关规定计算。

(3) 独立费用计取

独立费用的计取长期以来是一个棘手的问题。相比主体工程而言，单纯按费率来计取独立费用显然偏低。建设项目的水土保持工作既然是一个专项的内容，按投资估算"包得住"的原则，2005年，水利部水土保持司对部分费用进行了调整，方案编制时参考《关于开发建设项目水土保持咨询服务费用计列的指导意见》。

①建设单位管理费。按水土保持投资中工程措施投资、植物措施投资、临时工程投资之和的1.0%~2.0%计算，费用不足时由主体工程建设管理费支出。

②水土保持监理费。按国家及建设项目所在省(自治区、直辖市)的有关规定计算。鉴于水土保持监理不仅包括水土保持设施的施工监理，还包括施工过程中的临时防护措施的监理，分别估算在施工准备期和施工建设期所需的监理人数，按监理工程师年费用8万~10万元、高级工程师年费用10万~12万元、监理员年费用6万~8万元计列。

③科研勘测设计费。包括工程科学研究试验费和勘测设计费两部分组成。遇大型、特殊水土保持工程可列工程科学研究试验费，按水土保持投资中工程措施投资、植物措施投资、临时工程投资之和的0.2%~0.5%计列，一般情况下不列此项费用。勘测设计费包括水土保持方案编制费、设计文件编制费、施工图文件编制费等组成，参考《工程勘察设计收费标准》和《关于生产建设项目水土保持咨询服务费用计列的指导意见》有关规定计算。

④水土保持监测费。按《关于生产建设项目水土保持咨询服务费用计列的指导意见》有

关规定计算,并用水土保持监理费及水土保持投资中工程措施投资、植物措施投资、临时工程投资之和的投资复核。费用组成包括人工费、基建设施费、设备费和折旧等。原则上,水土保持监测费不超过水土保持监理费,水土保持监测的人工费不超水土保持投资中工程措施投资、植物措施投资、临时工程投资之和的3%。

⑤工程质量监督检测费。按国家及建设工程所在省(自治区、直辖市)的有关规定计算。

⑥技术文件咨询服务费。按《关于生产建设项目水土保持咨询服务费用计列的指导意见》有关规定计列。

⑦水土保持设施验收费。按国家及建设工程所在省(自治区、直辖市)的有关规定计算。

4.2.6.5　水土保持投资估算文件组成

(1) 编制说明

①水土保持设施概况。包括水土保持设施建设地点、工程布置形式、工程措施工程量、植物措施工程量、主要临时工程数量、主要材料用量、施工总工期、施工总工日、机械使用数量等。

②水土保持设施投资主要指标。包括水土保持静态投资、价格水平年、工程措施投资、植物措施投资、临时工程投资、独立费用、预备费及水土保持补偿费占水土保持总投资的百分比等。

③编制原则和依据。包括水土保持投资估(概)算编制原则和依据;人工预算单价,主要材料,施工用电、水、砂石料等基础单价的计算依据;主要设备价格的编制依据;工程定额、施工机械台时费定额和其他有关指标的采用依据;费用计算标准及依据。

④水土保持概算编制中存在的其他应说明的问题。

⑤水土保持主要技术经济指标表。

(2) 主要表格

①估(概)算表。包括水土保持投资估(概)算总表、工程措施估(概)算表、植物措施估(概)算表、临时工程估(概)算表、独立费用估(概)算表、分年度投资表。

②估(概)算附表。包括水土保持工程单价汇总表、水土保持主要材料预算价格汇总表、水土保持次要材料预算价格汇总表、施工机械台时费汇总表、水土保持主要工程量汇总表、水土保持主要材料用量汇总表、水土保持工程工时数量汇总表。

③估(概)算附件。包括人工预算单价计算表、主要材料运杂费计算表、主要材料预算价格计算表、施工用电价格计算书、施工用水价格计算书、补充施工机械台时费计算书、砂石料单价计算书、混凝土材料单价计算书、工程措施单价计算表、植物措施工程单价计算表、独立费用计算书、分年度投资计算表。以上各附件单独成册,随估(概)算报审。

4.2.6.6　效益分析

水土保持效益包括生态效益、社会效益和经济效益3个方面。水土保持效益分析主要根据《水土保持综合治理效益计算方法》(GB/T 15774—2008),结合项目水土流失特点及项目区环境状况，着重分析生态效益和社会效益，包括提高植被覆盖率、保水保土、减少泥沙等效益，简要分析经济效益。

(1) 水土保持生态效益

水土保持生态效益主要是通过水土保持方案中水土保持措施的实施，预测防治责任范围内扰动土地治理面积、水土保持措施防治面积、治理后平均土壤侵蚀模数、采取的植物措施面积、实施的林草面积等效益值，进一步测算水土流失治理度、土壤流失控制比、渣土防护率、表土保护率、林草植被恢复率、林草覆盖率等指标的效益值。

①水土流失治理度。指项目水土流失防治责任范围内水土流失治理达标面积占水土流失总面积的百分比。

$$水土流失治理度=(水土保持措施面积+永久建筑物占地面积)/水土流失总面积×100\%$$

②土壤流失控制比。指项目水土流失防治责任范围内容许土壤流失量与治理后每平方千米年平均土壤流失量之比。

$$水土流失治理度=项目区容许土壤流失量/方案实施后土壤侵蚀强度×100\%$$

③渣土防护率。指项目水土流失防治责任范围内采取措施实际挡护的永久弃渣、临时堆土数量占永久弃渣和临时堆土总量的百分比。

$$渣土防护率=采取措施后实际拦挡的弃土和临时堆土/弃土和临时堆土总量×100\%$$

④表土保护率。指项目水土流失防治责任范围内保护的表土数量占可剥离表土总量的百分比。

$$表土保护率=采取措施保护的表土/可剥离表土总量×100\%$$

⑤林草植被恢复率。指项目水土流失防治责任范围内林草植被面积占可恢复林草植被面积的百分比。

$$林草植被恢复率=林草植被面积/可恢复林草植被面积×100\%$$

⑥林草覆盖率。指项目水土流失防治责任范围内林草植被面积占总面积的百分比。

$$林草覆盖率=林草植被面积/建设区总面积×100\%$$

结合预测的效益值，综合分析实施水土保持措施后，对改善防治责任范围内的环境质量，控制项目建设造成的水土流失，恢复被破坏的植被，以及对保护区域生态环境所起到的作用。

(2) 水土保持社会效益

通过水土保持方案各项措施的实施，从保护和改善当地的环境质量、提高居民的生活水平和维护地方安定团结等方面，综合评价方案的实施对当地居民生产生活所产生的社会效益。

(3) 水土保持经济效益

由于水土保持的特殊性，导致各类水土保持措施具有投入大、投资回收期长的特点。如果单从投入产出的角度进行分析，就不能完全体现其效益价值。其水土保持经济效益应主要从两个方面进行分析：一是水土流失防治措施栽植的用材林、经济林、风景林等乔、灌、草，都具有一定的经济效益，且经济效益在逐年递增。二是水土保持方案实施后，有效控制水土流失的发生，从而减少对环境的大破坏，获得间接的经济效益。

《生产建设项目水土保持方案》编制案例

复习思考题

1. 某工程位于干旱地区，其水土流失防治指标值中水土流失治理度、林草植被恢复率、林草覆盖率应如何调整？

2. 如何确定生产建设项目的水土流失防治责任范围？

3. 某水电工程弃渣场属山区沟道型渣场，该弃渣场应采取哪些水土保持措施？

4. 某弃渣场属于沟道型弃渣场，堆渣量 200×10^4 m³，最大堆渣高度 60 m，沟道底部地形较平缓，以耕地为主，沟道上部为林地。弃渣场下游 100 m 及上游 50 m 各有一处民房，下游 300 m 有高速公路经过。简要分析该弃渣场的选址合理性。

5. 某生产建设项目施工场地使用完毕后水土保持设计栽植 150 株带土球的乔木，乔木（带土球）单价 95 元/株，水价、人工单价与主体工程一致，其中水价为 1.3 元/m³，人工单价为 8.9 元/工时。试计算该项目栽植乔木投资。

第 5 章

生产建设项目水土保持后续设计

5.1 水土保持后续设计概述

5.1.1 后续设计的由来

生产建设项目水土保持后续设计是相对于水土保持方案报告书而言的，是为进一步细化水土保持方案报告书确定的水土保持措施而进行的设计。针对不同阶段编制的水土保持方案，其后续设计内容不尽相同，一般可行性研究阶段编制的水土保持方案报告书对应的后续设计包括水土保持初步设计、招标设计及施工图设计等，初步设计阶段编制的水土保持方案报告书对应的后续设计包括招标设计和施工图设计。水土保持后续设计在水土保持方案编制的基础上对水土保持措施进行了细化和补充，同水土保持方案报告书一起作为水土保持设施验收的依据。

5.1.2 后续设计的定义

生产建设项目水土保持后续设计是指为了准确计算工程投资预算及指导水土保持工程施工，在编制完成水土保持方案报告书后，根据水土保持方案报告书确定的水土保持措施类型和分区防治措施体系，对水土保持方案报告书确定的各类措施和主体工程设计中具有水土保持功能的措施进行的细化或补充设计。

5.1.3 后续设计的措施种类

根据水土保持措施布局，水土保持后续设计措施一般可以分为工程措施、植物措施和临时措施三大类。工程措施主要包括表土保护措施、拦渣措施、边坡防护措施、截排水措施、降水蓄渗措施、土地整治措施、防风固沙措施等。植物措施主要包括恢复绿化措施和景观绿化措施等。临时措施包括临时拦挡、临时苫盖、临时排水、临时沉沙及临时植草等。近年来，随着水土保持监测工作的加强，监测措施也成为水土保持措施设计一项重要内容。

(1) 工程措施

①表土保护措施。应根据施工扰动范围内土层结构、土地利用现状和施工方法,确定剥离范围和厚度,绘制表土分布图,明确剥离表土集中堆放的位置,并采取临时拦挡、苫盖、排水等措施进行防护,施工结束后回铺利用。

②拦渣措施。包括挡渣墙、拦渣堤、拦渣坝、围渣堰等,应综合考虑弃土(石、渣)场类型、堆置方案、地形、地质、气象、水文、建筑材料、施工机械等因素,合理选择。拦渣工程应与防洪排导工程、土地整治工程统筹设计,满足弃土(石、渣)场整体稳定安全运行的要求。需绘制拦渣措施平面布置图、断面图及细部结构图等。

③边坡防护措施。工程开挖、填筑、弃渣、取料等活动形成的斜坡,应根据所处位置的地形地貌、气象、水文、地质等条件,在边坡稳定的基础上,采取坡脚及坡面防护措施。应与截排水措施统筹设计,在满足稳定安全的条件下宜采取植物护坡措施或植物与工程相结合的综合护坡措施。边坡防护措施应与周边环境相协调。需绘制边坡防护措施平面布置图、断面图及细部结构图等。

④截排水措施。生产建设项目施工破坏原地表水系的,应根据项目区域特点布设截排水措施,选取截水沟、排水沟、排洪渠(沟)等形式。弃土(石、渣)场的排水应与弃土(石、渣)场设计统筹考虑,坡面排水应与坡面防护措施相结合。截水沟、排水沟、排洪渠(沟)应与自然水系顺接,并布设消能防冲措施,如急流槽、消力池等。截排水措施设计应建立在水文计算、水力学计算及结构计算的基础上,以保证措施排水(洪)能力达到设计标准及建筑物结构稳定。需绘制截排水措施平面布置图(明确控制点坐标)、断面图及细部结构图等。

⑤降水蓄渗措施。在干旱缺水地区,水土保持设计应因地制宜地采取蓄水池、渗井、渗沟、透水砖铺设、下凹式绿地等降水蓄渗措施。降水蓄渗措施应根据降水量、集水面积、需水量等情况统筹布置,有条件的地段可利用其他来水作为降水集蓄设施的补充水源。在进行降水蓄渗措施设计时,应充分分析项目区水文气象、地形地质资料,确定措施服务对象的需水量,根据需水量确定降水蓄渗措施规模。需绘制降水蓄渗措施平面布置图、断面图及细部结构图等。

⑥土地整治措施。对项目占地范围内处建(构)筑物、场地硬化占地外的扰动及裸露土地应进行整治,土地整治的主要内容包括场地清理、平整和覆土等。应根据占地性质、类型和适宜性确定土地利用方向,根据扰动土地情况、地面物质组成、覆土来源、土地利用方向等确定土地整治内容。弃土(石、渣)场表面为大粒径渣石并需恢复为耕地的,表面平整后应铺设黏土防渗层,碾压密实后厚度不小于 0.3 m,再覆表土。矿山排土场、尾矿库等工程项目的土地整治还应符合行业土地复垦的有关规定。采石坑、采矿塌陷凹地可进行回填治理或改建为蓄水池、养殖塘。土地整治措施一般不需要绘制图纸,在设计文件中明确措施范围、施工工艺等即可。

⑦防风固沙措施。一般应用于沙漠、沙地、戈壁等风沙区。在流动沙丘和半固定沙丘地区,应因地制宜采取植物固沙、机械固沙、化学固沙等措施,在戈壁风蚀区宜采取砾石压盖措施。在进行防风固沙措施设计时应充分考虑风蚀区风速、主风向、风沙危害等,因害设防。需绘制防风固沙措施平面布置图、立面图及细部结构图等。

(2) 植物措施

工程扰动后的裸露土地以及工程管理范围内未扰动的土地，应优先考虑植物措施。植物措施布局应符合生态和景观要求，涉及城镇的应与城镇绿化相结合。在进行植物措施设计前应根据立地条件，选取适当的树（草）种和整地栽植方法。高标准植物措施设计和干旱缺水区域应配套设计灌溉措施。植物措施设计通常分为恢复绿化措施设计和景观绿化措施，恢复绿化措施采取典型图斑设计；景观绿化措施设计应根据工程平面布置绘制景观绿化措施平面布置图，可列表说明选取的树（草）种特性及栽植要求。

(3) 临时措施

临时措施适用于施工期间容易造成水土流失的临时堆土、取土（石、砂）场、弃土（石、渣）场、施工场地等裸露区域。临时措施包括临时拦挡、临时苫盖、临时排水、临时沉沙及临时植草等。

在进行临时措施设计时应紧密结合工程施工组织设计和生产计划等相关资料，根据地表裸露时间、区域、降水、风速等因素选择适宜的措施类型。临时拦挡、临时排水、临时沉沙等措施可绘制典型断面图指导施工，临时苫盖、临时植草等措施可在设计说明中明确实施要求。

(4) 监测措施

生产建设项目水土保持监测的内容主要包括水土流失影响因素、水土流失状况、水土流失危害和水土保持措施等，同时，对于3级以上弃渣场还应布设弃渣场安全监测措施。水土保持监测措施主要有修建径流小区、埋设及安装监测设备等，监测方法主要有实测法、填图法和遥感监测法等。水土保持监测措施设计应绘制监测点位布置图，确定径流小区规模及其结构形式，绘制径流小区平面布置图及结构大样图，绘制监测设备布置图等，在设计说明中明确不同的监测内容对应采取的监测方法。

5.2 水土保持后续设计流程

水土保持后续设计主要流程：初步设计—招标设计—施工图设计。目前，受各行业编制规程要求不同，各个行业初步设计的设计内容和设计深度不尽相同。水利行业水土保持后续设计内容较全面翔实，本节以水利行业水土保持后续设计为例对水土保持后续设计流程进行介绍。

5.2.1 初步设计基本流程

初步设计阶段要全面落实细化水土保持方案及其批复要求，深化开展水土保持初步设计。根据《水利水电工程初步设计报告编制规程》（SL/T 619—2021），开展水土保持初步设计的基本流程为：

①进行现场查勘，开展必要的测量勘察工作。根据《水土保持工程调查与勘测标准》中对初步设计阶段水土保持工程的测量和勘察要求开展勘测工作。

②根据初步设计阶段主体工程设计成果与可行性研究阶段或水土保持方案报告书（如已编制）主要内容进行对比，说明调整变化的内容并进行原因分析，主要从主体工程布置、

施工总布置变化方面阐述由于主体工程变化造成的水土保持设计调整。

③说明水土保持初步设计采用的设计依据、采取的设计理念及设计原则。开展水土保持初步设计常用的设计依据有：《水利水电工程初步设计报告编制规程》、上阶段批复的水土保持方案报告书或可行性研究报告、《生产建设项目水土保持技术标准》《生产建设项目水土流失防治标准》《水土保持工程设计规范》《水利水电工程水土保持技术规范》《水土保持工程概（估）算编制规定》等规程规范相关文件。

④设计理念及设计原则依据主体工程特点、项目区区域发展特色、项目建设造成的水土流失状况及拟采取的先进的水土流失治理方法进行确定。

⑤确定本阶段水土流失防治责任范围和防治分区。初步设计阶段由于工程布置、项目组成、施工布置等发生变化造成项目占地发生变化，在开展水土保持措施设计前需要复核确定水土流失防治责任范围和防治分区。

⑥复核水土流失防治目标、防治标准及防治指标值。根据工程布置变化对水土保持方案报告书中确定的水土流失防治目标、防治标准和防治指标值进行复核调整，并以复核调整后的水土流失防治目标、标准和防治指标值作为初步设计的依据。

⑦复核水土保持措施总体布局和分区措施体系。在水土保持方案报告确定的水土保持措施总体布局和分区措施体系的基础上，通过分析主体工程施工布置，复核其合理性和准确性，水土保持措施总体布局和分区措施体系不完整、不准确时提出补充调整优化方案，建立全面系统的水土保持措施总体布局和分区措施体系。

⑧开展弃渣场评价论述及其防护工程设计。明确各弃渣场土、石渣来源、数量及土石比例；评价弃渣场场址的合理性，确定工程全部场址；明确弃渣场场区地质条件和地质评价内容，查明各弃渣场防护建（构）筑物的工程地质、水文地质条件；确定各弃渣场的物理力学参数建议值；确定各弃渣场堆置方案及稳定计算结果；复核各弃渣场及拦挡、护坡、截排（洪）水工程的级别及设计标准；确定各弃渣场拦挡、截排洪（水）以及护坡的工程布置，并进行设计；确定需要开展安全监测的弃渣场，并进行安全监测设计。

⑨开展表土保护利用与土地整治工程设计。确定项目区表土分布范围、剥离厚度及可剥离范围、可剥离数量；确定工程后期表土利用量和表土应剥离的范围和剥离数量，进行表土剥离量与利用量的平衡计算，明确表土的调配方案；确定需要保护表土的范围和保护方案；确定剥离表土的堆存方案，并进行防护措施设计；进行各防治分区的粗平整、翻松、表土回覆、细平整和土壤改良等土地整治工程设计。

⑩开展植被恢复与建设工程设计。复核植被恢复与建设工程级别和相应设计标准；确定主体工程重要区域生态景观绿化工程、边坡绿化工程的设计范围，并进行逐项设计，明确株行距、苗木种类及规格、草种数量、配置和种植方式，以及边坡绿化工程形式、结构设计等；明确植被恢复工程的设计范围，并进行设计，明确株行距、苗木种类及规格、草种数量、种植方式等；确定综合护坡范围、形式，分别对工程护坡、植物护坡进行设计；确定植被恢复与建设工程的灌溉配套措施的设计范围和形式，并进行设计。

⑪开展临时防护工程与其他工程设计。确定实施临时防护工程的对象、范围；确定临时防护工程类型和工程布置，并进行设计；确定降水蓄渗、防风固沙、场地排水等工程设

计范围、形式，并进行设计。

⑫开展水土保持工程施工组织设计。按照水土流失防治分区分类计算水土保持措施工程量；明确水土保持施工条件，明确水土保持施工条件，说明主要材料的来源、苗木规格、施工总布置以及施工方法等；确定水土保持工程施工进度安排。

⑬开展水土保持监测与管理设计。确定水土保持监测方案，对各类水土保持监测设施进行设计，提出各类水土保持监测措施工程量；确定建设期和运行期水土保持管理设计方案，明确水土保持管理组织机构、人员，提出建设期和运行期管理要求或方案。

⑭绘制水土保持工程设计图纸。是初步设计阶段重要的工作内容，本阶段水土保持设计图纸主要包括：水土流失防治责任范围和措施总体布局图、弃渣场布置图、表土分布图、表土利用图、表土堆放与临时防护图、分区水土保持措施配置图、分区水土保持工程设计图、弃渣场地质勘察相关图、水土保持施工进度图、水土保持监测点位布局图及监测设计图、弃渣场安全监测布置图及安全监测设计图。

⑮编制水土保持工程设计概算。说明水土保持工程概算编制规定、定额和采用的相关行业定额。根据主体工程编制年价格水平，分析计算主要材料预算价格，依据施工组织设计计算基础单价、工程单价和分区工程量，计算水土保持工程投资。

⑯上报审批。编制完成的水土保持设计文件作为主体工程设计报告的组成与主体工程设计报告一同上报审批。

5.2.2　招标设计基本流程

①确定水土保持工程招标方式。水土保持工程招标一般可分为两种方式：一是与主体工程一同招标；二是水土保持工程单独招标。与主体工程一同招标时，编制水土保持招标设计章节，汇总于主体工程招标设计报告中；水土保持工程单独招标时，单独编制水土保持招标设计文件。

②确定水土保持工程标段划分形式。与主体工程一同招标的水土保持工程标段划分一般与主体工程标段划分相同，即主体工程相应标段的水土保持工作由对应标段主体工程施工单位承担；水土保持工程单独招标的一般按照一个整体标段进行，确需分标段招标的，可按照主体工程标段划分或水土保持工程划分进行分标。

③编制水土保持工程招标工程量清单。根据水土保持工程招标方式和标段划分形式，编制与其对应的工程量清单。工程量清单按照水土保持工程九大类措施分类统计工程量，以清单形式汇总。

④绘制水土保持工程招标图纸。根据水土保持工程招标方式和标段划分形式，绘制各个标段的水土保持工程招标图纸。招标阶段需要绘制的图纸主要为与工程量清单相对应的措施设计图。

⑤提交招标设计文件。

5.2.3　施工图设计基本流程

①根据施工进度安排，制订施工图供图计划。施工图直接用于指导施工，通常应根据施工进度要求制订详细的施工图供图计划。制订施工图供图计划时要紧密结合主体工程施

工进度,把握水土保持工程相应的进度要求,确定详细的计划节点,确保在开工前将施工图纸提交发包人,由发包人将施工图纸转交水土保持监理单位,审图后签发施工单位用于指导施工。

②落实施工图设计方案的可实施性。施工图设计是指导项目最终实施的直接依据,因此,在开展施工图设计工作前,应根据招标设计的内容确定方案的可行性。

③开展施工图设计。在确定切实可行的方案后,开展施工图设计工作。施工图设计的主要任务是将水土保持各分区措施绘制成施工图纸。施工图纸包括:各类防治措施平面总布置图、平面图、剖面图、断面图、细部结构图、大样图、配筋图等。

④编写施工图设计说明。施工图设计阶段除绘制施工图纸外,还应编写施工图设计说明,通常包括施工图设计总说明和各单项措施的施工图说明。施工图设计总说明应编写工程概况、设计依据、设计标准及拟采取的各类措施的施工方法等。

⑤施工图设计阶段设计变更。实施过程中措施发生变更时应及时对设计进行调整,如发生重大设计变更,应按照水利部的要求重新编制水土保持方案变更报告书,报原审批部门审批;重大设计变更内容见《生产建设项目水土保持方案管理办法》。如果仅弃渣场发生重大变更,在原设计弃渣场外新设弃渣场的,若新设弃渣场占地面积不足 1 hm² 且最大堆渣高度不高于 10 m,生产建设单位可先征得所在地县级人民政府水行政主管部门同意,并纳入验收管理;若新设弃渣场占地面积超过 1 hm² 或最大堆渣高度大于 10 m,原设计弃渣场堆渣量提高 20% 以上,则应编制水土保持方案(弃渣场补充)报告书,报原审批部门审批,待变更报告书或弃渣场补充报告书批复后重新开展变更后的水土保持工程施工图设计。如发生一般变更,则需要通过施工图设计进行调整,对变更后的方案可行性进行论证,对切实可行的方案及时对施工图进行变更调整,绘制新版施工图,编制施工图设计说明,并按照程序将成果重新提交甲方指导施工。

5.3 水土保持后续设计要求

5.3.1 初步设计阶段的要求

(1)初步设计内容要求

初步设计阶段水土保持设计内容与主体工程一并设计,但根据各行业编制规定的不同,水土保持初步设计内容存在差异。一般情况下,初步设计阶段水土保持设计应设立独立篇章,内容应包括项目概述、水土流失防治责任范围及措施布局、弃渣场及其防护工程设计、表土保护利用与土地整治工程设计、植被恢复与建设工程设计、临时防护与其他工程设计、水土保持工程施工组织设计、水土保持监测与管理设计等。初步设计阶段水土保持设计不再做主体工程水土保持措施和新增水土保持措施的划分,应根据各分区的水土保持措施布局编制水土保持措施汇总表并列出工程量明细、绘制水土保持措施设计图纸。

初步设计阶段是落实水土保持措施的基础,是进行水土流失防治及水土保持专项验收的依据。在可行性研究阶段是不明确的水土保持措施类型、位置和技术要求等,应在初步设计阶段得到明确。

(2)初步设计技术要求

①水土流失防治责任范围应按分区进行复核。占地中的点型工程应绘制1：(1000~2000)的地形图，线型工程应绘制1：(5000~10 000)的地形图。土石方工程应按分区和自然节点分段(如河流的两岸、隧道的进出口)计算开挖方、填筑方情况，对回填前的临时堆放(包括剥离的表土)要有明确的说明。

②弃渣场、临时堆料场的防护措施(包括工程措施、植物措施、临时措施)要逐项标注在1：(1000~2000)地形图上，并标注表土剥离的堆放地、上游截(排)水设施，下游拦挡设施、两侧截(排)水设施、急流槽、陡坡消力池、消力坎的平面位置，消力池下游与原沟道的衔接方式(包括海漫、连接渠等)；按水土保持方案确定的设计标准，明确挡渣墙、拦渣坝、截(排)水系统等所采取的设计标准(与上阶段相比如有变化须说明变更原因)。设计每一项措施的外形尺寸，绘制1：(100~500)的图件并注明基础埋深，同时说明所依据的设计标准、计算公式和地基承载力、稳定性、安全性的计算结果，计算过程的草稿由设计单位存档；植物措施的配置应说明具体的乔木、灌木、草类的品种、规格、栽植方式方法及设计图，有灌溉要求的还应绘制设施的布置图。

③施工便道、输水管线、在永久占地范围内的防护措施的平面布置图应标注在1：(1000~5000)地形图上；绘出剖面图(标准横断面图)，方便计算工程量。

④对高度超过6 m的挡渣墙、拦渣坝和拦渣堤等拦挡工程要进行地质勘探，具体要求参照《水土保持工程调查与勘测标准》。根据拦挡工程的类型、规模、高度、地基承载力、结构形式及埋设深度等具体情况，对各地段的地质稳定性和地基承载力做出评价，为确定平面布置、地基基础设计方案以及不良地质现象的防治工程方案做出工程地质结论。

⑤针对不同分区的每一类措施都要进行施工组织设计，计算分区工程量并列出分区工程量汇总表。

5.3.2 招标设计阶段的要求

(1)招标设计内容要求

招标设计内容主要包括招标设计文件、工程量清单以及招标文件中与水土保持措施相关的技术条款等。招标设计文件应在水土保持初步设计阶段的成果基础上，进一步细化水土保持措施设计。招标设计是供甲方发包使用的文件，文件结构框架可在初步设计阶段水土保持篇章的基础上进行精简，简述工程概况，侧重细化水土保持措施设计内容，复核水土保持措施工程量，按照防治分区以分部工程为单元或按照甲方的分标要求核算工程量并列出水土保持措施工程量清单。对工程量清单中列出的水土保持措施应编制施工招标技术条款纳入工程招标文件。

(2)招标设计技术要求

目前，水土保持行业设计相关规程规范等文件均未对招标设计的设计深度做出要求，招标设计的设计深度一般以满足发包人的招标要求为标准。

5.3.3 施工图设计阶段的要求

(1) 施工图设计内容要求

施工图设计是用于指导水土保持工程施工的重要环节,也是工程量结算的重要依据。施工图设计内容主要包括:

①对工程措施场址进行必要的勘察。

②对土壤养分含量进行测定,确定植物措施的品种及种植方式。

③绘制每一项水土保持措施及地面监测设施施工图。

④计算工程量,开展施工预算。

⑤编写施工图设计说明书。

(2) 施工图设计技术要求

水土保持施工图设计技术要求主要包括:

①工程措施场址的勘探一般采用挖探,在施工场址挖探井或探槽,取得原状土样,经试验确定剥离表土的厚度、基础埋深、地基承载力、稳定边坡系数。对于蓄水或过水的拦渣坝、护坡工程及大型的挡渣墙,当设计标准低于水利行业标准时,应参照水利行业标准执行。

②对于4级以上弃渣场应开展地质详勘工作,确定地基原状土的物理力学参数。通过分析拟堆放弃土(石、渣)的成分组合,确定拟堆放弃土(石、渣)体的物理力学参数,根据《水土保持工程设计规范》对弃土(石、渣)场整体稳定性进行验算,在此基础上开展弃土(石、渣)场设计。

③施工设计图纸应符合国家规定的制图标准。施工图纸要注明图名、图例、指北针、比例尺、标题栏,还要简要说明图纸设计内容;图纸字迹要清楚、整齐,图面要清晰,主次分明,描述对象准确表达。

④施工设计平面的坐标及基准点、基准线应在图纸上明确画出,给出坐标及基准点、基准线位置,以便施工放线。基准点、基准线的确定应以地形图的坐标系统为依据。

⑤水土保持措施平面总图主要绘制各设计元素之间的平面关系和准确的位置、水土保持措施工程措施及植物措施的边界、地形改造过程中填挖方等内容。图纸上可列表反映标段内土石方挖填数量。

⑥细部结构大样图要根据施工需要,对工程措施的局部(如进水口、泄水口、框格防护等)设置大样图和纵剖面图。植物措施的栽植方式及不同植物品种的搭配也应绘制大样图。

⑦平面图要根据道路系统的总体设计,在道路工程设计总图的基础上画出各种道路、材料堆放场地、仓库、盘山道、桥涵等位置,并注明每段的高程和纵坡、横坡。除平面布置图外,还要求以1:(50~100)的比例尺绘制剖面图,主要标示各种路基、路面、路堑、马道、截水沟、排水沟的剖面结构及尺寸。

⑧植物措施配置图上应标示树木花草的种植位置、品种、种植类型、种植距离等内容,应画出常绿乔木、落叶乔木、常绿灌木、绿篱、草地、花卉等具体的位置、品种、数量、种植方式等。植物措施配置图的比例尺一般采用1:(200~500)。

5.4 水土保持后续设计管理

5.4.1 后续设计进度管理

初步设计阶段水土保持设计应按照项目计划确定的设计进度开展工作，需要开展的基础工作，如测绘、地质勘察等工作，应根据水土保持设计相关要求提前开展。

初步设计批复后，应根据项目进展及合同要求及时开展招标设计及施工图设计。招标设计应按照发包人的招标计划设定招标设计时间节点要求。施工图设计应根据各标段水土保持工程施工进度要求制订施工图供图计划。

5.4.2 后续设计质量管理

为了保障设计成果质量，设计单位需通过科学化的质量管理机制进行设计成果质量把控。目前，为保障设计成果质量，提升工程作业过程中的安全性、稳定性，避免建设中出现安全问题，设计单位均建立了完备的质量控制体系。在设计过程中严格执行产品校核—审查—审核—审定程序，履行质量控制体系要求，保证设计质量目标。

5.4.3 后续设计变更管理

(1) 初步设计阶段变更管理

初步设计阶段要全面落实细化水土保持方案及其批复要求，深化开展水土保持措施设计。初步设计阶段水土保持措施和弃渣场选址较可行性研究报告阶段发生变化的，要在初步设计报告水土保持篇章中做出单独说明。经批准的初步设计报告水土保持篇章，与水土保持方案一并作为水土保持监督检查和设施验收等后续工作的依据。

初步设计审查单位在开展审查时要同步对水土保持篇章内容进行审查，并在审查意见中明确水土保持结论意见。初步设计审查应邀请水土保持方案审查或审批单位参加，经批准的初步设计报告及其审查意见要抄送水土保持方案审批单位。

(2) 施工图设计阶段变更管理

开展施工图设计时项目一般已经进入实施阶段，本阶段生产建设项目地点、规模、水土保持措施或弃渣场选址等较初步设计阶段发生变化的，应参照《生产建设项目水土保持方案管理办法》的要求，重新编制水土保持方案变更报告书或水土保持方案(弃渣场补充)报告书报原审批部门审批。主要包括以下情形：

①工程扰动新涉及水土流失重点预防区或者重点治理区的；②水土流失防治责任范围或者开挖填筑土石方总量增加30%以上的；③线型工程山区、丘陵区部分线路横向位移超过300 m的长度累计达到该部分线路长度30%以上的；④表土剥离量或者植物措施总面积减少30%以上的；⑤水土保持重要单位工程措施发生变化，可能导致水土保持功能显著降低或者丧失的；⑥在水土保持方案确定的弃渣场以外新设弃渣场的，或者因弃渣量增加导致弃渣场等级提高的，生产建设单位应当开展弃渣减量化、资源化论证，并在弃渣前编制水土保持方案补充报告，报原审批部门审批。

如发生以上情形，建设单位应编制水土保持方案变更报告书或水土保持方案(弃渣场补充)报告书报原审批部门审批通过后继续开展后续设计工作。因工程扰动范围减小,相应表土剥离和植物措施数量减少的,不需要补充或者修改水土保持方案,可直接开展后续设计工作。

5.4.4 审批管理

水土保持后续设计审批包括初步设计审批、施工图审查及变更报告审批等。

水土保持初步设计作为主体工程初步设计报告的一部分,同主体工程初步设计报告一同上报审批。水土保持招标设计一般由发包人或发包人委托的招标代理机构进行审查,根据发包人或发包人委托的招标代理机构审查意见修改后,正式提交发包人用于招标。

施工图一般由发包人自行委托具有相应资质的单位进行审查,其根据施工图设计内容提出修改建议,设计单位修改完成后将施工图设计文件正式提交发包人。按照程序,发包人应将正式的设计文件分发监理单位,监理单位对施工图设计文件进行审查,无异议后进行图纸签发,施工单位依据施工图纸进行施工。

在初步设计阶段,水土保持措施和弃渣场选址较可行性研究报告阶段发生变化的,应将变化内容纳入水土保持初步设计报告水土保持设计篇章,与主体工程初步设计报告一同上报审批。在项目实施阶段发生设计变更,需编制水土保持方案变更报告书或水土保持方案(弃渣场补充)报告书,并报原水土保持方案报告审批单位审批。

复习思考题

1. 简述水土保持后续设计的内容。
2. 简述施工图设计的主要内容和技术要求。
3. 简述招标设计的设计流程。
4. 工程实施阶段如弃渣场位置发生变更应该如何处理?
5. 水土保持初步设计报告如何审批?

第 6 章

生产建设项目水土保持监测

水土保持监测是我国水土保持工作的一项重要内容，也是法律赋予水行政主管部门的一项重要职能。生产建设项目水土保持监测运用多种技术手段和方法，准确测定和掌握项目区原生水土流失现状，并对项目建设、生产过程中新增水土流失的成因、类型、强度、数量和危害，以及水土保持措施实施情况和效果进行实时调查、观测和分析，同时预测项目区水土流失发展趋势和评价水土流失防治成效。开展生产建设项目水土保持监测是生产建设单位应当履行的法定义务，是生产建设单位及时定量掌握水土流失及防治状况、对项目建设造成的水土流失进行过程控制的重要基础，也是各流域管理机构和地方水行政主管部门开展生产建设项目水土保持跟踪检查、验收核查等监管工作的依据。

6.1 概述

6.1.1 水土保持监测的目的

生产建设项目水土保持监测的专业性和技术性较强。根据水土保持相关法律法规的规定和要求，建设单位需根据项目规模，自行监测或委托具有相应技术条件的监测咨询机构进行监测。监测应从施工准备开始，到工程实施和竣工投产运行全过程。生产建设项目水土保持监测的目的是：

①对项目建设过程中的水土流失进行实时监测和控制。及时掌握施工过程中水土流失的时段、数量、强度、影响范围及产生的后果等情况，了解水土保持方案各项防治措施实施后的防治效果及取得的效益，及时发现问题并采取相应的补救措施，确保各项水土保持措施正常发挥作用，最大程度减少水土流失，改善生态环境。

②有助于项目区水土保持措施体系的完善。运用地面监测、现场巡查、调查监测等手段，对新增水土流失的成因、数量、强度、影响范围和危害进行监测，及时了解水土保持措施的实施情况及防治效果。对水土保持措施实施不到位的，通过监测监督促其实施，并总结、改进和完善水土保持措施体系，以达到全面防治水土流失、改善生态环境的目的。

③为生产建设项目的水土保持设施验收提供评价依据。通过对建设施工期（含施工准备期）和生产运行期水土流失监测成果的分析，判别项目的水土保持措施体系是否达到国家规定的水土流失防治标准及水土保持方案设计的目标，是生产建设项目水土保持设施验

收工作的重要参考依据。

④为水土保持监督管理提供依据。通过积累各类生产建设项目建设过程中的水土保持监测成果，可以分析总结不同建设时段易产生水土流失的环节及其空间分布特征，为监督检查和管理提供依据，从而提高生产建设项目水土保持措施工程的管理水平。

⑤为同类生产建设项目水土流失预测和防治措施体系制订提供依据。通过各类生产建设项目的水土保持实地监测，积累大量的实测资料和数据，为确定水土流失预测参数、预测模型和制订科学的防治方案服务。同时验证水土保持方案防治措施布设的合理性，进一步完善防治措施体系，加强防治措施的针对性，提高防治效果。

6.1.2 水土保持监测的原则

水土保持监测的原则包括：科学划分监测范围，全面监测与重点监测相结合；以扰动地表监测为中心，监测点位布设应有代表性；监测方法得当、时段合理、频次适宜，微观监测与宏观监测相结合；以全面反映防治目标为目的；开展全过程动态监测，保证监测成果完整性。

6.1.3 水土保持监测的任务和内容

生产建设项目水土保持监测的任务包括掌握水土保持方案落实情况，取土(石、渣)场、弃土(石、渣)场使用情况及安全要求落实情况，扰动土地及植被占压情况，水土保持措施(含临时防护措施)实施状况，水土保持责任制落实情况等。监测内容包括水土流失影响因素、水土流失状况、水土流失危害和水土保持措施实施情况及效果等。

水土保持措施名录应根据水土保持方案、施工组织设计、施工图等建立。该名录主要包括各类措施的数量、位置和实施进度等。工程建设过程中，监测人员应按设计的监测方法和频次开展水土保持措施监测，并做好记录。

由于生产建设项目的扰动过程是不断变化的，造成的水土流失在不同地段、不同时段也有所不同，要全面监测十分困难，因此，在整个建设过程中要对监测重点区域进行全过程的详细监测，以掌握项目建设所造成的水土流失，为项目区水土流失及其危害预测、预防、治理以及水土保持设施验收评估等提供可靠信息。监测重点区域的选择应具有代表性和典型性，这对整个项目的水土流失防治措施布局设计和防治工作部署具有重要意义。

6.1.4 水土保持监测的程序

生产建设项目水土保持监测一般分为监测准备、监测实施、监测总结3个阶段。监测准备阶段的主要工作是编制监测实施方案、组建监测项目部以及组织监测人员进场。监测实施阶段全面开展监测工作，重点对扰动土地、取土(石、料)弃土(石、渣)、水土流失及水土保持措施等情况进行监测。需要注意的是，监测单位每次现场监测后，应及时向建设单位提出水土保持监测意见，并编制与报送水土保持监测报告。监测总结阶段的主要工作是汇总和分析各阶段监测数据成果、分析评价防治效果、编制与报送水土保持监测总结报告。

(1) 监测准备阶段

①编制与报送监测实施方案。编制监测实施方案前应广泛收集项目相关资料和进行现场调查。主要收集以下资料：项目区自然情况及有关规划、区划、水土保持治理情况；主体工程的初步设计、施工组织设计、绿化设计；项目水土保持方案报告书和水土保持专项设计。主要开展以下现场调查：施工现场的交通情况、占地面积、水土流失面积与分布、水土保持措施类型和数量；水土保持监测重点区域的位置、数量和监测时段。

监测实施方案在分析资料和现场调查的基础上编制，实施方案的主要内容包括项目及项目区概况、监测布局、内容和方法、预期成果和工作组织。需要注意的是，监测实施方案应明确监测内容和方法以及监测点的种类、数量和位置，以满足后续水土保持监测实施的需要。监测实施方案具体编制内容和提纲详见本书6.6小节。大型生产建设项目监测实施方案应开展专家咨询论证。

建设单位应在主体工程开工1个月内向相关水行政主管部门报送水土保持监测实施方案。水利部批复水土保持方案的项目，由建设单位向项目所涉及的各流域管理机构报送水土保持监测实施方案，同时报送至项目所涉及的各省级水行政主管部门；地方水行政主管部门批复水土保持方案的项目，由建设单位向批复方案的水行政主管部门报送水土保持监测实施方案。

②组建监测项目部。监测单位应在现场设立监测项目部，大型生产建设项目可以根据工作情况增设监测项目分部。监测项目部的主要职责：监测项目的组织、协调和实施；监测进度、质量、设备配置和项目管理；与施工单位日常联络，收集主体工程进度、施工报表等资料；日常监测数据采集，做好原始记录；监测资料汇总、复核、成果编制与报送；开展施工现场突发性水土流失事件应急监测。

项目部人员应不少于3名，设总监测工程师、监测工程师、监测员等岗位。总监测工程师为项目部负责人，全面负责项目监测工作的组织、协调、实施和监测成果质量；监测工程师负责监测数据的采集、整理、汇总、校核，编制监测实施方案、监测季度报告、监测年度报告、监测总结报告等；监测员协助监测工程师完成监测数据的采集和整理，并负责监测原始记录、文档、图件、成果的管理。

③组织监测人员进场。组建监测项目部后，根据项目要求和实际情况，编制监测人员进场计划，组织监测人员进场。建设单位应在监测人员进场后组织召开监测技术交底会议。会议包括以下内容：介绍《水土保持法》等法律法规以及生产建设项目水土保持管理的相关规定；介绍监测实施方案，包括水土保持监测技术路线、布局、内容和方法，监测工作组织与质量保证体系等；建立项目水土保持组织管理机构，明确监测单位在机构中的职责。监测人员进场后，根据监测实施方案和主体工程进度落实监测点位置和监测设施装备。

(2) 监测实施阶段

工程建设过程中，根据监测实施方案，结合施工组织设计、平面布局图、实地调查、遥感监测等，全面开展监测工作。主要工作包括水土流失影响因素监测、水土流失状况监测、水土流失危害监测、水土保持措施实施及效果监测等。监测过程中，及时采集影像资料，填写记录表。若发现水土流失危害事件，应现场通知建设单位，并开展监测，填写水土流失危害监测记录表。一周内编制水土流失危害事件监测报告并提交建设单位。具体监测内容、方法、频次见本书6.2和6.3小节。

(3) 监测总结阶段

监测任务完成后，全面整理，分析监测结果，进行监测工作总结。主要工作包括分析各阶段监测成果，分析评价监测土壤流失情况和水土流失防治效果，编制与报送水土保持监测总结报告。监测成果包括水土保持监测实施方案、监测报告（包括监测季度报告、监测专项报告、监测总结报告）、图件（项目区地理位置图、监测分区与监测点分布图、水土保持措施分布图等）、数据表或数据册（包括原始记录表和汇总分析表）、影像资料（监测过程中拍摄的反映水土流失动态变化及其治理措施实施情况的照片、录像）等。

水利部批复水土保持方案的项目，由建设单位向项目所在流域机构报送上述报告和报告表，同时抄送项目所涉及省级水行政主管部门。项目跨越两个以上流域的，应当分别报送所在流域管理机构。地方水行政主管部门批复水土保持方案的项目，由建设单位向批复方案的水行政主管部门报送上述报告和报告表。报送的报告和报告表要加盖生产建设单位公章，并由水土保持监测项目的负责人签字。《生产建设项目水土保持监测实施方案》和《生产建设项目水土保持监测总结报告》还需加盖监测单位公章。

6.1.5 水土保持监测制度

早在20世纪二三十年代，我国就开始了以观测径流小区水土流失规律、评价小区水土保持措施实施效益等为目的的定位监测试验，水土保持监测工作也由此逐渐展开。水土保持监测制度的设立是以1991年《水土保持法》的颁布和实施为标志逐渐发展起来的。1993年《水土保持法实施条例》发布实施，明确了水土保持监测机构及任务。2010年修订通过新的《水土保持法》，进一步明确了水土保持监测工作的重要地位和作用，标志着我国水土保持监测工作进入了新的发展阶段。目前，我国颁布实施了一系列法律法规、管理制度，制定了相应的技术规范与标准，构成了较为完善的水土保持监测制度体系，为进一步规范水土保持监测工作、保证水土保持监测质量、提高水土保持监测效率提供了重要支撑。按照管理效力，水土保持监测制度体系可分为以下3个层面。

(1) 法律法规

法律是指由全国人民代表大会及其常务委员会制定并颁布的在全国范围内实施的法律文件。法规包含行政法规和地方性法规。其中，行政法规是指国务院根据宪法和法律在全国范围内实施、为执行法律规定制定的各类法规，以及宪法规定的国务院行政管理职权的规定等。水土保持地方性法规是指各省（自治区、直辖市）人民代表大会及其常务委员会，以及省（自治区、直辖市）人民政府所在地的市和经国务院审批的较大的市，在不与宪法、法律、行政法规相抵触的前提下，制定和颁布的只能在地方区域内具有法律效力的水土保持法律文件。

我国的水土保持监测相关法律法规主要包括《水土保持法》《水土保持法实施条例》，以及地方性法规，如各省级人民代表大会或常务委员会制定实施的《水土保持法》相关办法等。

《水土保持法》是纲领性文件，其第四十条规定："县级以上人民政府水行政主管部门应当加强水土保持监测工作，发挥水土保持监测工作在政府决策、经济社会发展和社会公众服务中的作用。县级以上人民政府应当保障水土保持监测工作经费。国务院水行政主管部门应当完善全国水土保持监测网络，对全国水土流失进行动态监测。"第四十一条规定：

"对可能造成严重水土流失的大中型生产建设项目，生产建设单位应当自行或委托具备水土保持监测资质的机构，对生产建设活动造成的水土流失进行监测，并将监测情况定期上报当地水行政主管部门。从事水土保持监测活动应当遵守国家有关技术标准、规范和规程，保证监测质量。"

(2) 规范性文件

由水利部、省级水行政主管部门、县级人民代表大会、县级人民政府依据以上法律法规制定的规范性文件，其实质上是相关法律法规的重要补充，具备可操作性、规范性、程序性的特点。水土保持监测相关规范性文件包括《生产建设项目水土保持监测规程（试行）》《水利部关于加强水土保持监测工作的通知》《水利部办公厅关于印发水土保持监测成果管理办法（试行）的通知》《水利部办公厅关于做好生产建设项目水土保持承诺制管理的通知》《水利部办公厅关于进一步加强生产建设项目水土保持监测工作的通知》等。

(3) 技术标准

根据不同的执行效力，可将水土保持监测技术标准划分为3个层级，分别为国家标准、行业标准和地方性标准。国家标准如《生产建设项目水土保持技术标准》《生产建设项目水土保持监测与评价标准》(GB/T 51240—2018)；行业标准如《水土保持监测技术规程》《水土保持监测设施通用技术条件》(SL 342—2006)、《水土保持试验规程》(SL 419—2007)、《水土保持遥感监测技术规范》(SL 592—2012)；地方性标准如《重庆市水土保持监测技术规范》(DB50/T 291—2019)、《城市生产建设项目水土保持技术规范》(DB6101/T 3094—2020)等。

6.2 监测范围、时段与内容

6.2.1 监测范围

水土保持监测范围是指工程建设过程、生产活动产生的水土流失及其危害的区域范围，包括工程建设、生产活动过程中扰动原地貌、损坏土地、损坏植被、损坏水土保持设施的范围。在制订和实施水土保持监测方案过程中，监测人员应根据工程设计与施工实际情况对防治责任范围进行动态监测，从而灵活掌握监测区域的水土流失变化。

(1) 依据水土流失防治责任范围确定总的监测范围

水土保持监测范围应该与生产建设项目水土保持方案报告书确定的水土流失防治责任范围一致。水土保持监测范围一般不得小于水土保持方案确定的水土流失防治责任范围，也不得偏离水土流失防治责任范围。如果在水土保持方案以后的设计过程中，对方案报告书中确定的水土流失防治责任范围进行调整并得到方案审批机关确认，或在主管部门会同有关部门实地考察后对方案报告书中确定的水土流失防治责任范围进行了调整，可以将调整后的水土流失防治责任范围作为水土保持监测范围。

(2) 依据项目施工进度界定每个阶段的监测范围

水土保持监测范围的确定不仅要考虑空间范围，还要考虑时间因素。在确定空间范围时，应该充分考虑工程建设、生产运行的进程（或建设阶段）的影响，分别确定不同阶段的监测范围。

6.2.2 监测分区

(1) 分区定义

水土保持监测分区是指根据水土流失类型、成因以及影响水土流失发生的主导因素，结合生产建设项目的工程布局和建设特点，将水土保持监测范围划分为若干个相对独立的区域。基础数据、资料及图件是生产建设项目水土保持监测分区的依据。

(2) 分区目的

监测分区的目的是依据各分区之间显著差异性和各分区内部一致性，针对性地开展水土保持监测工作，包括确立监测指标、布设监测点、建设安装监测设施设备、周期性监测和评价水土流失及其防治措施等。

(3) 分区原则

生产建设项目水土保持监测分区，既要体现水土流失特点和工程布局，又要遵循现行行业标准《土壤侵蚀分类分级标准》以及其他有关水土保持工作区划的规定。分区时，要综合考虑项目区自然条件(如水土流失类型、地貌类型、土地利用类型等)和工程特性(如交通运输工程、采掘类工程、电力工程、水利工程、管道工程、城镇建设工程、农林生产建设工程等)，并结合国内已有分区成果进行，尽量突出反映不同分区水土流失特征的差异性、同一分区水土流失特征的相似性。同一分区内自然营力、人为扰动及水土流失类型、防治措施基本相同，而不同区之间则有较大差别。总体来讲，监测分区的原则包括不同分区间有明显的差异性；多级分区具有系统性；兼顾行政区域的完整性。

具体而言，对于跨度大、范围广的大型生产建设项目，在划分监测分区时应遵循以下原则：一级监测分区应按现行行业标准《土壤侵蚀分类分级标准》划定的全国各级土壤侵蚀类型区的二级类型区执行；二级监测分区在一级监测分区的基础上，结合工程布局进一步划分。划分监测分区时，一般将易发生水土流失、潜在流失量较大或发生水土流失后易造成严重影响的区域确定为水土保持监测重点区域。

不同类型生产建设项目水土保持监测重点区域可按下列原则进行选取：

①点型项目的监测重点区域主要设在主体工程施工区、施工生产生活区、大型开挖(填筑)面、取土(石、料)场、弃土(石、渣)场、临时堆土(石、渣)场、施工道路和集中排水区周边。

②线型项目的监测重点区域主要设在大型开挖(填筑)面、施工道路、取土(石、料)场、弃土(石、渣)场、穿(跨)越工程、土石料临时转运场和集中排水区周边。

各行业生产建设项目水土保持监测重点区域可按下列原则进行选取：

①采掘类工程的监测重点区域主要设在露天矿的排土(石、渣)场、地下采矿的弃土(石、渣)场和地面沉陷区、施工道路和集中排水区周边。

②铁路、公路工程的监测重点区域主要设在弃土(石、渣)场、取土(石、料)场、大型开挖(填筑)面、土石料临时转运场、集中排水区下游和施工道路。

③火力发电工程的监测重点区域主要设在弃土(石、渣)场、取土(石、料)场、临时堆土(石、渣)场、施工道路和贮灰场。

④核电工程的监测重点区域主要设在主体工程施工区、弃土(石、渣)场、施工道路。

⑤风电工程的监测重点区域主要设在主体工程施工区、场内外道路。输变电工程主要设在塔基、施工道路和施工场地。

⑥冶炼工程的监测重点区域主要设在弃土(石、渣)场、堆料场、尾矿(渣)场、施工和生产道路。

⑦水利水电工程的监测重点区域主要设在弃土(石、渣)场、取土(石、料)场、施工道路和生产道路。

⑧管道工程的监测重点区域主要设在弃土(石、渣)场、伴行(临时)道路、穿(跨)越河(沟)道、坡面上的开挖沟道和临时堆土(石、渣)场。

⑨城镇建设工程的监测重点区域主要设在地面开挖、弃土(石、渣)场和土料临时堆放场。

⑩农林生产建设工程的监测重点区域主要设在土地整治区、施工道路、集中排水区周边。

⑪其他工程应以施工或运行中易造成水土流失的部位和工作面作为监测重点区域。

6.2.3 监测时段

水土保持监测时段因生产建设项目的性质不同而有所不同。对于建设类项目，水土保持监测时段应从施工准备期开始至设计水平年结束，监测时段可分为施工准备期、施工期和试运行期，如公路、铁路、水利水电、管道工程等建设类项目。对于建设生产类项目，水土保持监测时段应从施工准备期开始至运行期结束，监测时段可分为建设期和生产运行期两个阶段，其中建设期又可分为施工准备期、施工期和试运行期，如采掘类、火力发电、冶炼工程等生产建设类项目。

施工前需要进行本底值监测，以便与项目施工、自然恢复期和运行期间的监测结果进行对比分析。需要注意的是，不同监测时段监测重点内容也有所差异：

①施工准备期和施工期应重点监测扰动地表面积、土壤流失量和水土保持措施实施情况。

②试运行期应重点监测植被恢复、工程措施运行及其防治效果。

③建设生产类项目的生产运行期应重点监测水土流失及其危害、水土保持措施运行情况及其防治效果。

6.2.4 监测内容

生产建设项目水土保持监测内容包括项目施工全过程各阶段水土流失影响因素监测、水土流失状况监测、水土流失危害监测、水土保持措施及实施效果监测、其他监测。

(1)水土流失影响因素监测

水土流失影响因素监测主要包括下列内容：

①气象、水文、地形地貌、地表物质组成、植被等自然影响因素。例如，在施工扰动前进行本底值监测，明确以下影响因素：项目区降水量、蒸发量、气温、主风向、风速、冻土深度等气象要素，项目区地下水位及其所处流域或水系的面积、径流量、输沙量、汛期等水文要素，项目区所属或跨越的平原、沟谷、山地、丘陵或沟壑等地形地貌，项目区所处或跨越的植被带(如半干旱草原带及湿润、半湿润森林带)、植被优势种、覆盖率等，项目区的土壤类型及表土物质组成(如土石混合等)。在施工期各阶段再对这些内容按照一定频率进行监测及对比分析。

②项目建设对原地表、水土保持措施、植被的占压和损毁情况。例如，某公路项目建设需占用原本的坡耕地、林地，建设过程中不可避免地会发生耕地占压、植被毁损、表土剥离、土方开挖等情况，降低了原地表的水土保持功能。因此，应及时监测其扰动、占压或损毁的时段、范围、形式、程度等情况，以快速采取相应防治措施，避免造成不必要的水土流失。

③水土流失防治责任范围和项目占地变化情况。水土保持监测范围应与生产建设项目水土保持方案报告书确定的水土流失防治责任范围一致。如果在水土保持方案以后的设计过程或施工过程中，因一些因素对方案报告书中确定的水土流失防治责任范围进行了调整并得到相关审批机关确认，则应将调整后的水土流失防治责任范围作为水土保持监测范围。另外，项目占地分为永久占地和临时占地，永久占地一般在项目建设前已确定，而临时占地经常随工程进展发生变化。对于永久占地，水土保持监测内容主要是对红线范围地区进行复核、监测项目建设及生产有无超范围开发情况，以及各阶段永久占地的变化情况。对于临时占地，水土保持监测内容主要是复核临时性占地利用类型、面积以及是否超范围使用等。

④项目施工过程中扰动土地的范围、面积及其变化情况。项目施工过程中经常存在大量土方开挖、回填等工序，不可避免地扰动原地表地貌，通过监测及时了解和掌握工程区水土流失动态变化情况。

⑤项目弃土(石、渣)场的占地面积、弃土(石、渣)量及堆放方式。项目建设过程中产生的弃土(石、渣)失去了其原有结构，可蚀性大大增强，且往往含有重金属元素及其他有害化学物质。因地制宜防治弃土(石、渣)场水土流失，减小其对周边生态环境的影响是生产建设项目水土保持的核心。监测弃土(石、渣)场占地面积、数量及堆放方式是快速、准确实施水土保持措施、降低该区水土流失风险的重要前提。

⑥项目取土(石、料)的扰动面积及取料方式。土(石、料)场开挖破坏原地貌，减低原地表水土保持功能，改变原有产汇流条件及方式，增大水土流失可能。监测土(石、料)场开挖及取料全过程，以及时了解料场水土流失和水土保持设施布设情况。例如，开采前，根据料场地形及开采情况设置排水沟以完善周边排水系统；开采过程中，尽量挖完一片、绿化改造一片，防止造成地表大面积裸露。

(2) 水土流失状况监测

水土流失状况监测主要包括下列内容：

①水土流失的类型、形式、面积、分布及强度。项目开工前收集调查项目区水土流失的类型、形式、面积、分布及强度等，分析掌握项目建设前项目区的水土流失背景情况。项目施工及运行期结合工程实际及监测重点，采取多种方法对以上内容进行监测，掌握水土流失动态变化情况。

②各监测分区及重点监测对象的土壤流失量。首先调查或测算原地貌的土壤侵蚀模数，然后测算施工全过程各阶段各监测分区，尤其是监测重点区域的土壤侵蚀模数，为后续分析各区土壤流失量、评价各区水土保持措施的防治成效、计算土壤流失控制比指标提供依据。

(3) 水土流失危害监测

水土流失危害监测主要包括以下内容：

①水土流失对主体工程造成危害的方式、数量和程度。

②水土流失掩埋冲毁农田、道路、居民点等的数量、程度。

③对高等级公路、铁路、输变电、输油(气)管线等重大工程造成的危害。

④生产建设项目造成的沙化、崩塌、滑坡、泥石流等灾害。

⑤对水源地、生态保护区、江河湖泊、水库、塘坝、航道的危害,有可能直接进入江河湖泊或产生行洪安全影响的弃土(石、渣)情况。

例如,在生态环境比较恶劣的区域进行公路、铁路项目建设,在施工尤其是山体开挖过程中遇到强降水时,如果边坡防护措施不到位,极易引发山体滑坡、坍塌甚至形成泥石流,进而冲毁道路路基,对主体工程造成危害,甚至可能摧毁、掩埋周边村庄,摧垮水库,影响河道行洪能力,对人民生命财产造成严重威胁。

(4)水土保持措施及实施效果监测

水土保持措施及实施效果监测主要包括下列内容:

①工程措施的类型、数量、分布和完好程度。

②植被措施的种类、面积、分布、生长状况、成活率、保存率和林草覆盖率。

③临时措施的类型、数量和分布。

④主体工程和各项水土保持措施的实施进展情况。施工过程中监测各项水土保持措施实施的实际进度、类型、工程量及效果等,对照设计进度及内容,核查工作是否按照计划完成,是否落实了"三同时"制度;分析计划和实际措施实施进度及工程量等不一致的主要原因,为后续计算表土保护率、林草植被恢复率、林草覆盖率等指标提供依据。

⑤水土保持措施对主体工程安全建设和运行发挥的作用。通常在汛期前后及暴雨(或大风)后采用实地调查等方法,监测实施水土保持措施后的项目区水土流失情况,通过对比分析无水土保持措施情况下的水土流失情况,定性得出水土保持措施对主体工程安全建设和运行发挥的作用。

⑥水土保持措施对周边生态环境发挥的作用。通常在水土保持措施实施后对以下几方面进行监测分析:对下游水库、河流等的行洪、缓洪能力的调节作用;提高水土保持的景观功能;保护生物多样性;涵养水源、固碳供养、提高/降低空气质量等。

(5)其他监测

在生产建设项目水土保持监测过程中,还需重点关注以下内容:

①在扰动土地方面,应重点监测实际发生的永久和临时占地、扰动地表植被面积、永久和临时弃渣量及变化情况等。

②在水土流失状况方面,应重点监测实际造成的水土流失面积、分布、土壤流失量及变化情况等。

③在水土流失危害方面,应重点监测水土流失对主体工程、周边重要措施等造成的影响及危害等。

④在水土流失防治成效方面,应重点监测实际采取水土保持工程措施、植物措施和临时措施的位置、数量,以及实施水土保持措施前后的防治效果对比情况等。

6.3 监测方法与频次

监测单位应当针对生产建设项目的监测内容和重点,综合采取卫星遥感、无人机遥感、视频监控、地面观测、实地调查等多种方式，充分运用互联网+、大数据等信息技术手段，不断提高监测质量和水平，以实现对生产建设项目水土流失的定量监测和过程控制。

6.3.1 水土流失影响因素监测

(1) 降水和风力等气象资料

可通过监测范围内或附近条件类似的气象站、水文站收集，或设置相关设施设备观测，统计每月的降水量、平均风速和风向。日降水量超过 25 mm 或 1 h 降水量超过 8 mm 的降水，应统计降水量和降水历时；风速大于 5 m/s 时，应统计风速、风向、出现的次数或频率。

(2) 地形地貌状况

可采用实地调查和查阅资料等方法获取。整个监测期至少监测 1 次。

(3) 地表组成物质

在查阅资料基础上，结合实地调查确定地表物质组成。根据地表组成物质中土质、石质、砂砾质的面积比例划分地表组成物质类型。以土质(或石质、砂砾质)为主，比例大于 70% 的为土质(或石质、砂砾质)；土质、石质和砂砾质三者均不大于 70% 的为土石混合物。在查阅资料的基础上，结合实地调查确定土壤类型。施工准备期前和试运行期各监测 1 次。监测记录表格式见表 6-1。

表 6-1 地表组成物质监测记录

填表时间：＿＿＿年＿＿＿月＿＿＿日

项目名称					
监测分区名称					
监测地点	经纬度	E:		N:	
	小地名				
地表组成物质	类型			简要说明:	
	土质(%)				
	石质(%)				
	砂砾质(%)				
土壤类型					
填表人			审核人		

填表说明：(1)"小地名"填写省、县、乡镇和自然村名；(2)"土质(%)""石质(%)""砂砾质(%)"填写面积百分比；(3)"简要说明"填写关于地表组成物质的描述性说明或附近景照片。

(4) 植被状况

植被状况可采用实地调查的方法获取。实地调查时，先确定调查区主要植被类型和优势种，再按植被类型选择 3~5 个有代表性的样地，测定林地郁闭度和灌丛、草地盖度，最后取其计算平均值作为植被郁闭度(或盖度)。林地郁闭度可采用样线法和照相法测定，灌丛、草地盖度可采用针刺法、网格法和照相法测定。一般而言，在施工准备期前测定 1 次项目区植被状况，测定后及时填写监测记录表，格式见表 6-2。

表 6-2　植被(扰动前)监测记录

填表时间：＿＿＿年＿＿＿月＿＿＿日

项目名称				
监测分区名称				
监测地点	经纬度	E：	N：	
	小地名			
植被类型				
乔木层	优势树种			照片
	其他树种			
	平均高度(m)			
	每 100 m² 株数(株)			
	郁闭度			
灌木层	优势树种			照片
	其他树种			
	平均高度(m)			
	盖度(%)			
草本	优势草种			照片
	其他草种			
	平均高度(m)			
	盖度(%)			
填表人		审核人		

填表说明：(1)调查时间应为施工准备期前一年内；(2)"植被类型"填写乔木林、灌木林、草地、乔灌混交、灌草混交、乔草混交、乔灌混交的其中之一；(3)"照片"应能反映植被的整体状况。

①样线法。在晴天太阳直射的时候，用测绳在所选样点内水平拉过，垂直观测树冠、树枝、树叶在测绳上垂直投影的长度，并用测尺测量，计算总投影长度。用总投影长度除以测绳总长度，即得林地郁闭度。采用此法应在不同方向上选取 3~5 条线段求其平均值，每条线段一般长度为 100 m。

②针刺法。借助钢卷尺和测绳上每隔 10 cm 的标记，用粗约 2 mm 的细针，依次在样点内上下左右间隔 10 cm 的点上(共 100 点)，从草本的上方垂直向下插，细针与草相接触记为"1"，不接触记为"0"。统计登记为"1"的次数，该次数与总插针次数之比即为盖度。计算公式如下：

$$R = n/N \times 100\% \tag{6-1}$$

式中，R 为草地盖度(%)；n 为记为"1"的次数；N 为总插针次数。

③网格法。利用预制的面积为 1 m² 的正方形木架，内用线绳分为 100 个 0.01 m² 的小方格，将方格木架放置在具有代表性的草地样点内，数出茎叶所占方格数，再除以总方格数，即得草地盖度。

④照相法。在晴天中午时分，使用相机在一定高度对地面植被进行垂直拍照，将相片导入计算机，用相关软件提取植被信息，统计照片内植被冠层、枝、叶(绿色)占拍照覆盖

面积的比例,即为样点的植被盖度。

(5) 地表扰动情况

监测内容主要包括项目施工过程中地表扰动范围、面积及其变化情况等,可采用实地调查并结合查阅资料的方法进行监测。实地调查监测中,可根据实际情况选用实测法、填图法、遥感监测法等。

①实测法。宜采用测绳、测尺、全站仪、GPS 或其他设备量测。

②填图法。宜应用大比例尺地形图现场勾绘,并进行室内量算。

③遥感监测法。宜采用高分辨率遥感影像,遥感监测的流程、质量要求、成果汇总等应满足《水土保持遥感监测技术规范》要求。具体流程如下:

a. 资料准备。收集项目区地形图、土地利用现状、地貌、土壤、植被、水文、气象、水土流失防治等已有成果资料。

b. 影像选取。根据调查成果精度要求,选择适宜的遥感影像空间分辨率,并选取易于区分土地利用、植被覆盖率、水土保持措施、土壤侵蚀类型及其变化特征的遥感影像。

c. 遥感影像预处理。水土保持遥感监测的影像应经过辐射校正、几何校正和必要的增强、合成、融合、镶嵌等预处理。对起伏较大的山区,还应进行正射校正。

d. 解译标志建立。遥感影像解译前,应根据监测内容以及遥感影像分辨率、色调、几何特征、影像处理方法、外业调查等建立遥感解译标志。其内容应包括有指导意义的土地利用、植被覆盖率等土壤侵蚀因子,以及土壤侵蚀状况、水土流失防治状况的典型影像特征。

e. 信息提取。水土保持遥感监测信息提取包括土壤侵蚀因子、土壤侵蚀类型和水土保持措施等,可结合地面调查、野外解译标志建立等综合开展。

f. 野外验证。主要包括解译标志验证、信息提取成果验证、解译中的疑难点及需要补充的解译标志验证、与现有资料对比有较大差异的解译成果验证等内容。

g. 分析评价和成果管理。根据侵蚀类型,选取合适的分析评价方法对监测成果进行合理性分析。在遥感解译、野外验证工作完成后,应进行资料的整理和综合分析,并按对应的工作阶段形成文字报告,及时归档。

④无人机航拍动态监测。对于扰动地表面积、损坏水土保持设施面积、土壤侵蚀状况、植物措施面积、工程措施防护面积等情况的动态监测,可采用实地调查结合无人机航拍动态监测。无人机航拍监测主要步骤:无人机现场航拍→对影像进行预处理→建立解译标志→航拍影像解译→对航拍影像结果进行检验。利用无人机多时相的航拍图,结合地形图、样区外业调查成果,利用建立的专家评价系统和土壤侵蚀评价模型,对同一地区不同时相的航拍图变化信息进行提取,获取项目研究区的土壤侵蚀现状信息,以实现动态监测。

监测频次方面,对于点型项目或造成的点型扰动(如呈点状分布的生产和生活区),每月应全面监测 1 次;对于线型项目或造成的线型扰动(如呈线状分布的公路、铁路、管道及输电线路等造成的扰动),全线巡查每季度不应少于 1 次,典型地段每月应监测 1 次。需要注意的是,线型扰动如采用抽样监测,山丘区抽样间距应不大于 3 km,平原、高原、盆地抽样间距应不大于 5 km。监测后及时填写监测记录表,记录表格式见表 6-3。

表 6-3 地表扰动情况监测记录

填表时间：___年___月___日

项目名称					
监测分区名称					
扰动特征	□埋压	□开挖面	□施工平台	□建筑物	□其他
扰动面积(hm²)					
填表人			审核人		

填表说明：本表中"扰动特征"列出了生产建设项目的主要扰动类型。在实际的监测工作中，应根据项目的具体情况选择和补充，并保持扰动类型的前后一致。

(6) 水土流失防治责任范围

监测过程中，可根据工程设计与施工实际情况，采取遥感监测法、实地调查法等对水土流失防治责任范围进行监测。点型项目每月监测1次，线型项目全线巡查每季度不用少于1次，典型地段监测每月1次。

(7) 弃土弃渣

应在查阅资料的基础上，以实地量测为主，监测弃土(石、渣)量及占地面积。弃土弃渣监测应符合下列规定：

①点型项目应以实测为主。正在使用的弃土弃渣场，至少每两周监测1次；对于3级以上弃渣场应当采取视频监控方式，全过程记录弃渣和防护措施实施情况。弃土(石、渣)占地面积可采用实测法、填图法，有条件的可采用遥感监测或无人机航测。

②线型项目的大型和重要弃渣场应按照点型项目的监测方法进行，其他弃渣场应每季度监测不少于1次。

监测后及时填写监测记录表，记录表格式见表6-4。

表 6-4 弃土(石、渣)场监测记录

项目名称						编 号			
位置	所在地			表土剥离情况(×10⁴ m³)					
	经纬度	E:		N:			高程(m)		
	桩号/里程		相对主体工程位置			左侧/右侧	距项目区距离(m)		
弃渣特点	□沟道弃渣场		□坡面弃渣场		□平地弃渣场		□填洼(塘)弃渣场		□其他
规格尺寸	长度(m)			宽度(m)			形状		
水土保持措施		□有	□无		类型				
监测日期	占地面积(m²)	方量(×10⁴ m³)	类型(土、石、土石混合等)	问题及水土流失隐患	范围外堆积物体积(m³)	示意图		水土流失情况	填表人

填表说明：(1)表土剥离填写剥离方量；(2)弃渣特点直接打√，其他要说明现状；(3)水土保持措施填写存在情况，并在水土保持措施表中详细记录；(4)范围外指弃渣场征地范围以外。

(8) 取土（石、料）

应在查阅资料的基础上，进行实地调查与量测，监测地表扰动面积。点型项目正在使用的取土（石、料）场应至少每两周监测1次，其他时段应每月监测1次；线型项目正在使用的大型和重要料场也应至少每两周监测一次，其他料场应每季度监测1次。监测后及时填写监测记录表，记录表格式见表6-5。

表6-5 取土（石、料）场监测记录

名称					编号	
位置	所在乡镇		表土剥离情况（×10^4 m^3）			
	经纬度	E:	N:		高程（m）	
	桩号/里程		相对主体工程位置	左侧/右侧	距项目区距离（m）	
规格尺寸		长度（m）		宽度（m）	形状	
水土保持措施		□有	□无	类型		
监测日期	扰动面积（m^2）	方量（×10^4 m^3）	类型（土、石、土石混合等）	问题及水土流失隐患	范围外堆积物体积（m^3）	示意图	水土流失情况	填表人

填表说明：（1）表土剥离情况填写剥离方量；（2）水土保持措施填写存在情况，并在水土保持措施表中详细记录；（3）范围外指弃渣场征地范围以外。

6.3.2 水土流失状况监测

(1) 水土流失类型及形式监测

水土流失类型及形式应在综合分析相关资料的基础上实地调查确定，监测频次为每年不少于1次。

(2) 水土流失面积监测

对于点型项目来说，水土流失面积监测宜采用普查法，监测频次为每季度不少于1次；对于线型项目来说，水土流失面积监测宜采用抽样调查法，每季度1次。

(3) 土壤侵蚀强度监测

土壤侵蚀强度监测应根据现行行业标准——《土壤侵蚀分类分级标准》按照监测分区分别确定，监测频次为施工准备期前和监测期末各1次，施工期每年不少于1次。

(4) 土壤流失量监测

土壤流失量监测可从3个不同的空间尺度进行，这3个尺度分别对应监测点、监测分区和整个监测范围。

①监测点的土壤流失量通过监测数据计算得到。

②监测分区的土壤流失量可在分析该监测分区内各监测点空间分布的基础上，通过监测点土壤流失量拟合得到；监测分区的土壤流失量可在分析本监测分区内各监测点土壤流失量及其空间分布特征的基础上，采用简单平均数求和、面积加权求和等方法进行估算。

③监测范围的土壤流失量可由各监测分区的土壤流失量求和得到。

一般而言,土壤流失量应至少每月监测1次;如遇到强降水等情况,应及时加测。监测时候,最好结合拦挡、排水等措施,设置必要的控制站,对土壤流失量进行定量观测。

(5)其他规定

不同侵蚀类型下的土壤流失量监测还应符合下列规定:

①水力侵蚀土壤流失量。应根据监测区域的特点、条件和降水情况,选择不同方法进行观测,统计每月的土壤流失量。具体方法选择如下:

a. 径流小区法。宜采用全坡面径流小区或简易小区。开挖或弃土弃渣形成的以土质为主的稳定坡面土壤流失量监测可采用该方法。按照设计频次或每次降水后测量泥沙集蓄设施中的泥沙量,可分别采用下式计算土壤流失量:

$$S_T = \rho_s S h_s (1 - W_w) \times 10^6 \tag{6-2}$$

$$S_T = \rho S h_w \times 10^6 \tag{6-3}$$

式中,S_T 为小区土壤流失量(g);ρ_s 为泥沙密度(g/cm³);S 为泥沙集蓄设施地面面积(m²);h_s 为沉积泥沙的平均厚度(m);W_w 为沉积泥沙含水量(%);ρ 为含沙量(g/cm³);h_w 为泥沙集蓄设施水深(m)。

b. 测钎法。适用于开挖、填筑和堆弃形成的、以土质为主的稳定坡面土壤流失量简易监测。按照设计频次观测钎帽距地面的高度变化,土壤流失量可采用下式计算,监测记录表格式见表6-6。

表6-6 水力侵蚀测钎监测记录

填表时间:___年___月___日

项目名称							
监测分区名称							
监测地点	经纬度	E:		N:			
	小地名						
测钎布设图							
监测点面积(m²)		坡度(°)			土壤容重(g/cm³)		
测钎顶帽到地面高度	观测次数						
	1	2	3	……	n	小计	
测钎1						L_1:	
测钎2						L_2:	
……						……	
测钎n						L_n:	
土壤流失量(g)							
填表人				审核人			

填表说明:(1)本表假设测钎刻度从顶端"0"开始向下延伸,刻度依次增加;(2)"测钎布设图"应简洁画出测钎的相对位置和地面高度,可以采用数据说明。

$$S_T = \gamma_s SL\cos\theta \times 10^3 \qquad (6-4)$$

式中，S_T 为小区土壤流失量（g）；γ_s 为土壤容重（g/cm³）；S 为观测区坡面面积（m²）；L 为平均土壤流失厚度（mm）；θ 为观测区坡面坡度（°）。

c. 侵蚀沟测量法。适用于暂不扰动的土质开挖面、土质或土与粒径较小的石砾混合物堆垫坡面的土壤流失量测定。按设计频次量测侵蚀沟长，土壤流失量可采用下式计算，监测记录表格式见表6-7。

$$V_r = \sum_{i=1}^{n} \sum_{j=1}^{m} \overline{b_{ij}}\, \overline{h_{ij}}\, l_{ij} \qquad (6-5)$$

$$S_T = V_r \gamma_s \qquad (6-6)$$

式中，V_r 为侵蚀沟体积（cm³）；$\overline{b_{ij}}$ 为侵蚀沟平均宽度（cm）；$\overline{h_{ij}}$ 为侵蚀沟的平均深度（cm）；l_{ij} 为侵蚀沟的长度（cm）；S_T 为土壤流失量（g）；γ_s 为土壤容重（g/cm³）；i 为量测断面序号（$i=1, 2, \cdots, n$）；j 为断面内侵蚀沟序号（$j=1, 2, \cdots, m$）。

表6-7 水力侵蚀侵蚀沟监测记录

填表时间：＿＿＿年＿＿＿月＿＿＿日

项目名称						
监测分区名称						
监测地点	经纬度	E：			N：	
	小地名					
施测断面（cm）		侵蚀沟1	侵蚀沟2	侵蚀沟3	……	侵蚀沟 m
断面1	宽					
	深					
	长					
断面2	宽					
	深					
	长					
……	宽					
	深					
	长					
断面 n	宽					
	深					
	长					
土壤流失量（g）						
土壤容重（g/cm³）				土壤流失总量（g）		
侵蚀沟特征说明（附照片）						
填表人			审核人			

填表说明："土壤流失量"是指第 i 条沟的流失量；"土壤流失总量"是指监测区域的总流失量。

d. 集沙池法。适用于径流冲刷物颗粒较大、汇水面积不大、有集中出口汇水区的土壤流失量监测。按照设计频次观测集沙池中的泥沙厚度。宜在集沙池的四个角及中心点分别量测泥沙厚度，并测算泥沙密度。土壤流失量可采用下式计算：

$$S_T = \frac{h_1+h_2+h_3+h_4+h_5}{5} S\rho_s \times 10^4 \tag{6-7}$$

式中，S_T 为汇水区土壤流失量（g）；h_i 为集沙池四角和中心点的泥沙厚度（cm），$i=$ 1，2，3，4，5；S 为集沙池底面面积（m^2）；ρ_s 为泥沙密度（g/cm^3）。

e. 控制站法。适用于边界明确、有集中出口的集水区内生产建设活动产生的土壤流失量监测。每次降水产流时，观测产沙量并计算土壤流失量。监测记录表格式见表6-8。

表6-8 水力侵蚀控制站监测记录

填表时间：___年___月___日

项目名称			
监测分区名称			
监测地点	经纬度	E:	N:
	小地名		
流量堰类型		主要参数	
□巴塞尔			
□三角形薄壁堰			
□矩形薄壁堰			
□三角形剖面堰			
□其他			
径流量（m^2）		径流模数（m^3/km^2）	
控制面积（km^2）		输沙模数（t/km^2）	
填表人		审核人	

填表说明："流量堰类型"可以选择给出的类型（打√）或填写实际使用的其他类型及其主要参数。

f. 微地形测量法。适用于土质开挖面、土质或土石混合物及粒径较小的石质堆垫坡面的土壤流失量测定。可通过三维激光扫描仪测量获取变化前后的微地形三维数据，对比计算流失量。

②风力侵蚀强度监测。可采用测钎、集沙仪（图6-1）、风蚀桥（图6-2）等设备。监测时，可单独使用这些设备，也可组合使用。风力侵蚀监测要选择有代表性的平坦、裸露、无防护的地貌作为对比区，在扰动地貌上选择有代表性的不同种类的监测区进行比较分析，选址时要尽量避免围墙、建筑物、大型施工机械等对观测场地的影响。监测频次为每月1次。监测记录表格式见表6-9和表6-10。

图 6-1 集沙仪　　　　　　　　图 6-2 风蚀桥示意

表 6-9　风力侵蚀集沙仪监测记录

填表时间：___年___月___日

项目名称								
监测分区名称								
监测地点	经纬度		E：			N：		
	小地名							
集沙仪布设图								

	起沙风次数（次）	观测时长（min）	观测时段平均风速（m/s）	收集沙粒重量 G（g）	集沙仪收集高度 H（cm）	建设区垂直风向的长度 L（m）	集沙仪收集断面面积 S（cm^2）	风力侵蚀量 G_i（kg）
单次起沙风观测数据	1							
	2							
	3							
	……							
	n							
监测期风力侵蚀量 G_T（kg/年）								
填表人				审核人				

填表说明：(1)"监测期风力侵蚀量"的单位为 kg/年，是指换算为 1 年的土壤流失量（kg）；(2) $G_i = 0.1 GHL/S$，$G_T = \sum G_i$。G_i 为第 i 次起沙风速的风力侵蚀量，i 为第 i 次起沙风速（$i=1, 2, 3, \cdots, n$）。

表 6-10　风力侵蚀风蚀桥监测记录

填表时间：＿＿＿年＿＿＿月＿＿＿日

项目名称							
监测分区名称							
监测地点	经纬度	E:			N:		
	小地名						
风蚀桥布设图							
监测点面积(m²)				土壤容重 (g/cm³)			
桥面到地面距离(mm)	观测次数						
	1	2	3	……	n	小计	
测点 1						L_1:	
测点 2						L_2:	
……						……	
测点 n						L_n:	
风力侵蚀量(g)							
填表人				审核人			

填表说明：(1)本表 L 为桥面至地面的距离；(2)"风蚀桥布设图"应简洁画出桥面的相对位置和地面坡度，可以采用数据说明；(3)风力侵蚀强度用风力侵蚀厚度表达，计算公式为：$L_E=(|L_1|+|L_2|+|L_3|+\cdots+|L_n|)$；(4)"风力侵蚀量"是指风力侵蚀强度为 L_E 时的侵蚀量。

③重力侵蚀。是指在重力作用下，斜坡上的风化碎屑、土体或岩体发生变形、位移和破坏的一种土壤侵蚀现象，其主要形式有蠕动、崩塌和滑坡以及重力侵蚀和水力侵蚀共同发挥作用的泥石流、崩岗等。在生产建设过程中，由人工开挖坡脚形成的临空面、修建渠道等形成的陡坡、高边坡弃土(石、渣)堆是重力侵蚀的高发区。这类侵蚀的发生具有突发性和随机性，从破坏到发生移动虽然有一个较长的时间过程，但是一旦有触发因素，即刻发生。这些特点给监测工作带来了很多不确定因素。重力侵蚀监测一般采用的方法有：

a. 调查法。主要用于获取重力侵蚀的基本特征。对于滑坡，主要调查滑坡区、滑坡体、滑坡形成条件及诱因、滑坡危害及滑坡防治等情况；对于崩岗，主要调查积水区面积、洪积扇面积、主崩岗沟长度、平均宽度与坡降、沟口宽度、支沟数量、崩岗植被覆盖度、年均侵蚀量、拟采取的水土保持工程措施，以及直接与间接危害的农田、人口、财产等。

b. 排桩法。一般用于重力侵蚀不同变形阶段的监测。该方法简便易行、投入少、成本低、便于普及、直观性强，可用于监测坡面的二维、三维绝对位移量。

c. GPS 法(空间定位系统法)。GPS 监测主要用于动态监测坡面的形变和位移情况。监测系统由监测单元、数据传输和控制单元、数据处理及管理单元 3 部分组成。监测单元跟踪GPS卫星并实时采集数据，实现坡面各变形阶段的二维、三维位移量及速率的实时监测。

d. 三维激光扫描法。先采用非接触式高速激光测量方式，获取地形或复杂物体的几何图形数据和影像数据，再通过软件处理转换成绝对坐标系中的空间位置坐标或模型，即可实时计算出被测点的三维坐标。对比侵蚀前后坐标点位数据，获取地表高程差值，即可得到侵蚀空间分布特征。

④泥石流。是指在山区或其他沟谷深壑、地形险峻的地区，因暴雨、暴雪及其他自然灾害引发的携带有大量泥沙及石块的特殊洪流。泥石流监测内容包括形成条件、运动特征、流体特征等。常见的监测方法有调查法、断面法、无人机低空摄影测量法和遥感监测法等。

需要注意的是，对于泥石流、崩塌、滑坡等对主体工程、周边造成危害的事件，应结合本书6.3.3小节水土流失危害监测相关要求进行监测和上报。

6.3.3 水土流失危害监测

水土流失危害监测是指危害事件对主体工程本身、当地、周边及下游可能造成的危害形式、数量、程度、面积等进行的监测。

危害形式主要包括：①毁坏或损害高级公路、铁路、输变电、输油气管线等主体工程；②掩埋或冲毁农田、道路、居民点等；③冲下来的土、石、弃渣等进入江河湖泊堵塞河道、影响行洪等。危害的数量指危害范围内受害对象的数量。危害程度指危害范围内各受害对象的生产功能或效益与未受危害时相比较，其受影响的程度。危害面积主要包括：扰动破坏地貌的面积，毁坏或损害主体工程的面积，掩埋或冲毁农田、道路、居民点的面积，影响正常交通或河水行洪的面积等。

若发现水土流失危害事件，应现场通知建设单位并开展监测。水土流失危害数量和程度可通过实地调查、量测和询问等方式进行监测；水土流失危害的面积可采用实测法、填图法、遥感监测法等进行监测。

水土流失危害事件发生后1周内应完成监测工作，监测过程中及时填写水土流失危害监测记录表（表6-11），并及时编制水土流失危害事件监测报告并提交建设单位。

表6-11 水土流失危害监测记录

位置		经纬度	E: N:	相对项目 位置描述		发生 时间	
危害形式描述							
监测日期	面积(m²)		体积(m³)	毁坏程度	防护进展情况	其他说明	填表人

注：危害形式描述主要包括：(1)掩埋或冲毁农田、道路、居民点等的数量、面积、毁坏程度；(2)高级公路、铁路、输变电、输油气管线等重大工程毁坏的数量、面积及损害程度；(3)崩塌滑坡、泥石流等灾害的位置、面积、体积及危害程度；(4)直接弃入江河湖泊的弃渣位置、方量、堵塞河道面积等情况。

6.3.4 水土保持措施监测

水土保持措施监测是根据工程实际情况和相关监测要求，运用多种方法和技术手段，对水土保持措施的实施和开展情况以及水土保持措施的防治效果和效益情况进行的监测和分析评价。水土保持措施监测主要分为水土保持工程措施监测、水土保持植物措施监测、水土保持临时措施监测和水土保持措施实施情况监测。

(1) 水土保持工程措施监测

水土保持工程措施包括拦渣工程、斜坡防护工程、土地整治工程、防洪排导工程、降水蓄渗工程等。工程措施监测内容包含监测区内工程措施的数量、规格（如尺寸、容积）、分布和运行情况等。这些内容的监测应在查阅工程设计、建立、施工等资料的基础上，结合实地勘测与全面巡查确定。对于各工程措施的运行情况，可设立监测点进行长期定位观测。就监测频次来说，监测重点区域应对区域内工程措施实施及运行情况每月监测1次，监测区域工程措施的整体状况应每季度监测1次。工程措施监测记录表格式见表6-12。

表 6-12 工程措施监测记录

填表时间：___年___月___日

项目名称					
监测分区名称					
工程实施时间	起： 年 月 日		止： 年 月 日		
工程措施状况	措施编号	措施类型	面积/长度（m²/m）	工程量（m³）	备注
	1				
	2				
	3				
	……				
	n				
运行状况					
水土流失状况	是否发生明显水土流失		□是	□否	
	流失强度等级：				
填表人			审核人		

填表说明：(1)"运行状况"可填写"完好"或"损毁"。(2)"水土流失状况"判断是否发生明显的水土流失；若发生，填写流失强度等级。

(2) 水土保持植物措施监测

水土保持植物措施包括植被恢复、造林种草护坡、项目周边植被防护绿化、项目周边园林绿化美化等。植物措施监测内容包含监测区内植被措施的种类、面积、分布、生长状况、成活率、保存率和林草覆盖率等，以及植物措施对主体工程安全建设和运行、周边生态环境发挥的作用。

①植物类型、面积和分布。可在综合分析相关技术资料的基础上，实地调查确定；也

可采用遥感调查法获得植物措施的面积。监测频次为每季度调查1次。

②植物的成活率、保存率及生长状况。宜采用抽样调查的方法确定。一般而言,应在栽植6个月后调查成活率,且每年调查1次保存率及生长状况。乔木的成活率和保存率宜采用样地或样线调查法,灌木的成活率和保存率宜采用样地带调查法。在寒冷地区、干旱地区,成活率达75%为合格,80%以上为优良;在其他地区,成活率达85%为合格,90%以上为优良。对于保存率,达80%为合格,90%以上为优良。

③植被的郁闭度和盖度。监测方法可按本书第6.3.1小节的方法执行。应每年在植被生长最茂盛的季节监测1次。

④林草覆盖率。应在统计林(草)地面积的基础上分析计算获得。

植被措施监测记录表格式见表6-13。

表6-13 植物措施监测记录

填表时间:___年___月___日

	项目名称						
	监测分区名称						
	工程实施时间	起: 年 月 日			止: 年 月 日		
植物措施状况	措施片区	主要植物名称	成活率/保存率(%)	面积(hm²)	郁闭度	盖度(%)	生长状况
	1						
	2						
	3						
	……						
	n						
林草覆盖率(%)							
水土流失状况	是否发生明显水土流失			□是 □否			
	流失强度等级:						
填表人				审核人			

填表说明:(1)在栽植6个月后调查成活率,每年调查1次保存率及生长状况。(2)"生长状况"可填"好""一般"或"较差"等。(3)"水土流失状况"判断是否发生明显的水土流失;若发生,填写流失强度等级。

(3)水土保持临时措施监测

临时措施主要分为临时工程措施(如挡土墙等)和临时植物措施(如在弃土堆上播撒草籽等)。在监测时,应及时掌握各类临时措施的类型、数量和分布等,可在查阅工程施工、监理等资料的基础上实地调查,并拍摄照片或录像等影像资料。水土保持临时措施至少每月监测1次。

(4)水土保持措施实施情况监测

可在查阅工程施工、监理等资料的基础上,结合调查询问与实地调查确定。应每季度统计1次。措施实施情况统计表格式见表6-14。

表 6-14　水土保持措施实施情况统计表

填表时间：　　年　　月　　日

项目名称				
实施单位		监理单位		
主体工程进度	（包括工程建设阶段和工程主要组成部分的完成量）			
监测分区	措施类型	设计总量	当月完成量	累计完成量
分区名称	工程措施（单位）			
	植物措施（单位）			
	临时措施（单位）			
分区名称	工程措施（单位）			
	植物措施（单位）			
	临时措施（单位）			
分区名称	工程措施（单位）			
	植物措施（单位）			
	临时措施（单位）			
……				
填表人		审核人		

填表说明："措施类型"单位可根据实际措施类型填写长度、面积、方量等。

（5）水土流失防治成效监测

重点监测实际采取水土保持工程措施、植物措施和临时措施的位置、数量，以及实施水土保持措施前后的防治效果对比情况。水土流失防治成效应至少每季度监测 1 次。

水土保持措施对主体工程安全建设和运行发挥的作用、对周边水土保持生态环境发挥的作用一般以巡查为主。此类调查通常在每年汛期前后及大风、暴雨后进行。

6.4　监测点布设

监测点是为定位、定量、动态采集水土流失及其影响因子、治理措施状况等而设立的具有确定位置和面积的野外样地，其布局、数量、规格及配置的设施设备直接影响监测数据的质量和分析结果的可靠性。在划分监测范围、监测分区的基础上，应按照项目工程施工特性、工程所在区域水土流失影响因素、水土流失状况、水土保持措施类型等，综合研判，布设具有区域代表性、实施可行性、操作便利性的监测点。

6.4.1　布设原则

监测点的分布应反映项目所在区域的水土流失特征。不同水土流失类型区均应布设监测点，所布设的监测点位和监测内容应能代表监测范围内的水土流失状况；监测点位应满足扰动前后的地貌具有可比性；不同分区相同部位可选择布设一个监测点或根据设计情况布设数个监测点。

监测点应与项目构成和工程施工特性相适应。监测点布设时，要充分考虑区域特征和工程特性，并与其相一致。布设的监测点不仅要反映生产建设项目水土流失共性信息，还要获取不同工程项目水土流失的个性信息。一般而言，应该在生产建设项目的各个功能分区中都布设监测点，以便反映每个功能分区的水土流失状况及其治理成效。同时，在每个功能分区中可以布设多个监测点。

监测点应按照监测分区根据监测重点布设，同时兼顾项目所涉及的行政区。监测分区的典型特点是分区间的显著差异性和分区内的总体一致性。因此，在布设监测点时，每个监测分区应至少布设一个监测点，以反映其分区代表性。此外，重点监测对象应根据实际情况和需求布设监测点。在监测点布设过程中还应兼顾项目所涉及的行政区，以方便监测实施和管理。

监测点布设应统筹考虑监测内容，尽量布设综合监测点。生产建设项目区往往地形地貌条件复杂、施工空间有限，因而在布设监测点时，尽量全盘统筹考虑监测内容，体现出监测点的全面性和综合性。此外，综合监测点的布设也可使监测工作实施起来更高效、经济。

监测点应相对稳定，满足方便、持续监测要求。生产建设项目一般施工进度快，对周边影响变化大，对水土保持监测点的干扰也较强烈，有时甚至会破坏监测设施设备或中断监测工作，因而在布设监测点时要注意监测点的稳定性，保证动态监测的持续性，使监测点在整个时段内都能发挥作用。此外，监测点尽量布设在交通方便的位置。

另外，在进行监测点布设时，还需注意以下几点：

①建设类项目施工期宜布设临时监测点；建设生产类项目施工期宜布设临时监测点，生产运行期可布设长期监测点；工程规模大、环境影响范围广、建设周期长的大型建设项目应布设长期监测点；特大型建设项目监测点的布设应符合国家或区域水土保持监测网络布局的要求，并纳入相应监测站网的统一管理。

②制定和完善调查、巡查制度，扩大监测覆盖面，并作为上述监测点的补充。

③监测小区、简易观测场应在同一水土流失类型区平行布设，平行监测点的数量不得少于3个。对公路、铁路、管道等线型工程，应在不同水土流失类型区布设平行监测点。

6.4.2 布设数量

监测点布设数量应符合下列规定：

①植物措施监测点数量可根据抽样设计确定，每个有植物措施的监测分区和县级行政区应至少布设1个监测点。

②工程措施监测点数量应综合分析工程特点，合理确定，并符合下列规定：

a. 点型项目。一般施工空间有限，侵蚀类型和形式相对单一，布设监测点时可先确定项目的基本功能单元，再对监测重点区域布设样点，如弃土(石、渣)场、取土(石、料)场、大型开挖(填筑)区、贮灰场等监测重点区域应至少各布设1个工程措施监测点。

b. 线型项目。应选取不低于30%的弃土(石、渣)场、取土(石、料)场、穿(跨)越大中河流两岸、隧道进出口布设工程措施监测点，施工道路应选取不低于30%的工程措施布设监测点。

③土壤流失量监测点数量应按项目类型确定，并应符合下列规定：

a. 点型项目。每个监测分区应至少布设1个监测点。

b. 线型项目。每个监测分区应至少布设1个监测点。当一个监测分区中的项目长度超过100 km时，每延长100 km应增加2个监测点。

6.4.3 布设方法

(1) 工程措施监测点布设

工程措施监测点应根据工程措施设计的数量、类型和分布情况，结合现场调查进行布设。应以单位工程或分部工程作为工程措施监测点。单位工程和分部工程的划分应按《水土保持工程质量评定规程》(SL 336—2006)的规定执行。当某种类型的工程措施在多处分布时，应选择两处以上作为监测点。

(2) 植物措施监测点布设

水土保持植物措施的监测内容包括植物的种类、面积、分布、生长状况、成活率、保存率和林草覆盖率等，这些内容的监测均需要通过布设样地(监测点)来完成。一般而言，监测点布设前应综合分析监测区内植物措施的立地条件、分布与特点，尽量选取有代表性的地块作为监测点，在每个监测点内选择3个不同生长状况的样地进行监测。植物措施监测点样地规格如下：

①乔木林监测点样地规格一般为$(10\sim30)$ m×$(10\sim30)$ m，可根据实际情况依据乔木规格选择合适的样地大小。

②灌木林监测点样地规格一般为$(2\sim5)$ m×$(2\sim5)$ m。

③草地监测点样地规格一般为$(1\sim2)$ m×$(1\sim2)$ m。

④绿篱、行道树、防护林带等植物措施样地长度不应小于20 m。

(3) 土壤流失量监测点布设

①径流小区监测点布设。布设径流小区的坡面应具有代表性，且交通方便、观测便利。径流小区的规格可根据具体情况而定。全坡面径流小区长度应为整个坡面长度，宽度不应小于5 m。简易小区面积不应小于10 m^2，形状宜采用矩形。径流小区的组成和平面布设应按《水土保持试验规程》的规定执行。

②控制站设计。该类设计应符合下列规定：控制站的选址与布设应按《水土保持监测技术规程》和《水土保持试验规程》的规定执行。与未扰动原地貌的流失状况对比时，可选择全国水土保持监测网络中邻近的小流域控制站作参照。建设时应根据沟道基流情况确定监测基准面。水尺应坚固耐用，便于观测和养护；所设最高、最低水尺应确保最高、最低水位的观测；应根据水尺断面测量结果，率定水位流量关系。断面设计时，应注意测流槽尾端堆积；结构设计和建筑材料选择应保证测流断面坚固耐用。

③测钎法监测点布设。选择有代表性的坡面布设测钎，选址应避免周边来水的影响。可采用直径小于0.5 cm、长50~100 cm类似钉子形状的测钎，根据坡面面积按网格状等间

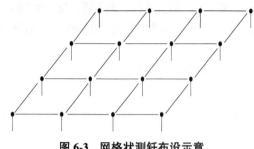

图 6-3 网格状测钎布设示意

距布设(图 6-3)。测钎间距宜为 1~3 m，数量不应少于 9 根，测钎应铅垂方向打入坡面，编号登记入册。当坡面大而较完整时，可从坡顶到坡脚全面布设测钎，并增大测钎密度。

④侵蚀沟监测点布设。侵蚀沟监测点布设在具有代表性、能够保持一定时间的开挖面或填筑面。侵蚀沟监测点长度应为整个坡面长度，宽度不应小于 5 m。监测断面宜均匀布设在侵蚀沟的上、中、下部。当侵蚀沟变化较大时，应加密监测断面。

⑤集沙池布设。集沙池宜修建在坡面下方、堆渣体坡脚的周边、排水沟出口等部位。集沙池规格应根据控制的集水面积、降水强度、泥沙颗粒和集沙时间确定。

⑥风力侵蚀监测点布设。应选择具有代表性、无较大干扰的地面作为监测点，一般为长方形或正方形，面积不应小于 10 m×10 m，短边与主风向垂直。与未扰动原地貌的风力侵蚀状况对比时，可选择全国水土保持监测网络中邻近的风力侵蚀观测场作参照。风力侵蚀观测场内可布设测钎、集沙仪、风蚀桥等一种或几种设备，具体应按下列规定执行：

a. 测钎布设。可按照 6.4.3 小节"测钎法监测点布设"执行，也可采用标桩代替测钎。标桩不应少于 9 根，间距不宜小于 2 m，标桩长度宜为 1.0~1.5 m，宜埋入地面下 0.6~0.8 m，宜出露地面 0.4~0.9 m。

b. 集沙仪布设。不宜少于 3 组，进沙口应正对主风向。根据监测区风向特征，可选择单路集沙仪或多路集沙仪。

c. 风蚀桥。一般采用长 100 cm、宽 2 cm、厚 2~3 mm 的金属条为桥身，标注 10 cm 间距的刻度，两端与直径 5~8 mm、长约 50 cm 金属支架相连形成直角。风蚀桥桥身应尽量细小光滑，保证风沙流以原状掠过桥下；风蚀桥插入地面下 10~30 cm，地表出露 15 cm。监测时，沿桥身每隔 10 cm 量测桥身距沙面的垂直距离，通过前后两次数据的差值计算沙面变化状况。布设风蚀桥时，宜多排布设，桥身应与主风向垂直，排距宜为 10~50 m。

6.5 重点监测对象

为达到全面防治水土流失的目的，除主体工程外，生产建设项目水土保持重点监测对象通常包括弃渣(土、石)场、取土(石、料)场、大型开挖(填筑)区、施工道路和临时堆土(石、渣)场等。具体根据工程特点不同而有所侧重，其中弃渣场和取土场是施工过程中水土保持监测的重点区域。弃渣场形成的堆垫边坡和取土场造成的地面挖损对原地貌及土体扰动强度大、破坏性强，因此是土壤侵蚀发生发展的高风险区、水土流失的重点防治区和重点监测区。

6.5.1 弃渣(土、石)场

弃渣(土、石)场是生产建设项目在施工、生产或运行过程中新建或因地制宜改造而成的一种重要附属设施，主要用于容纳或存放大量不能综合利用的废弃物，包括砂、石、土、矸石、尾矿和废渣等。因主要废弃物类型不同，其名称有弃渣场、弃土场、弃石场和渣土受纳场等不同叫法，以下将弃渣(土、石)场简称为弃渣场。弃渣场是生产建设项目水土流失的重要来源，是当前生产建设项目水土保持的重点监测对象。及时规范开展弃渣场水土保持监测，是事关生产建设项目安全稳定运行的重要保障。

根据弃渣堆放位置及生产建设项目地形条件的不同，弃渣场可简单地划分为5种类型（图6-4）。弃渣堆放在平地为平地型，堆放在岗地为岗地型，沿坡面顺坡堆放为坡面型，堆放在沟道(山谷)并将其部分或全部填埋为沟道(山谷)型，堆放在洼地内则为填挖型。

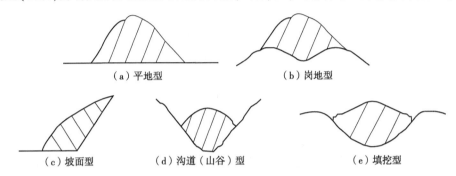

图6-4 按照地形条件设置的弃渣场类型

弃渣场水土保持监测通常采取调查监测与定位监测相结合的方法，依据生产建设项目类型以及弃渣场规模还可采用遥感监测的方法。弃渣场水土保持监测的内容包括：弃渣场数量和位置等基本信息、表土剥离方式和剥离量、弃渣量、防治措施（含措施量、实施进度及防治效果）、堆渣边坡处理情况和堆渣施工方式等。以高速公路弃渣场为例，其弃渣场主要监测指标见表6-15。

表6-15 高速公路弃渣场主要监测指标

监测指标	监测内容
弃渣场特征	弃渣场类型、位置、面积、堆高、坡度、渣土体积(如土方量)等
弃渣物质组成	土质、石质、土石混合或其他物质类型
是否分层堆放	弃渣是否分层堆放、堆放层数、各层堆厚
水土保持措施	水土保持措施类型和工程量，一般有截排水工程、拦挡工程、边坡防护工程、植被恢复工程等
水土流失危害	弃渣场是否临近农田、道路或房屋，是否存在崩塌、滑坡、渣体下泄淤积农田等水土流失危害

弃渣场水土保持监测的基本原则主要包括：

①全面监控与重点监控相结合原则。在对弃渣场数量、位置、方量、表土剥离、防治措施落实情况等进行全面监控基础上，重点对弃渣施工方式、堆渣边坡情况、防治措施效果等进行实时监控。

②多种方法综合运用原则。将常规方法和先进技术相结合，综合运用调查监测、地面观测、无人机监测及现场视频监控等多种方法，各种方法取长补短，以实现对超大型弃渣场的有效监控。

③监控方法易操作原则。多种方法在综合运用的同时，综合考虑各种方法的适用性和经济性，并以简便、易操作为原则，使不同方法能充分发挥各自的最大监控功能。

④监控数据客观真实原则。监控数据严格按照相关技术规范进行测定,做好原始数据记录,不编造、虚构,以便监控工作具有有效的指导性。

6.5.2 取土(石、料)场

取土(石、料)场是生产建设项目在施工、生产或运行过程中用于取土、挖砂或采石等工程任务的一种重要附属设施,以下将取土(石、料)场简称为取土场。为达到水土流失预防、治理和监测的目的,取土场应根据主体工程特点在选址和水土保持措施等方面加强设计和管理。

取土场选址首先应做到科学合理,避开崩塌、滑坡、泥石流等地质灾害风险区,取土场周边及其下游应考虑避开城镇乡村居民点和风景区,以及国防、交通、通信、能源、水利、医疗卫生和文化教育等重要基础设施,同时考虑地形地势、运输距离、排水条件和取土时间等限制因素,尽可能减轻新增土壤流失和减少人为扰动面积。例如,高速公路工程可根据沿线取土或线外大型集中取土设计取土场在项目区的分布。此外,取土场选址应充分考虑和比较待选点的土质、土壤含水量、可采层厚度和储量以及取土场数量等是否满足生产建设项目的要求。取土场设置以不征用或少征用农地为原则,确需征用农地的,应剥离和保存表土,并在取土后实施复垦。如有可能,取土场应考虑取弃结合,并根据就近原则对弃方进行回填,以达到减少项目占地和土石方优化的效果。

结合选址合理性分析及土石方优化,综合考虑取土量、土层厚度、临时占地面积、占地类型和取土场数量等指标,取土场水土保持措施主要包括以下内容或项目:①表土剥离、集中堆放以及是否采取临时拦挡和防尘网苫盖等保护措施;②取土场有无排水沟、沉沙池等措施的设计。取土场使用后应尽快开展植被及原地貌的恢复工作,缩短地表裸露时间。施工结束后要及时回填表土、平整土地并恢复原有土地功能。对某些工程项目,可将取土场设计为弃土场,从而对采坑进行回填。

取土场水土保持监测可通过布设水土流失观测场对水土流失量和拦渣保土量等指标进行定点定位观测。监测点的数量取决于取土场的空间分布、规模和水土流失剧烈程度。取土场水土保持监测内容一般包括:①挖方数量和土壤侵蚀量;②地表扰动和植被破坏的面积与程度、林草成活率和植被盖度及其水土流失防治效果;③防治措施实施数量和效果、水土流失治理面积和减少水土流失量等。在监测频率方面,扰动地表面积和破坏植被面积及程度可在施工前期、中期和后期各监测1次,林草成活率、植被盖度和防治土壤侵蚀效果可在春秋季各测定1次,各项防治措施实施后的拦渣保土可在工程实施前后各测定1次,水土流失治理面积在工程结束后每年秋末测定1次。

6.5.3 大型开挖(填筑)区

某些生产建设项目(如水电站、铁路和公路的隧道工程以及地铁站的明挖工程等),涉及大面积或深度开挖(填筑),其大型开挖(填筑)区作为单独的水土保持分区,是水土保持监测的重要对象之一。大型开挖(填筑)区水土保持措施主要包括工程坡脚挡渣墙(坝)、截排水(洪)沟、沉沙池以及表土剥离、覆土和整地等。以隧道工程为例,水土保持监测应重点关注隧道工作面、土石方量、植草面积、隧道洞口环形截水沟,以及施工结束后洞口土地平整、回覆表土和恢复植被措施等。

大型开挖(填筑)区水土保持监测通常需定期绘制和提供扰动地表分布图、土壤侵蚀强度图、水土保持措施分布图等。一般在施工前应做好开挖(填筑)区地形、水系、植被和土壤等基础信息的调查工作，施工过程中定期记录开挖(填筑)进度、水土保持措施实施情况以及开挖(填筑)面的面积、坡度，并监测水土流失量，施工结束后测算开挖(填筑)总方量，评价开挖(填筑)对微地貌的改变情况，并定位观测水土保持措施运行情况。

具体而言，通过全面巡查、实地勘测、查阅资料和询问等方式，调查水土保持工程措施的实施情况，一般每月监测1次，整体状况每季度监测1次；通过样方或样线调查法、现场巡查和综合分析等确定水土保持植物措施的防护效果，一般栽植6个月后调查成活率，每年调查1次保存率及生长状况，每年在植被生长最繁茂季节监测1次郁闭度及盖度，每季度调查1次林草覆盖率。另外，通过实地测量和资料分析每月监测1次边坡的面积和坡度，通过测钎法、侵蚀沟量测法和集沙池法每月监测1次土壤流失量。

6.5.4 施工道路

施工道路因土壤板结或地面硬化，在发生径流冲刷和风蚀时经常成为土壤颗粒的输移通道，导致土壤侵蚀量的相对增加。未硬化的施工道路还会产生雨滴击溅侵蚀和风蚀。

施工道路在建设前应调查其影响区的植被和土壤情况；建设过程中监测地表扰动、弃渣、水土流失量、水土保持措施实施及水土流失危害，重点监测拦挡、排水、沉沙等临时措施；施工结束后则以监测扰动区域恢复情况及水土保持措施运行情况为主要内容。

施工道路水土保持监测主要关注临时排水沟、拦挡措施和灌草绿化措施等。此外，生产建设项目应关注施工道路的服务期，尽可能变临时道路为永久道路。土(砂、石、渣)料在运输过程中应采取保护措施，防止沿途散溢，造成新的水土流失。

6.5.5 临时堆土(石、渣)场

临时堆土(石、渣)场采取的水土保持措施一般包括剥离表土、临时撒草籽绿化、土袋挡墙和坡脚挡护等。临时堆土(石、渣)场的重点监测对象为临时堆土(石、渣)数量和采取的临时防护措施等，在堆土(石、渣)过程中应结合监理及施工记录，定期记录土(石、渣)的堆放位置、面积及方量，结合影像记录定期掌握临时防护措施的类型、数量及运行情况。堆土(石、渣)使用完毕，还要调查土(石、渣)的去向以及场地恢复情况。

总而言之，在弃渣(土、石)场、取土(石、料)场、大型开挖(填筑)区、施工道路和临时堆土(石、渣)场等重点监测对象的施工过程中，应加强拦挡防护，减少施工过程中造成的人为水土流失，以确保临时防治措施与主体防治措施的衔接，达到控制新增水土流失的目的。

6.6 监测实施方案制订与监测报告编制

生产建设项目水土保持监测贯穿项目准备期、施工期、运行期(建设生产类项目)全过程,监测单位在监测工作开展前要制订监测实施方案,在监测期间要做好监测记录和数据整编,按季度编制监测报告,在水土保持设施验收前应编制监测总结报告。监测实施方案、日常监测记录和数据、监测意见、监测季报和总结报告,应及时提交生产建设单位。监测单位发现可能发生水土流失危害情况的,应随时向生产建设单位报告。

6.6.1 监测实施方案制订

生产建设项目水土保持监测实施方案应在项目开工前制订,并向水行政主管部门报送。生产建设项目水土保持监测实施方案提纲按照《水土保持监测技术规程》《生产建设项目水土保持监测与评价标准》相关规定编写。水土保持监测实施方案的内容应包括综合说明,项目及项目区概况,监测布局、内容和方法,预期成果和工作组织等。

6.6.2 监测报告编制

生产建设水土保持监测报告分为专项报告、季度报告、年度报告和总结报告。

(1)专项报告

发生严重水土流失灾害事件时,应于事件发生后一周内完成水土流失危害事件专项监测报告并提交建设单位。专项报告中应写明该危害事件对主体工程、当地、周边及下游造成的危害形式、数量、程度、面积等。

(2)季度报告

监测单位在监测期间要全程做好监测记录和数据整编,按季度编制监测报告。在每季度的第一个月向审批水土保持方案的水行政主管部门(或者其他审批机关的同级水行政主管部门)报送上一季度的监测季报。水利部审批水土保持方案的生产建设项目,其监测季度报告向项目涉及的流域管理机构报送。季度报告表格式见表6-16。

《水利部办公厅关于进一步加强生产建设项目水土保持监测工作的通知》提出,从2020年7月28日起对生产建设项目水土保持监测工作实行三色评价,即监测单位应依据扰动土地情况、水土流失状况、防治成效及水土流失危害等监测结果,对生产建设项目水土流失防治情况进行评价,在监测季度报告中明确"绿黄红"三色评价结论。生产建设项目水土保持监测三色评价指标及赋分表(试行)和三色评价赋分方法(试行)见表6-17和表6-18。

(3)年度报告

工期3年以上的项目,应每年1月底前报送上一年度《生产建设项目水土保持监测年度报告》,监测年度报告可与第四季度报告结合上报。

(4)总结报告

监测工作完成后,应及时编制《生产建设项目水土保持监测总结报告》,并于3个月内向相关部门报送。

表 6-16 生产建设项目水土保持监测季度报告

监测时段：___年___月___日至___年___月___日

项目名称				
建设单位联系人及电话		监测项目负责人（签字）： 年　月　日		生产建设单位（盖章） 年　月　日
填表人及电话				
主体工程进度		（包括工程建设阶段和工程主要组成部分的完成量）		
指　标		设计总量	本季度	累计
扰动土地面积（hm^2）	合　计			
	主体工程区			
	弃渣场区			
	……			
弃土(石、渣)	合计量($×10^4 m^3$)/弃渣场总数(处)			
	弃渣场1弃土(石、渣)量($×10^4 m^3$)			
	弃渣场2弃土(石、渣)量($×10^4 m^3$)			
	……			
	渣土防护率(%)			
损坏水土保持设施数量(座/hm^2、处/hm^2)				
水土保持工作进度	工程措施(处/$×10^4 m^3$)			
	植物措施(处/$×10^4 m^3$)			
	临时措施(处/$×10^4 m^3$)			
水土流失影响因子	降水量(mm)			
	最大24 h降水(mm)			
	最大风速(m/s)			
	……			
	土壤流失量(kg)			
水土流失灾害事件		（有水土流失灾害发生，则填写具体内容；无水土流失灾害，则填写无）		
存在的问题与建议				

表 6-17 生产建设项目水土保持监测三色评价指标及赋分(试行)

项目名称					
监测时段和防治责任范围		_____年第_____季度, _____hm²			
三色评价结论(勾选)		绿色		黄色	红色
评价指标		分值	得分	赋分说明	
扰动土地情况	扰动范围控制	15			
	表土剥离保护	5			
	弃土(石、渣)堆放	15			
水土流失状况		15			
水土流失防治成效	工程措施	20			
	植物措施	15			
	临时措施	10			
水土流失危害		5			
合 计					

表 6-18 生产建设项目水土保持监测三色评价赋分方法(试行)

评价指标		分值	赋分说明
扰动土地情况	扰动范围控制	15	擅自扩大施工扰动面积达到1000 m²，存在1处扣1分，超过1000 m²的按照其倍数扣分(不足1000 m²的部分不扣分)。扣完为止
	表土剥离保护	5	表土剥离保护措施未实施面积达到1000 m²，存在1处扣1分，超过1000 m²的按照其倍数扣分(不足1000 m²的部分不扣分)。扣完为止
	弃土(石、渣)堆放	15	在水土保持方案确定的专门存放地外新设弃渣场且未按规定履行手续的，存在1处3级以上弃渣场的扣5分，存在1处3级以下弃渣场的扣3分；乱堆乱弃或者顺坡溜渣，存在1处扣1分。扣完为止
水土流失状况		15	根据土壤流失总量扣分，每100 m³扣1分，不足100 m³的部分不扣分。扣完为止
水土流失防治成效	工程措施	20	水土保持工程措施(拦挡、截排水、工程护坡、土地整治等)落实不及时、不到位，存在1处扣1分；其中弃渣场未拦先弃的，存在1处3级以上弃渣场的扣3分，存在1处3级以下弃渣场的扣2分。扣完为止
	植物措施	15	植物措施未落实或者已落实的成活率、覆盖率不达标面积达到1000 m²，存在1处扣1分，超过1000 m²的按照其倍数扣分(不足1000 m²的部分不扣分)。扣完为止
	临时措施	10	水土保持临时防护措施(拦挡、排水、苫盖、植草、限定扰动范围等)落实不及时、不到位，存在1处扣1分。扣完为止
水土流失危害		5	一般危害扣5分；严重危害总得分为0

《生产建设项目水土保持监测总结报告》报告内容包括综合说明、项目及水土流失防治工作概况、监测布局及监测方法、水土流失动态监测结果与分析、水土流失防治效果评价和结论等内容。报告应内容全面、语言简明、数据真实、重点突出、结论客观。各部分内容应符合下列规定：

①项目及水土流失防治工作概况应说明项目及项目区概况、项目水土流失防治工作概况。

②监测布局与监测方法应包括监测范围及分区、监测点布局、监测时段、监测方法与频次。

③水土流失动态监测结果与分析应包括防治责任范围监测结果、弃土(石、渣)监测结果、扰动地表面积监测结果、水土流失防治措施监测结果和土壤流失量分析。防治责任范围监测结果应包括水土保持方案确定的和各时段的水土流失防治责任范围监测结果。弃土(石、渣)监测结果应包括设计弃土(石、渣)情况、弃土(石、渣)场位置及占地面积监测结果和弃土(石、渣)量监测结果。水土流失防治措施监测结果应包括工程措施、植物措施和临时措施的实施进度。土壤流失量分析应包括各时段土壤流失量分析和重点区域土壤流失量分析。

④水土流失防治效果评价应包括表土保护率、水土流失治理度、渣土防护率、林草覆盖率、土壤流失控制比、林草植被恢复率等指标的分析评价。

⑤结论部分应包括水土流失动态变化、水土保持措施评价、存在问题及建议，并给出综合结论。

此外，总结报告中还应包含水土保持监测特性表、防治责任范围表、水土保持措施监测表、土壤流失量统计表、扰动土地整治率等6项指标计算及达标情况表。报告应附照片集，其中监测点照片应包含施工前、施工期和施工后3个时期同一位置、角度的对比。

附图应包括项目区地理位置图、水土保持监测点分布图、防治责任范围图、取土(石、料)场分布图、弃土(石、渣)场分布图等。附图应按相关制图规范编制。点型项目的图件应包括项目区地理位置图、扰动地表分布图、监测分区与监测点分布图、土壤侵蚀强度图、水土保持措施分布图等。线型项目的图件应包括项目区地理位置图、监测分区与监测点分布图，以及大型弃土(石、渣)场、大型取土(石、料)场和大型开挖(填筑)区的扰动地表分布图、土壤侵蚀强度图、水土保持措施分布图等。

数据表(册)应包括原始记录表和汇总分析表。

影像资料应包括监测过程中拍摄的反映水土流失动态变化及其治理措施实施情况的照片、录像等。照片集应包括监测项目部和监测点照片。同一监测点每次监测应拍摄同一位置、角度的照片不少于3张。照片应标注拍摄时间。监测成果应按照档案管理相关规定建立档案。

按照《水利部办公厅关于进一步加强生产建设项目水土保持监测工作的通知》要求，需对生产建设项目水土保持监测工作实行三色评价，并在监测总结报告中明确"绿黄红"三色评价结论。项目总结报告中的三色评价指标及赋分表、赋分办法与季度报告中的一致。

复习思考题

1. 简述水土保持监测范围和监测点布设原则。
2. 水土保持监测内容包括哪几个方面?
3. 水土保持监测时段如何确定?
4. 简要说明水土保持监测工作实行三色评价的基本方法。

第7章

生产建设项目水土保持监理

7.1 概述

水土保持监理是指取得企业法人营业执照、具有水土保持资质的工程监理单位,接受建设单位委托,按照监理合同对水土保持工程建设项目中的质量、进度、资金、安全生产、环境保护等进行管理的专业化服务活动。

7.1.1 水土保持监理的目的及意义

(1)有利于提高建设工程投资决策的科学水平

在建设单位委托监理单位实施全方位、全过程监理的情况下,当建设单位有了初步的项目投资意向后,监理单位可协助建设单位选择适当的工程咨询机构,管理工程咨询合同的实施,对咨询结果进行评估并提出有价值的修改意见和建议,或者直接从事工程咨询工作,为建设单位提供建设方案,使项目投资更加符合市场需求。监理单位参与或者承担项目决策阶段的监理工作,有利于提高项目投资决策的科学水平,避免项目投资决策失误,为实现建设工程投资综合效益最大化奠定良好的基础。

(2)有利于规范工程建设各参与方的建设行为

在水土保持工程实施过程中,监理单位可依据委托监理合同和有关的建设工程合同对施工单位的建设行为进行监督管理。这种约束机制贯穿工程建设的全过程,采用事前、事中和事后控制相结合的方式,可以有效规范各施工单位的建设行为,最大程度地避免不当建设行为的发生。即使出现不当建设行为,也可以及时加以制止,最大程度地减少其不良后果。另外,由于生产建设项目水土保持工程建设单位行业和专业的限制,对水土保持工程建设有关的法律、法规、规章、制度及有关规范了解不够,也可能发生不当建设行为。在这种情况下,水土保持监理单位可以向建设单位提出合理的建议,从而避免建设单位发生不当建设行为。这对规范建设单位的建设行为可起到一定的约束作用。当然,要发挥述约束作用,监理单位首先必须规范自身行为,并接受政府的监督管理。

(3)有利于促使施工单位保证建设工程质量和施工安全

在加强施工单位自身对工程质量管理的基础上,由生产建设项目水土保持监理单位介入工程建设过程管理，按照行业的专业技术要求，对保证建设过程中工程质量和健康、安全、环境（HSE）的要求有着重要作用。

(4) 有利于实现建设工程投资效益最大化

投资效益最大化体现在以下几点：在满足建设工程预定功能和质量标准的前提下，使投资额最少；在满足建设工程预定功能和质量标准的前提下，建设工程寿命周期费用最少；建设工程本身的投资效益与环境、社会效益的综合效益最大化。

7.1.2 水土保持工程监理的指导性文件

20 世纪 80 年代，我国进行了一系列管理体制的改革与探索，其中包括吸收国外项目管理经验，在工程项目建设中实行建设监理制。1988 年，城乡建设环境保护部发布了《关于开展建设监理工作的通知》，明确提出要建立建设监理制度并开始试点，5 年后逐步推开。1997 年，《中华人民共和国建筑法》对工程监理以法律制度的形式做出规定，国家实行建设工程监理制度，从而使建设工程监理在全国范围内进入全面推行阶段。

我国水土保持工程建设监理起步较晚，20 世纪末开始试点。1998 年，国务院批准的《全国生态环境建设规划》中首次提出了生态工程引入工程监理制度的要求，国家发展和改革委员会等部门联合颁布的《国家生态环境建设项目管理办法》中对监理单位、监理协议、监理费用等进行了明确规定。1999 年，国家在重点生态工程建设领域开始进行工程监理试点。2003 年，水利部发布了《水土保持生态建设工程监理管理暂行办法》和《关于加强大中型开发建设项目水土保持监理工作的通知》，要求凡水利部批准的水土保持方案，在其实施过程中必须进行水土保持监理，其监理成果是水土保持设施验收的基础和验收报告必备的专项报告。承担水土保持监理工作的单位及人员根据国家建设监理的有关规定和技术规范、批准的水土保持方案及工程设计文件，以及工程施工合同、监理合同，开展监理工作。随后，水利、财政等部门在国家水土保持重点工程建设管理办法中又做了具体规定，水土保持工程施工监理工作逐步得到理顺和强化。

2003 年，水利部《关于加强大中型开发建设项目水土保持监理工作的通知》要求，建设项目的水土保持投资在 3000 万元以上（含主体工程中已列的水土保持投资）的，承担水土保持工程监理工作的单位必须具有水土保持监理资质。水土保持监理实行总监理工程师负责制，根据项目特点设立现场监理机构，配备各专业监理人员，对水土保持设施建设进行质量、进度和投资控制。监理单位在监理过程中，应对水土保持设施的单元工程、分部工程、单位工程提出质量评定意见，作为水土保持设施评估及验收的基础。承担水土保持工程监理工作的单位，由建设单位通过招标方式确定，并向水土保持方案批准单位备案。承担水土保持监理工作的单位要定期将监理报告向建设单位和有关水行政主管部门报告。同时，其监理报告的质量将作为考核监理单位的依据。该通知从承担生产建设项目水土保持监理任务的单位资质、人员资格要求、监理的依据、范围、内容、方法等方面作了具体规定。2004 年 6 月，国务院将水利工程施工监理资质审批正式列为行政许可事项。2011 年 12 月，水利部批准颁布了《水土保持工程施工监理规范》（SL 523—2011），进步对水土保持监理单位、监理机构、监理人员，以及监理工作程序、方法、制度等做了规范化要求，有力地推动了生产建设项目水土保持工程监理工作的开展。2019 年，水利部发布《水利部关于进一步深化"放管服"改革全面加强水土保持监管的意见》，要求现场检查全面推行"双随机一公开"，随机确定检查对象，每年现场抽查比例不低于10%。对有举报线索、不及时整改、不提交水土保持监测季报的项目要组织专项检查。凡主体工程开展监理工作的项目，应当按照水土保持监理标准和规范开展水土保持工程施工监理。其中，征占地面积在 20 hm² 以上或者挖填土石方总量在 20×10^4 m³ 以上的项目，应当配备具有水土保持专业监理资格的工程师；征占地面积在 200 hm² 以上或者挖填土石方总量在 200×10^4 m³ 以上的项目，应当由具有水土保持工程施工监理专业资质的单位承担监理任务。

7.2 监理机构、人员及设施

7.2.1 监理机构

水土保持监理机构是指监理单位派驻工程项目，负责履行委托监理合同的组织机构。一般称为"项目监理部""监理公司分部"等。项目监理机构是由总监理工程师领导，受监理企业法定代表委派，接受企业职能部门的业务指导、监督与核查，派驻工程建设项目实施现场、执行项目监理任务的派出组织。项目监理机构是一次性的，在完成委托监理合同约定的监理工作后即行解体。水土保持监理机构应在监理合同授权的范围内行使职权。

(1) 监理机构组织形式

水土保持建设项目的监理机构应根据具体工程项目的特点，设置高效、高能的监理机构。监理机构通常有4种组织形式：直线制、职能制、直线职能制和矩阵制。各种组织形式的特点、优缺点及适用范围见表7-1。各组织形式的组织结构如图7-1至图7-4所示。

表7-1 监理机构各类组织形式的特点、优缺点及适用范围

组织形式	特　点	优　点	缺　点	适用范围
直线制	任何一下级只受唯一上级命令；不另设职能部门	机构简单；命令统一、权力集中；职责分明、隶属关系明确；决策及信息传递迅速	实行无职能部门的个人领导；对总监要求全能；专业人员分散使用	能划分若干子项的大型工程；施工范围大，分散为工程项目；小型工程、工程复杂程度不高，可采用按专业分解的直线制组织形式
职能制	设立专业性职能部门；各职能部门在职能范围内有权指挥下级	加强了目标控制的职能化分工；能发挥职能机构专业管理作用；减轻总监负担	下级受多头领导；直接指挥部门与职能部门双重指令易生矛盾，使下级无所适从	大中型工程；专业性、技术性复杂的工程
直线职能制	直线指挥部门拥有对下级的指挥权，对部门工作负责；职能部门是直线指挥部门的参谋，只对下级业务指导	直线领导，统一指挥；职责清楚；目标管理专业	职能部门与指挥部门易产生矛盾；信息传递慢，不利于沟通	大中型工程；专业性、技术性复杂的工程

(续)

组织形式	特 点	优 点	缺 点	适用范围
矩阵制	纵向管理系统为职能系统；横向管理系统是按职能划分的子项系统	加强了各职能部门间的横向联系；有较大机动性（职能人员调动）；将上下左右集权与分权最佳结合；有利于解决复杂难题及人员培养	纵横向的协调的工作量大；处理不当易生矛盾	复杂的大型工程；施工（监理）范围较集中

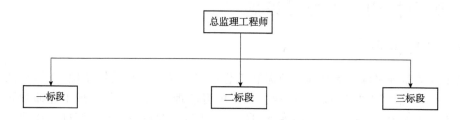

图 7-1 直线制监理机构组织形式

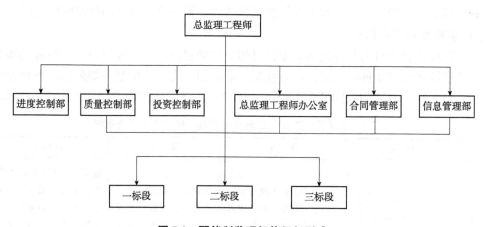

图 7-2 职能制监理机构组织形式

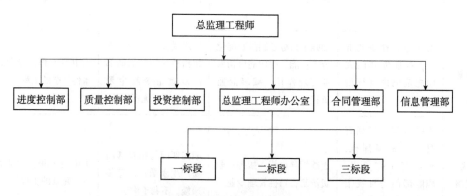

图 7-3 直线职能制监理机构组织形式

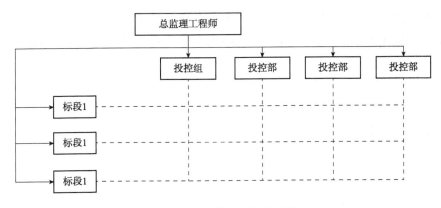

图 7-4 矩阵制监理机构组织形式

(2) 监理机构的基本职责与权限

监理机构的基本职责与权限包括：①协助建设单位选择施工单位及设备、工程材料、苗木和籽种供货人；②核查并签发施工图纸；③审批施工单位提交的有关文件；④签发指令、指示、通知、批复等监理文件；⑤监督、检查施工过程中现场安全、职业卫生和环境保护情况；⑥监督、检查工程建设进度；⑦检查工程项目的材料、苗木、种子的质量和工程施工质量；⑧处置施工中影响工程质量或安全的紧急情况；⑨审核工程量，签发付款凭证；⑩处理合同违约、变更和索赔等问题；⑪组织参加工程各阶段验收；⑫协调施工合同各方之间的关系；⑬监理合同约定的其他职责与权限。

7.2.2 监理人员

(1) 监理人员的构成

水土保持项目监理人员的组成可按照监理合同约定或者根据工程规模、监理报酬等因素，以满足监理工作需要为前提，并征得业主同意后确定。一般情况下，规模较小的工程可由总监理工程师、专业监理工程师和必要的辅助工作人员组成。规模较大的工程，可由总监理工程师、总监理工程师代表、专业监理工程师和监理员、专职或兼职的安全监督员、合同管理员、资料管理员和必要的辅助工作人员组成。

(2) 监理机构人员配备的基本原则

①水土保持项目监理人员应是水土保持专业配套，数量满足工程项目监理工作的需要。

②监理人员的配备要以保证水土保持监理工作的质量为前提。

③监理人员的专业技术职称结构应合理。总监理工程师应具有高级专业技术职称。专业监理工程师应具有中级以上专业技术职称，大型工程的主要专业监理工程师宜具有高级专业技术职称。监理员应至少具有初级职称并经过监理培训。

④监理人员的年龄结构应搭配适当，注意老、中、青的搭配。

⑤总监理工程师应由具有 3 年以上同类水土保持工程监理工作经验的人员担任。总监理工程师代表应由具有 2 年以上同类水土保持工程监理工作经验的人员担任。专业监理工程师应由具有 1 年以上同类水土保持工程监理工作经验的人员担任。

⑥1名总监理工程师只宜担任1项委托监理合同项目的总监理工程工作。当需要同时担任多项委托监理合同的项目总监理工程师工作时，需经建设单位同意，且最多不得超过2项。

⑦水土保持监理机构组建后，监理单位应于委托监理合同签订后将项目监理机构的组织形式、人员构成通知建设单位。当总监理工程师需调整时，应征得建设单位同意。

7.2.3 监理设施

水土保持监理设施是指监理人员进行各项检验、测试所必需的设备和仪器，以及监理人员开展工作所需要出工作条件和手段。监理设施主要包括：监理工程师办公用房及其办公设施；试验室及试验设备；通讯设备；测量设备；交通运输车辆；监理人员的宿舍。

监理设施规模数量的确定，应考虑工程规模、监理机构设置情况、国家政策和有关规定等因素，既要保证监理工作的顺利进行，又要考虑节约工程成本。监理设施通常由承包商或建设单位提供。由承包商提供监理设施时，建设单位在标书中规定所提供的各类监理设施的清单，说明每项监理设施的种类、型号和数量，然后承包商对清单中的每项设施提出报价，其费用包括在合同总价之内。工程完成后，这些设施就成为建设单位的财产，但在使用期间，由承包商负责其保养和维修。

7.3 监理工作程序、方法和制度

7.3.1 监理工作程序

按照国家生产建设项目管理有关规定，依据《水利工程建设监理规定》《水利工程建设项目施工监理规范》(SL 288—2003)、《关于加强大中型开发建设项目水土保持监理工作的通知》要求，水土保持工程施工监理工作的一般程序如下：

①签订水土保持工程监理合同或协议书，明确监理内容、监理方式及责权。

②组建现场监理机构，确定总监理工程师，调派监理工程师及其他监理工作人员。

③组织人员进行岗前培训学习，熟悉工程建设有关法律、法规、规章制度、技术标准，了解主体工程设计（生产建设项目）及其相关要求，掌握水土保持工程设计文件的设计内容及有关技术要求等。

④在总监理工程师的指导下，按监理合同赋予的权责要求和监理方式、内容以及目标，组织监理人员有针对性地编制项目监理计划，并按约定时间报送项目建设单位。

⑤组织监理人员进场，并由建设单位协调和安排，进行水土保持工程施工监理工作交底。

⑥根据水土保持工程设计文件，结合工程的具体要求，由水土保持工程各专业监理工程师编制各单项工程或整个项目的监理实施细则，由总监理工程师审查批准实施，并按要求报送建设单位。

⑦依据合同、设计文件、有关技术规范的要求以及监理规划及实施细则的程序方法，对施工准备、施工过程以及工程的验收与移交等进行过程控制，开展监理工作。

⑧组织分部工程验收和单位工程初验，参加工程建设单位组织的预验收和终验。验收前应督促施工单位及时整理并提供各类施工及签证资料。依据合同的约定签发工程移交证

书和工程保修责任终止证书。

⑨参与并协助建设单位完成生产建设项目水土保持设施验收工作。

⑩按建设单位的档案资料管理要求,整理并移交监理资料、监理工作总结报告。

⑪向建设单位移交其所提供的文件资料和设施设备。

⑫监理机构离场,建设单位结清监理费用。

7.3.2 监理工作方法

监理机构和人员在开展建设工程监理工作时常用的方法的有:监理记录(日记)、发布文件、旁站监理、巡视检验、跟踪检测、平行检测、测量检查、试验与检验、感观检查、质量检查、协调解决。

①监理记录(日记)。监理工程师应认真、完整记录每日施工现场的人员、设备和材料、天气、施工环境、施工中出现的各种情况及处理结果。

②发布文件。监理机构采用通知、指示、批复、签认等文件形式进行施工全过程的控制和管理。它是施工现场监督管理的重要手段,也是处理合同问题的重要依据,如开工通知、质量不合格通知、变更通知、暂停施工通知、复工通知和整改通知等。

③旁站监理。监理机构按照监理合同约定,在施工现场对工程项目的重要部位和关键工序的施工,实施连续性的全过程检查、监督与管理。需要旁站监理的重要部位和关键工序一般应在监理合同中明确规定。

④巡视检验。监理机构对所监理的工程项目进行定期或不定期的检查、监督和管理。

⑤跟踪检测。在施工单位进行试样检测前,监理机构对其检测人员、仪器以及拟定的检测程序和方法进行审核;在施工单位对试样进行检测时,实施全过程的监督,确认其程序、方法的有效性以及检测结果的可信性,并对该结果进行审核确认。

⑥平行检测。在施工单位对试样自行检测的同时,监理机构独立抽样进行检测,核验施工单位的检测结果。

⑦测量检查。采用测量仪器和工具进行检查。主要对工程建筑物的几何尺寸、填筑厚度,表面平整度、温度、坡度,苗木的高度、地径,种子千粒重,植物工程整地,覆盖度,郁闭度等项目,按相关规范和设计文件进行的检查。

⑧试验与检验。所有用于工程的材料都必须事先经过材料试验,并由监理工程师批准。材料试验的对象包括水泥、砂、粗骨料、种子、苗木等,试验和检验的内容包括砂浆、混凝土等的配合比试验、外购材料的质量证书和必要的试验鉴定、构配件检验等。

⑨感观检查。包括观察、目测、手摸以及听音检查。主要检查项目有地基处理、建筑物的位置及布置、材料品种、规格和质量;混凝土浇筑面平整情况,出现麻面、蜂窝、狗洞等情况;砂浆拌和及砌筑、勾缝、抹面等;坝体碾压、水坠泥浆浓度;苗木、种子的形态等。

⑩质量检查。根据工程实施情况,不定期组织建设单位、设计代表、施工单位、监理工程师进行工程项目质量检查。

⑪协调解决。监理机构对参加工程建设各方之间的关系以及工程施工过程中出现的问题和争议进行调解。

7.3.3 监理工作制度

水土保持监理机构的基本工作制度包括：

①技术文件审核、审批制度。根据施工合同约定由双方提交的施工图纸、施工组织设计、施工措施计划、施工进度计划、开工申请等文件均应通过监理机构核查、审核或审批方可实施。

②原材料、构配件和工程设备报审制度。施工单位对进场的原材料、构配件和工程设备在自检合格后，应向监理机构申请验收。监理机构应对其出厂证明和技术说明书、检测试验报告进行审查。对不符合要求的材料、构配件和工程设备应按监理指示在规定时限内运离工地或进行相应的处理。

③工序报验制度。施工单位每完成一道工序或一个单元工程，尤其是隐蔽工程、关键工序等，都应经过自检，合格后方可报监理机构进行复核检验。经监理工程师检验合格后，方可进行下道工序或下一单元工程施工。

④工程计量付款签证制度。所有申请付款的工程量均应经监理机构复核并确认。未经监理机构签认，建设单位不应予以支付。

⑤设计变更处理制度。水土保持工程变更包括设计变更和施工变更，是指因设计条件、施工现场条件、设计方案等发生变化或建设单位根据监理机构的建议，为实现合同目的对设计文件或施工状态所做的改变与修改。

⑥会议制度。监理机构应建立会议制度，包括第一次工地会议、监理例会和监理专题会议，由总监理工程师或其他授权的监理工程师主持，工程建设有关各方应派员参加。各次会议应形成会议纪要。会议纪要由总监理工程师组织编写，经总监理工程师签发后，以文件形式发送施工单位，抄送建设单位、设计代表及其他有关单位。

a. 第一次工地会议。第一次工地会议应在合同项目开工令下达前举行，会议内容应包括：工程开工准备检查情况；介绍各方负责人及其授权代理人和授权内容；沟通相关信息；进行监理工作交底。会议的具体内容可由有关各方会前约定。会议由总监理工程师或总监理工程师与建设单位的负责人联合主持召开。

b. 监理例会。监理机构应定期主持召开由参建各方负责人参加的会议，会上应通报工程进展情况，检查上次监理例会中有关决定的执行情况，分析当前存在的问题，提出问题的解决方案或建议，明确会后应完成的任务。会议应形成会议纪要。

c. 监理专题会议。监理机构应根据需要，主持召开监理专题会议，研究解决施工中出现的涉及施工质量、施工方案、施工进度、工程变更、索赔、争议等方面的专门问题。

⑦施工现场紧急情况报告制度。监理机构应针对施工现场可能出现的紧急情况编制处理程序、处理措施文件。当发生紧急情况时，应立即向建设单位报告，并指示施工单位立即采取有效紧急措施进行处理。

⑧工作报告制度。在监理过程中，监理机构应按合同和建设单位的要求定期向其提交监理周报、月报。根据事件发生及建设单位要求，向其提交监理专题报告；在工程验收时，提交监理工作报告；在监理工作结束时，提交监理工作总结报告。

⑨工程验收制度。在施工单位提交验收申请后，监理机构应对其是否具备验收条件进

行审核，并向建设单位提交工程项目申请验收报告。应根据合同约定及建设单位的要求，参与、组织或协助建设单位组织工程验收。

⑩档案、资料管理制度。包括：文件的起草、签发制度；来文来函登记制度，对于建设各方的文件、往来函件应分类登记；文件阅办制度，对来文来历应及时送交总监阅示，按总监的意见及时进行处理，并将处理结果及时反馈给来文来函单位；监理资料整理、归档管理制度。

7.4 主要监理内容

7.4.1 质量控制

7.4.1.1 基本概念

生产建设项目水土保持工程质量是指国家和行业的有关法律法规、技术标准、设计文件和合同中，对生产建设项目水土保持工程的安全、适用、经济、美观等特性的综合要求，包括设计质量、施工质量、供应材料质量等。质量控制就是指为保证某一产品、过程或服务满足规定的质量要求所开展的作业和技术活动。生产建设项目水土保持工程质量控制，实际上就是对工程在可行性研究、勘测设计、施工准备、建设实施、后期运行等各阶段、各环节、各因素的全过程、全方位的质量监督控制。工程施工阶段是形成工程质量的重要环节，也是监理机构进行质量监控的重点。工程质量的优劣，对工程能否安全、可靠、经济、适用地在规定经济寿命内正常运行，发挥设计功能，达到预期的目的关系重大。没有质量就谈不上进度和效益，没有质量就没有一切。

建设单位对生产建设项目工程质量负全部责任。建设单位委托监理单位对工程质量进行全面监理。施工阶段的监理，大量的工作是工程的质量控制。生产建设项目水土保持工程建设质量控制的对象是建设过程，质量控制贯穿于工程建设的各个环节，其结果是使全过程都达到规定的质量要求。因此，生产建设项目水土保持工程建设质量控制是监理工作中最基础、工作量最大的一项任务。

7.4.1.2 影响工程质量的因素

(1) 人的因素

人的因素对工程质量的影响主要是操作人员的质量意识、遵守操作规程与否、技术水平、操作熟练程度等。对人的因素的控制措施包括：严格质量制度，明确质量责任，进行质量教育，提高其责任心；建立质量责任制，进行岗位技术练兵；严格遵守规程，加强监督检查，改进操作方法等。

(2) 机械因素

影响包括工程质量的机械因素主要是机械的数量与性能，特别是机械的性能。控制措施包括确保符合质量进度要求的机械数量和合理选择施工机械的形式与性能参数，加强对施工机械的维修、保养和使用管理。

(3) 材料因素

影响工程质量的材料因素主要是材料的成分、物理性能、化学性能等。控制措施包括加强订货、采购和进场后的检查、验收工作,使用前的试验、检验工作,以及材料的现场管理和合理使用等。

(4) 方法因素

影响工程质量的方法因素主要是工艺方法,即工艺流程、工序间的衔接、工序施工手段的选择等。控制措施包括制订正确的施工方案,加强技术业务培训和工艺管理,严格工艺纪律,合理配合和使用机具等。

(5) 环境因素

影响工程质量的环境因素有工程地质、水文地质、水文气象、噪声、通风、振动、照明、污染等。控制措施包括创造良好的工序环境、排除环境的干扰等。

7.4.1.3 工程质量管理体系

影响水土保持工程质量形成的因素很多,不论哪个方面、哪个环节出现了问题,都会导致工程质量缺陷,甚至造成质量事故。例如,如果建设单位将工程发包给不具备相应资质等级的单位;或指示施工单位使用不合格的建筑材料、构配件和设备;或勘察单位提供的水文地质资料不准确;或设计单位计算错误,设备选型不准;或者施工单位不按设计图施工,偷工减料;或监理单位把关不严,不严格进行隐蔽工程检查等,都会造成工程质量出现缺陷,甚至导致重大事故。因此,水土保持工程质量管理的基本原则和方法是建立健全质量责任制,由有关各方对其自身的工作负责。影响水土保持工程建设质量的责任主体主要有建设单位、勘察设计单位、监理单位、施工单位等。

(1) 建设单位的质量检查体系

为了规范和约束建设单位的行为,确保水土保持工程建设的质量,国家有关职能部门对建设单位的质量责任作了一系列的规定。建设单位为了维护各方利益,充分发挥投资效益,需要建立自己的质量检查体系,成立质量检查机构,对工程建设的各个工序、隐蔽工程和建设联合体的水土保持工程质量进行检查、复核和认可。在已实行建设监理的水土保持工程项目中,建设单位已把这部分工作的全部或部分委托给监理单位来承担。但建设单位仍要对水土保持工程建设的质量进行检查和管理,以负起建设水土保持工程质量的全面责任。

(2) 监理单位的质量控制体系

监理单位受建设单位委托,按照监理合同对水土保持工程建设参与者的行为进行监控和督导。它以水土保持工程建设活动为对象,以政令法规、技术标准、设计文件、工程合同为依据,以规范建设行为、提高经济效益为目的。从监理的过程来看,它既可以包括项目评估、决策的监理,又可以包括项目实施阶段和保修期的监理。其任务是从组织和管理的角度来采取措施,以期合理地进行投资控制、质量控制和进度控制。在水土保持工程项目建设实施阶段,监理单位依据监理合同的授权进行进度、投资和质量控制。质量控制是监理工作的中心内容,其主要任务是:审查承包单位选择的分包单位;组织设计交底和图纸会审,审查设计变更;审查施工单位提出的施工技术措施、安全施工措施和度汛方案等;检查用于工程的设备、材料和构配件的质量,审查试验报告和质量说明书;采取旁站、巡视或平行试验等形式对施工工序和过程的质量进行监控;签发工序、单元、分部工程验收合格证;核实工程量,签发工程付款凭证,审查工程结算;督促施工单位履行承包合同,调解合同双方的争议;督促整理承包合同文件的技术档案资料;协助建设单位搞好各阶段的工程验收和主持竣工初验工作,提出竣工验收报告等。对所有单元工程(对于分工序的单元工程,应为工序工程)的施工,施工单位应在自检合格后,填写单元工程报验单,并附上单元工程质量评定表和必要的试验报告单;属隐蔽工程的,应报隐蔽工程验收报验单。监理工程师必须严格对每一个单元(工序)进行检查,检查合格,签发单元(工序)工程合格认可单,方可进行下一单元(工序)的施工。如不合格,向施工单位下达监理通知书并指明整改项目。凡整改的项目,整改结果应反馈监理工程师。对未经监理工程师审查或审查不合格的单元(工序)工程,不予认可,不签发付款凭证。对质量可疑的部位,监理工程师可以要求进行抽检,要求施工单位对不合格或有缺陷的工程部位进行返工或补修。

监理机构对工程质量的控制,有一套完整的、严密的组织机构、工作制度、控制程序和方法,构成了水土保持工程建设项目质量控制体系。该体系是水土保持工程质量管理体系的重要组成部分,对强化水土保持工程质量管理工作、保证水土保持工程建设质量发挥着越来越重要的作用。

(3)勘察、设计单位的质量保证体系

生产建设项目水土保持工程项目勘察、设计是水土保持工程建设的重要内容。其质量的优劣,直接影响建设项目的功能和使用价值,关系国民经济及社会的发展和人民生命财产的安全,只有勘察、设计的工作做好了,才能为保证整个水土保持工程建设质量奠定基础。否则,后续工作的质量做得再好,也会因勘察设计的"先天不足"而不能保证水土保持工程建设的最终质量。水土保持工程地质勘察是工程建设的一项基础性工作,其任务是查明水土保持工程建设地区的工程地质条件、研究地形地貌、地质构造及水文地质特征,预测建筑物在施工及运行中地质环境可能产生的变化,并对存在的工程地质问题进行评价,为设计提供可靠的地质资料、水土保持工程结构设计是按照技术先进、经济合理、安全适用、确保质量的要求对承受外来作用(荷载等)的水土保持工程进行设计,使之能满足各项预定功能。

水土保持工程项目设计是依据勘察成果进行的,勘察成果文件是设计的基础资料和依据,勘察文件资料的质量直接影响设计的质量。例如,在不知道地基承载力的情况下,就无法进行地基基础设计,而一旦地基承载力情况发生变化,随之基础的尺寸、配筋等都要修改,甚至基础的设计方案也要改变,这就给设计工程增添很多的工作量,造成工作的反复,继而影响设计的质量。设计是整个水土保持工程项目建设的灵魂,水土保持工程质量在很大程度上取决于设计质量。建设项目能否满足规定要求和具备所需要的特征和特性,主要靠设计的质量来体现。如果一个项目设计方案选择不合理或计算错误,就直接影响水土保持工程效益和使用寿命,后期的施工质量再好,也没有实际意义,即便是设计图纸出现小小的差错,也可能给水土保持工程施工带来麻烦,而影响水土保持工程建设进度。为此,应以较好的勘察设计质量来保证水土保持工程建设质量,是水土保持工程建设的一个中心环节。要想取得较好的勘察设计质量,勘察设计单位就应顺应市场经济发展的要求,建立健全自己的质量保证体系,从组织上、制度上、工作程序和方法等方面来保证勘察设计质量。以此来赢得社会信誉，增强在社会市场经济中的竞争力。为达到一定的质量目标，勘察设计单位只有通过建立完善的规章制度、程序、方法、机构，把质量保证活动加以系统化、程序化、标准化和制度化的质量保证体系，才能保证勘察设计成果质量，从而担负起勘察设计单位的质量责任。

(4) 施工单位的质量保证体系

施工阶段是水土保持工程质量的形成阶段，是水土保持工程质量监督的重点，勘察、设计的思想和方案都要在这一阶段得以实现。由于水土保持工程施工面宽、分散、时间长，影响质量稳定的因素多，管理的难度较大，因此，施工阶段质量控制的任务十分艰巨。在勘察、设计质量搞好的前提下，整个水土保持工程建设的质量状况最终取决于施工质量。所以说，施工单位必须严格按照水土保持工程设计文件和技术标准进行施工，严把质量关，认真做好水土保持工程施工过程中的各项质量控制和质量管理工作。为此，施工单位应建立和运用系统工程的观点与方法，以保证工程质量为目的，将企业内部各部门、各环节的生产、经营、管理等活动严密地组织起来，明确其在保证水土保持工程质量方面的任务、责任、权限、工作程序和方法，形成一个有机整体的质量保证体系，并采取必要的措施使其有效运行。

(5) 政府质量监督体系

为了保证水土保持工程建设的质量，保障公共安全，保护人民群众生命财产安全，维护国家和人民群众的利益，政府必须加强对水土保持工程建设质量的监督管理。《建设工程质量管理条例》的颁布将政府质量监督作为一项制度以法规的形式予以明确，强调了建设工程的质量必须实行政府监督管理。国家对建设工程质量的监督管理是以保证建设工程使用安全和环境质量为主要目的，以法律、法规和强制性标准为依据，以工程建设实际质量和有关的工程建设单位、勘察设计单位、监理单位及材料、配件和设备供应单位的质量行为为主要内容，以监督认可与质量核验为主要手段。政府质量监督体现的是国家意志，工程项目接受政府质量监督的程度是由国家的强制力来保证的。政府质量监督并不局限于某一个阶段或某一个方面，而是贯穿于建设活动的全过程，并适用于建设单位、勘察设计单位、监理单位、施工单位及材料、配件和设备供应单位。由于建设工程周期长、环节多，点多面广，而工程质量监督是一项专业性和技术性强的繁杂工作，政府部门难以进行日常监督检查，为此《建设工程质量管理条例》第四十六条规定："建设工程质量的监督管理，可以由建设行政主管部门或者其他有关部门委托的工程质量监督机构具体实施。"各级工程质量监督机构代表政府履行相应权力，向各级政府部门负责。

综上所述，水土保持工程建设质量管理体系是项目建设单位负责，监理单位控制，勘察、设计、施工单位保证和政府监督相结合的体制。他们都有各自的质量责任，但不能相互替代。

7.4.1.4 工程质量检验与评定

(1) 质量评定的依据

①国家及行业有关施工规程、规范及技术标准。

②经批准的设计文件、施工图纸、设计变更以及厂家提供的说明书及有关技术文件。

③工程承(发)包合同中采用的技术标准。
④工程试运行期的试验及观测分析成果。
⑤原材料和中间产品的质量检验证明或出厂合格证。

(2)质量评定的组织与管理

①单元工程质量应由施工单位质检部门组织自评,监理单位核定。

②重要隐蔽工程及工程关键部位应在施工单位自评合格后,由监理单位复核,建设单位或委托监理单位组织核定。

③分部工程质量评定应在施工单位质检部门自评的基础上,由监理单位复核,建设单位核定。

④单位工程质量评定应在施工单位自评的基础上,由建设单位或委托监理单位复核,报质量监督机构核定。

⑤工程项目的质量等级应由该项目质量监督机构在单位工程质量评定的基础上进行核定。

⑥质量事故应按"三不放过"原则,调查事故原因,研究处理措施,查明事故责任者。处理后应按处理方案的质量要求,重新进行工程质量检测和评定。

(3)单元工程质量评定

①单元工程质量达不到合格标准时,必须及时处理。其质量等级应按下列规定确定:全部返工重做的,可重新评定质量等级;经加固补强并经鉴定能达到设计要求,其质量只能评为合格。

②建设单位或监理单位在核定单元工程质量时,除应检查工程现场外,还应对该单元工程的施工原始记录、质量检验记录等资料进行查验,确认单元工程质量评定表所填写的数据、内容的真实性和完整性,必要时可进行抽检,并应在单元工程质量评定表中明确记载质量等级的核定意见。

7.4.1.5 工程质量评定项目划分

(1)分部工程质量评定

①合格标准。单元工程质量全部合格;中间产品质量及原材料质量全部合格。

②优良标准。单元工程质量全部合格,其中有50%以上达到优良。主要单元工程、重要隐蔽工程及关键部位的单元工程质量优良,且未发生过质量事故;中间产品和原材料质量全部合格。

(2)单位工程质量评定

①合格标准。分部工程质量全部合格;中间产品质量及原材料质量全部合格;治沟骨干工程、淤地坝、拦洪坝工程外观质量得分率达70%以上;施工质量检验资料基本齐全。

②优良标准。分部工程质量全部合格,其中有50%以上达到优良。主要分部工程质量优良,且施工中未发生过重大质量事故;中间产品和原材料质量全部合格;治沟骨干工程、淤地坝、拦洪坝工程外观质量得分率达85%以上;施工质量检验资料齐全。

(3)工程项目质量评定

①合格标准。单位工程质量全部合格。

②优良标准。单位工程质量全部合格,其中有50%以上的单位工程质量优良,且主要单位工程质量优良。

7.4.2 进度控制

7.4.2.1 基本概念

进度控制是建设监理中投资、进度、质量三大控制目标之一。工程进度失控,必然导致人力、物力、财力的浪费,甚至可能影响工程质量与安全。拖延工期后赶进度,引起费用的增加,工程质量也容易出现问题。特别是植物措施受季节制约,如赶不上工期,错过有利的施工时间,将造成重大的损失。若工期大幅拖延,便不能发挥应有的效益。特别是淤地坝、拦洪坝等具有防洪要求的工程,如汛前不能达到防汛坝高,将严重影响工程安全度汛。生产建设项目水土保持工程进度要受主体工程进度的制约,若盲目地加快工程进度,也会增加大量的非生产性支出。投资、进度、质量三者是相辅相成的统一体,只有将工程进度与资金投入和质量要求协调起来,才能取得良好的效果。

(1)建设工期

建设工期是指建设项目从正式开工到全部建成投产或交付使用所经历的时间。建设工期一般按月或天计算,并在总进度计划中明确建设的起止日期。建设工期分为工程准备阶段、工程主体阶段和工程完工阶段。

(2)合同工期

合同工期是指发包人与承包人签订合同中确定的承包人完成所承包项目的工期。合同工期按开工通知、开工日期、完工日期和保修期等合同条款确定。

(3)建设项目进度计划

建设项目的顺利完成需要对其实施过程中的各项活动进行周密安排,这一安排称为建设项目进度计划。它体现了项目实施的整体性、全局性和经济性,是项目实施的纲领性计划安排,它确定了工程建设的工作项目、工作进度以及完成任务所需的资金、人力、材料和设备等资源的安排。组成项目进度计划的建设活动具有以下特点:应该是有序的;需要全局的总体控制;需要合理的资源配置和必要的资源供应保障;受建设环境因素的制约。

(4)进度控制

进度控制是指在水土保持工程建设项目实施过程中,监理机构运用各种手段和方法,依据合同文件赋予的权利,监督、管理建设项目施工单位(或设计单位),采用先进合理的施工方案和组织、管理措施,在确保工程质量、安全和投资的前提下,通过对各建设阶段的工作内容、工作程序、持续时间和衔接关系编制计划动态控制,对实际进度与计划进度出现的偏差及时进行纠正,并控制整个计划实施,按照合同规定的项目建设期限加上监理机构批准的工程延期时间,以及预定的计划目标去完成建设活动。

7.4.2.2 控制分类

根据划分依据的不同,可将进度控制分为不同的类型。例如,按照控制措施制订的出发点,可分为主动控制和被动控制;按照控制措施作用于控制对象的时间,可分为事前控制、事中控制和事后控制;按照控制信息的来源,可分为前馈控制和反馈控制;按照控制过程是否形成闭合回路,可分为开环控制和闭环控制。

控制类型的划分是人为的(主观的),是根据不同的分析目的选择的,而控制措施本身是客观的。因此,同一控制措施可以表述为不同的控制类型,或者说,不同划分依据的控制类型之间存在内在的同一性。下面简要介绍主动控制与被动控制。

(1) 主动控制

主动控制是指在预先分析各种风险因素及其导致目标偏离的可能性和程度的基础上,拟定和采取有针对性的预防措施,从而减少乃至避免进度偏离。

主动控制也可以表述为其他不同的控制类型。主动控制是一种事前控制,它必须在计划实施之前采取控制措施,以降低进度偏离的可能性或其后果的严重程度,起到防患于未然的作用。主动控制是一种前馈控制,通常是一种开环控制,是一种面对未来的控制。

(2) 被动控制

被动控制是指从计划的实际输出中发现偏差,通过对产生偏差原因的分析,研究制订纠偏措施,以使偏差得以纠正、工程实施恢复到原来的计划状态或虽然不能恢复到计划状态但可以减少偏差的严重程度。

被动控制是一种事中控制和事后控制,是一种反馈控制,是一种闭环控制,是一种面对现实的控制。

(3) 主动控制与被动控制的关系

在工程实施过程中,如果仅仅采取被动控制措施,将难以实现预定的目标。但是,仅仅采取主动控制措施却是不现实的,或者说是不可能的。这表明,是否采取主动控制措施以及采取何种主动控制措施,应在对风险因素进行定量分析的基础上,通过技术经济分析和比较来决定。在某些情况下,被动控制反而可能是较佳选择。因此,对于建设工程进度控制来说,主动控制与被动控制两者缺一不可,都是实现建设工程进度所必须采取的控制措施,应将主动控制与被动控制紧密结合起来,要做到二者结合,关键在于处理好以下两方面问题:

①要扩大信息来源,即不仅要从本工程获得实施情况的信息,而且要从外部环境获得信息,包括已建同类工程的信息,这样才能对风险因素进行定量分析,使纠偏措施有针对性。

②要把握好输入环节,要输入两类纠偏措施,即不仅有纠正已经发生的偏差措施,而且有预防和纠正可能发生偏差的措施,这样才能取得较好的控制效果。

需要说明的是,虽然在建设工程实施过程中仅仅采取主动控制是不可能的,有时是不经济的,但不能因此而否定主动控制的重要性。实际上,牢固确立主动控制的思想,认真研究并制订多种主动控制措施,尤其重视那些基本上不需要耗费资金和时间的主动控制措施,如组织、经济、合同方面的措施,并力求加大主动控制在控制过程中的比例。

7.4.2.3 水土保持工程进度控制的特点

(1) 施工的季节性

水土保持工程植物措施施工受季节影响较大,如造林,宜在苗木休眠期而且土壤含水量较高的季节栽植,一般在春秋季比较好,一旦错过适时施工季节,就会影响造林的成活率。同样,如果种草不能在适时的季节种植,也会影响出苗率。有些工程措施的施工也受季节影响,如在我国北方,冬天冻土季节土方不能上坝,混凝土、浆砌石也不容易施工等。

(2)投资体制多元化

生产建设项目水土保持工程投资主要分为财政投资和企业自筹。一些地方财政比较困难,建设资金难以落实,地方匹配资金往往不能足额保证或及时到位,从而增加了投资控制和工程进度控制的复杂性。

(3)工程建设的从属性

生产建设项目水土保持工程受主体工程的制约,其建设进度安排不能与主体工程计划进度相冲突,施工安排应尽量协调一致,工程进度控制难度大。

7.4.2.4 影响工程进度的因素

影响水土保持工程进度的因素很多,主要可概括为以下几个方面:

(1)投资主体因素

生产建设项目水土保持工程应该以强化企业的社会责任为核心,以落实主体工程与水土保持工程"三同时"制度为重点,协调水土保持工程建设中的地方利益与群众利益,保证水土保持工程建设进度。

(2)计划制订因素

生产建设项目水土保持工程具有极强的综合性,工程分布点多面广。工程类型形式多样,工程规模差异很大,施工队伍参差不一。通过制订切实可行、细致周密的实施计划,科学确定工程的工作目标、工作进度以及完成工程项目所需的资金、人力、材料、设备等,才能实现费省效宏的目标。

在制订计划过程中应注意以下方面:一是生产建设项目水土保持线型工程施工作业面大,与点型工程集中施工调度相比,有明显的不同;二是施工专业类型多,水土保持工程施工涉及水利工程、造林种草、土地整治、地质灾害防治等诸多专业,具有综合性、交叉性的特点,要求设计、监理、施工企业技术人员熟练掌握相关专业的知识;三是人力和物力调度不同,生产建设项目水土保持工程施工对象大多属于专业施工队临时聘用的人员,加之工程项目分散分布,劳动力的组织、调度较为困难。

(3)合同管理因素

实行水土保持工程建设招标投标制,签订"责权利"对等、公正、合法、明晰、操作性强的项目建设合同,防止"不平等条约",避免合同履行中出现歧义,减少争议和调解,是保证工程按期顺利实施的重要条件。

(4)生产力要素

组织项目实施的劳动力、劳动材料、工艺设备、资金等生产力要素,都会对水土保持工程建设产生直接影响,各生产力要素之间的不同配置会产生不同的实施效果。

①劳动力。人是生产力要素中具有能动作用的因素。人员素质、工作技能、人员数量、工作效率、分工与协作安排、职业道德与责任心等都对施工进度有重大影响。

②劳动材料。材料也是一个不可忽视的因素,只有合格的材料按时供应,才能保证现

场施工不出现停工、窝工现象。另外，材料不同，对工艺技术、施工条件的要求也不同，对施工进度影响很大。

③工艺设备。一定程度上讲，工艺技术和设备水平决定着施工效率，先进的工艺和设备是施工进度的重要保证。

④资金。资金是施工进度顺利进行的基本保证。资金不能按时足额到位，其他生产力要素也就无法正常投入。因此，保证资金投入，合理安排和使用资金，对工程建设进度具有决定性的影响。

(5) 自然环境因素

任何项目的建设都要受当地气象、水文、地质等自然环境因素的影响。要保证工程的顺利实施，就要合理编制项目进度计划，抓住有利时机，避开不利的自然环境因素。

7.4.3 投资控制

7.4.3.1 基本概念

(1) 投资

投资一般是指经济主体为获取经济效益而垫付货币资金或其他资源用于某些事业的经济活动。投资属于商品经济的范畴。投资作为一种经济活动，是随着社会化生产的产生、经济社会和生产力的发展而逐渐产生和发展的。投资的种类：一是按投资途径和方式分为直接投资和间接投资；二是按形成资产的性质分为固定资产投资和流动资产投资；三是按其时间长短分为长期投资和短期投资。

(2) 建设项目投资

某一经济主体为获取项目将来的收益而垫付资金用于项目建设的经济行为，所垫付的资金就是建设项目投资。目前，建设项目投资有两种含义：一般认为建设项目投资是指工程项目建设所需的全部费用总和，也就是建设项目投资为项目建设阶段有计划地进行固定资产再生产和形式最低流动资金的一次费用总和；若从广义角度来看，建设项目投资是指建设项目投资阶段、运营阶段和报废阶段所花费的全部资金，也就是指建设项目寿命周期内所花费的全部费用。它是一种资金形式的资产，通过管理资产，提高资产效益，最后资产转为资金的动态增值循环过程，是一个从资产流动到物质流再到资产流的动态过程。

(3) 基本建设

基本建设是指固定资产的建设，即建筑、安装和购置固定资产的活动及其与之相关的工作。基本建设包括以下几方面工作：

①建筑安装工程。是工程建设通过勘测、设计、施工等生产性活动创造建筑产品。本工作包括建筑工程和设备安装工程两部分。

②设备工器具的购置。根据建设单位项目的需要向制造行业采购或自制达到固定资产标准的机电设备、工具、器具等的工作。

③其他基建工作。不属于上述两项的基建工作，如勘测、设计、科学实验、征地移民、水库清理、水土保持、施工队伍转移、生产准备等工作。

7.4.3.2 投资控制的内容

投资控制是生产建设项目管理的重要组成部分，是指在生产建设项目的投资决策阶段、设计阶段、施工招标阶段、施工阶段,采取有效措施,把生产建设项目实际投资控制在原计划目标内,并随时纠正发生的偏差,以保证投资管理目标的实现,以求在项目建设中能合理使用人力、物力、财力,实现投资最佳经济效益。投资控制主要体现为投资控制机构和控制人员对工程造价的管理。

(1) 投资控制机构和控制人员

水土保持工程的投资控制机构和控制人员包括各级计划部门的投资控制机构及其工作人员和建设单位的投资控制人员。实行建设监理制度以后,监理单位受建设单位的委托,可对生产建设项目的建设过程进行包括投资控制在内的管理,故可把监理工程师包括在这一类投资控制人员之列。

(2) 工程造价

工程造价是指构成项目在建设期预计或实际支出的建设费用。其作用在于制定投资计划和控制投资。正确的投资计划可以帮助合理和有效地使用资金,从而达到节约成本和提高效益的目的。

①水土保持工程造价。是指项目在施工期和生产运行期间预计或实际支出的包括表土保护工程、拦渣工程、边坡防护工程、截排水工程、降水蓄渗工程、土地整治工程、机械固沙工程、植物工程和施工临时工程等各类水土保持工程的建设费用。

②水土保持工程投资金额。指水土保持工程项目投资金额的量值,也就是投资的资金数。工程项目投资额分为计划投资额(也称目标投资额)和实际投资额。计划投资额指水土保持工程项目预先确定的投资资金数(或劳动投入量)。实际投资额指水土保持工程项目在建设过程中实际发生的各种资源消耗、且以货币形式表示的总资金。

③水土保持工程成本。也称建筑成本或施工成本,是施工单位在项目实施过程当中作为评价本企业生产利润的一种造价指标,具体是指施工单位在建筑安装施工过程中支付的生产费用的总额。工程成本的内容按其经济用途可分为人工费、材料费、施工机械使用费、其他直接费、施工管理费 5 项。水土保持工程成本是从企业的生产出发来计算其生产消耗的成本,因此不包括设备工器具费用以及其他基本建设费用。工程成本核算一般应以单位工程作为核算对象。

④水土保持工程价格。指水土保持措施的价格,是社会劳动的平均值。

7.4.3.3 投资控制的流程

(1) 前期工作阶段的投资控制

项目建设前期阶段投资控制的主要内容是通过对水土保持工程项目在技术、经济和施工方面的可行性进行全面分析、论证和方案比较,确定项目的投资估算。它是建设项目设计概算的编制依据。

水土保持工程建设的前期工作包括编制项目建议书和可行性研究报告(含投资概算)。

水土保持工程设计单位应依据国家有关规定,编制投资概算。可行性研究报告投资概算经上级主管部门批准后,作为水土保持工程项目决策和开展工程设计的依据。同时,可行性研究报告投资概算作为控制该建设项目初步设计概算静态总投资的最高限额,不得任意突破。

(2) 设计阶段的投资控制

水土保持工程项目设计阶段投资控制的主要工作是通过工程初步设计确定建设项目的设计概算。设计概算是计划投资的控制标准，原则上不得突破。

(3) 施工准备阶段的投资控制

水土保持工程项目施工准备阶段投资控制的主要工作包括编制招标标底或审查标底、对投标单位的财务能力进行审查、确定标价合理的中标人。

(4) 施工阶段的投资控制

施工阶段投资控制的主要工作是造价控制。通过施工过程中对工程费用的监测，确定水土保持工程建设项目的实际投资额，使它不超过项目的计划投资额，并在实施过程中进行费用动态管理控制。

(5) 项目竣工后的投资分析

水土保持工程建设项目竣工后通过项目决算，进行投资回收分析，评价项目投资效果。

7.4.4 变更管理

7.4.4.1 基本概念

工程变更包括设计变更和施工变更，指在工程项目实施过程中，按照合同约定的程序，监理人根据工程需要，下达指令对招标文件中的原设计或经监理人批准的施工方案进行的在材料、工艺、功能、功效、尺寸、技术指标、工程数量及施工方法等任一方面的改变，统称为工程变更。

变更管理是生产建设项目水土保持工程建设过程中成本管理的一项关键工作，伴随工程实施阶段的全过程。优秀的变更管理将极大地节约生产建设项目水土保持工程成本，推进工程施工进度，降低工程索赔及争议性事件的发生，缓解生产建设项目水土保持工程因单一性和低复制性引起的决策困难等问题。

7.4.4.2 工程变更的范围

按照《水利水电土建工程施工合同条件》规定，在履行合同过程中，监理单位可根据工程的需要指示承包方进行各种类型的变更。没有监理人的书面指示，承包人不得擅自变更。工程变更的范围包括：增加或减少合同中任何一项工作内容；增加或减少合同中关键项目的工程量超过专用合同条款规定的百分比；取消合同中任何一项工作（但被取消的工作不能转由发包人或其他承包人实施）；改变合同中任何一项工作的标准或性质；改变工程建筑物的形式、基线、标高、位置或尺寸；改变合同中任何一项工程的完工日期或改变已批准的施工顺序；追加为完成工程所需的任何额外工作。

7.4.4.3 工程变更报价

承包方在收到监理单位发出的变更指示 28 d 内，应向监理工程师提交一份变更报价书，并抄送发包方。变更报价书的内容包括确认变更处理原则、变更工程量和变更项目的报价单。监理机构认为必要时，可要求承包方提供重大变更项目的施工措施、进度计划和单价分析等。承包方对监理单位提出的变更处理原则持有异议时，可在收到变更指示 7 d

内通知监理单位，监理单位应在收到通知7d后答复承包方。

在确定变更报价时，若工程量清单适用于变更工程的项目，应采用该项目单价或合价；若无适用于变更工程的项目，则可在合理范围内参考类似项目的单价或合价作为变更估价的基础，由监理单位与承包方协商确定变更后的单价或合价。无类似项目的单价或合价供参考时，则由监理单位和承包方协商确定新的单价或合价。

监理单位应在收到承包人变更报价书后28d内对变更报价书进行审核，做出变更决定并通知承包方。在紧急情况下，监理单位向承包方发出的变更指示，可要求立即进行变更工作。承包方收到监理人的变更指示后，应先按指示执行，再按上述规定向监理单位提交变更报价书，监理单位应按规定补发变更决定通知。

7.4.4.4 工程变更程序

(1) 变更指示

监理机构根据工程建设需要或任一参建方的请求，在业主授权的范围内向承包方发出变更指示。内容主要包括变更工程量的详细变更内容、变更的工程量、变更的原因、依据及有关文件、图纸、资料。同时，就延长工期或变更合同价款指明变更处理原则。

(2) 资料收集

变更指示发出的同时，必须着手收集与该变更有关的一切资料。内容包括：变更前后的图纸，技术变更洽谈记录，技术研讨会记录，来自建设单位、施工单位、监理机构方面的文件与会谈记录，行业部门涉及该变更方向的规定与问价，上级主管部门的指令性文件等。

(3) 费用评估

监理机构必须根据掌握的文件资料和实际情况，按照合同的有关条款并考虑综合影响，完成下列工作之后对变更做出评估：审核变更工程数量或拟修改的合同文件；确定变更工程的单价及费率或拟修改合同文件引起的费用；协商价格；颁发工程变更令。

7.4.5 合同管理

7.4.5.1 基本概念

合同又称契约，是平等主体的自然人、法人、其他组织之间设立、变更终止民事权利义务关系的协议。合同是一种合法的法律行为，合同规定的权利受到法律的保护，合同规定的义务不履行要受到法律的追究；合同是双方或多方的法律行为，是当事人双方或多方意愿的一致表示；合同当事人双方或多方的地位是平等的。

生产建设项目水土保持工程建设合同一般包括设计合同、施工承包合同、监测委托合同、监理委托合同。设计合同、监测委托合同和监理委托合同属于技术服务合同，施工承包合同属于工程建设合同。合同管理是指监理单位依据法律、行政法规和规章制度，通过法律的和经济的手段，对合同关系进行组织协调，维护合同当事人的合法权益，处理合同执行中的纠纷，防止违法行为等一系列活动。

按照合同要求，在设计阶段、施工招标阶段、施工阶段和保修阶段，监理单位应从投资、进度、质量目标控制的角度，依据有关法律、法规、办法、条例、合同文件，认真处理好合同的签订，分析工程项目实施过程中出现的违约、变更、索赔、延期、分包、纠纷调解和仲裁等问题。

7.4.5.2 合同管理系统

合同管理系统由以下5个部分组成：合同分析、形成合同数据档案、合同网络系统、合同监督和索赔管理。

①合同分析。是对工程建设合同中共同承担风险的合同条款、法律条款分别进行仔细的分析解释。同时也要对合同条款的更换、延期说明、证书发行、成本变化、成本补偿等事件进行仔细分析。合同分析是解释双方合同责任的根据。

②形成合同数据档案。是把合同条款分门别类后存放在相应的位置，以便于计算机检索。图表是一种重要的管理方法，可使合同的各个程序具体化，也便于合同管理者及承包方掌握合同特殊条款。

③合同网络系统。是把合同中的时间、工作、成绩用网络形式表达。合同计划表是用来进行时间控制的，合同管理包括从合同签约直至合同终止全过程的每一项活动。

④合同监督。对合同条款经常进行解释，以便根据合同掌握工程进展，保证设计、试验报告的精确性，保证发票、订货手续工作指示等符合合同的要求。图表是解释复杂条款的好方法。流程图和质量检查表用于合同监督能保证合同监督步骤的正确性。合同监督的另一个重要的内容是检查、解释双方来往的信函和文件，以及会议记录、建设单位指示等。

⑤索赔管理。是合同管理工作中的最后一部分，包括索赔和反索赔两项内容。由于索赔和反索赔没有准确的衡量标准，只能以实际发生的事件为依据实事求是进行评价分析，从中找出索赔的理由。

7.4.5.3 合同管理的特点

生产建设水土保持项目是项目法人依据《水土保持法》和有关规定的要求，对其建设活动造成的水土流失进行投资治理的项目，完全按市场规则进行管理和运作，其监理合同管理与其他建设工程的合同管理基本一致。这就决定了水土保持项目建设合同管理既要符合市场经济规律的合同管理要求，也要符合国家强制性行政计划合同管理的要求。因此，生产建设水土保持项目建设合同管理具有以下特点：

①合同责任主体复杂。由于生产建设水土保持项目面广、规模小，项目建设中往往存在多种施工主体，既有规模较大的具有相应资质的施工企业，也有行政事业单位，合同责任主体复杂。

②合同的客体内容丰富而繁杂。生产建设水土保持作为因地制宜、因害设防的工程建设项目，合同的客体既有造林、种草、植被恢复等植物措施，也有土地整治、斜坡防护、挡土墙、拦渣坝等工程措施，还包括一些景观工程等，合同的客体往往表现为内容丰富而烦杂。

7.4.5.4 合同管理的内容

(1) 设计阶段合同管理

生产建设水土保持项目工程设计阶段合同应具备以下条款：①工程名称、规模、投资额、建设地点；②委托单位提供资料的内容、技术要求和期限，施工单位规划范围、进度和质量，设计阶段、进度、质量和设计文件的份数；③设计工作的取费依据、取费标准和拨付办法；④违约责任。

设计合同同样要求当事人具备法律规定的资格。审查当事人的资金和信用情况，了解当事人的合同履约能力，以慎重地签订合同。履约能力主要是指设计单位的业务能力，可通过审查设计单位的设计资格证书以及工作业绩来进行了解。

因建设单位不能按期向设计单位提供有关资料或设计单位不能按期完成工作而产生的纠纷、费用支付问题（即建设单位拒付或少付设计费）以及合同条款不明确带来的问题等，会引起合同纠纷，其原因是复杂的、多方面的，解决这些纠纷的方法与其他经济合同纠纷解决的方法基本相同。

履行合同过程中，要加强对合同档案的管理工作，加强对合同履行情况的监督和检查，跟踪了解合同履行进展的具体情况，做好合同履行过程中纠纷的调解工作。因建设单位增加投资、工程变更、工时延长或其他合同条款未明确等原因造成设计成本增加的情况，及时与建设单位协商续签合同事宜，合规、合法、合理地申请设计费用，继续做好后续设计工作，确保设计服务不影响工程整体进展。

(2) 施工及保修阶段合同管理

在施工准备阶段，监理机构应对合同的主要条款和当事人资格、资信与履约能力等进行审查。在施工及保修阶段，按照《水利水电土建工程施工合同条件》规定执行。

(3) 工程施工监理合同签订

生产建设项目水土保持工程施工监理合同的签订，标志着委托关系的形成，委托方与被委托方的关系将受到合同的约束。合同必须由双方的法定代表人或者经其授权的授权代表签署并监督执行。在合同签署过程中，应校验代表双方签字人的授权委托书，避免合同失效或不必要的合同纠纷。不可忽视往来函件。

合同一经签订，原则上不得修改。合同变更应签订协议，必要的话重新签订合同。不论采取什么方法，修改之处一定要便于执行，这是避免纠纷、节约时间和资金的需要。

合同外的额外工作及不应列入监理服务范围的内容，应在合同中列出并另支付费用；非人力的意外原因或者建设单位造成的工作延误，应受到保护；建设单位引起的失误而造成的额外费用，应由建设单位承担；由于建设单位未及时批复文件而造成的延期，由建设单位承担责任；凡合同中任何授予建设单位终止合同的条款，都应给予合理补偿的条款——同时有由于监理单位的工作所产生的费用和因终止合同所造成的损失。

合同开始执行时，建设单位应当对授权执行人及其所授予的权力以书面形式通知监理单位。监理单位也应该将拟派往该项目工作的总监理工程师及其监理人员的情况告知建设单位。监理合同签署之后，建设单位应当将委托给监理工程师的权限体现在与承包商签订的工程承包合同中，并将委托监理事宜书面通知承包商。合同签订时注意合同文字的简洁、清晰，每个措辞都应该经过双方充分讨论，以保证对工作范围、采取的工作方式以及双方相互间的权利和义务确切理解。合同签订之前应对合同中的每一条款仔细研究，防止出现不利于本方的情况。生产建设项目水土保持工程施工往往存在工期拖延、措施工程量大量增加的情况，因此，在签订合同时尽量签订开口合同，即签订合同时应明确规定超过合同约定的时间、数量时的索赔方案,并写入合同中。

7.4.6 信息管理

生产建设项目水土保持工程建设监理工作离不开信息,监理信息管理工作的质量对监理效果的影响是极为明显的。监理信息管理的中心工作是数据处理,它包括对数据的收集、记载、分类、排序、存储、计算或加工、传输、制表、递交等工作,使有效的信息资源得到合理和充分的使用,符合及时、准确、适用、经济的要求。

7.4.6.1 监理数据收集

信息管理工作的质量很大程度上取决于原始资料的全面性和可靠性。监理信息分为内源信息与外源信息。外源信息主要是指各类合同、规范以及设计数据等,这需要在建立信息系统本地数据库时录入。此处主要讨论监理内源信息,即项目实施过程中现场数据的收集。

监理工程师的监理记录主要包括工程施工历史记录、工程质量记录、工程计量和工程付款记录、竣工记录等。

(1)工程施工历史记录

①现场监理员的日报表。主要包括当天的施工内容、当天参加施工的人员(工种、数量、施工单位等)、当天施工用的机械(名称、数量等)、当天发生的施工质量问题、当天的施工进度与计划施工进度的比较(若发生施工进度拖延,应说明其原因)、当天的综合评语、其他说明(应注意的事项)。现场监理员的日报表可采用表格式,力求简明,要求每日填报,一式两份。

②现场每日的天气、水情记录。主要包括当天的最高和最低气温、当天的降雨量和降雪量、当天的风力、当天的天气状况、当天坝址最大流量、当天最高水位、因自然原因当天损失的工作时间等。若施工现场区域大、工地的气候情况差别较大,则应记录两个或多个地点的气候资料。

③工地日记。主要包括现场监理员的日报表、现场每日的天气和水情记录、监理工作纪要、其他有关情况与说明等。

④驻施工现场监理负责人日记。主要包括当天所作的重大决定、当天对施工单位所作的主要指示、当天发生的纠纷及可能解决办法、该项目总监理工程师来施工现场谈及的问题、当天与该工程项目总监理工程师的口头谈话摘要、当天对驻施工现场监理工程师(监理员)的指示、当天与其他人达成的任何主要协议或对其他人的主要指示等。该日记属驻施工现场监理负责人的个人记录,应每日记录。

⑤驻施工现场监理负责人周报。驻施工现场监理负责人应每周向工程项目监理总负责人(总监理工程师)汇报一周内所发生的重大事件。

⑥驻施工现场监理负责人月报。驻施工现场监理负责人应每月向监理总负责人及建设单位汇报下列情况:工程施工进度状况(与合同规定的进度作比较)、工程款支付情况、工程进度拖延的原因分析、工程质量情况与问题、工程进展中主要困难与问题(如施工中的重大差错、重大索赔事件,材料、设备供货困难,组织、协调方面,异常的天气情况等)。

⑦驻施工现场监理负责人对施工单位的指示。主要包括正式函件(用于极重大的指

示)、日常指示,如在每日工地协调会中发出的指示、在施工现场发出的指示等。需要注意的是,口头指示仅用于日常小事,应事后以书面形式加以确认。

⑧驻施工现场监理负责人给施工单位的补充图纸。

(2) 工程质量记录

工程质量记录可分为试验记录和质量评定记录两种。

(3) 会议记录

工地会议是一种重要的监理工作方法。会议中包含大量的监理信息,这就要求监理机构必须重视工地会议记录,并建立一套完善的制度,以便于会议信息的收集。会议信息包括会议的名称、主持人、参加人、举行会议的时间、会议地点等。每次工地会议都应有专人记录,会议后应形成正式的会议纪要。工地会议属监理工程师行政管理的一部分,它包括开工前的第一次会议及开工后的经常工地会议。工地会议记录忠实于会议发言,原话必录,像记流水账,不能添加记录人的感情立场,以确保记录的真实性。工地会议记录应针对会议内容编制相应的表格,以使数据格式规范,便于进行计算机处理。

7.4.6.2 监理信息加工、存储与维护

原始数据收集后需要对其进行加工,以使其成为有用的信息。一般的加工操作主要有:一是依据一定的标准将数据进行排序或分组;二是将两个或多个简单有序数据集按一定顺序链接、合并;三是按照不同的目的计算求和或求平均值等;四是为快速查找建立索引或目录文件等。

经过加工的数据需要保存,即信息的存储。信息存储与原始数据存储是有区别的。信息存储强调为什么要存储这些信息、存在什么介质上、存储多长时间等,也就是说要体现存储的目的及其对监理的作用。存储牵涉的问题很多,如数据库的设计等。

信息的维护是指在监理信息管理中要保证信息始终处于适用状态,要求信息经常更新,保持数据的准确性,做好安全保密工作,使数据保持唯一性。另外,应保证信息存取便利性。

7.4.6.3 监理信息的使用

信息处理的目的在于使用,只有将其应用于监理工作中,信息的价值才能够得以实现。而经过加工的信息,其应用的关键是信息流的畅通。监理工作中的信息流大致可分为以下3种:

(1) 自上而下的信息流

它包括以下3部分内容:

①下级必须了解的信息。包括项目总体目标,监理项目组织结构、与其有关的一切单位,各工作部门(监理项目)最重要的任务与职责,监理项目进展程序、期中进度、结束时间,监理项目有关的工作条例、规定。

②下级应该了解的信息。包括与其有关的工作进展情况,项目总目标的变化,与其有关的工作中出现的问题、困难。

③下级想了解的信息。项目的特殊情况,短期的安排及其原因。

(2) 自下而上的信息流

自下而上的信息流包括现场监理日记、天气情况、施工内容及人员设备、工程计量、

工程质量等，应注意及时向施工单位搜集有关资料，并将其向上级监理工程师报送。自下而上的信息流还包括人员、设备、材料、工程量进度旬报和月汇报。月汇报的主要内容包括所辖段开工项目名称及各项目具体开工日期，各项目完成工程量及形象进度，各项目材料使用量，各项目机械设备情况，各项目完成工日及现有人员情况，供应情况（材料和施工单位提供的文件、图纸、供电等），其他情况，存在的问题，下一步开展项目，建议要求等。

(3) 横向间的信息流

横向间的信息流是指各同级之间的信息沟通。

以上3种信息流都应有明晰的流线，并都要畅通。实际工作中，自下而上的信息流比较容易畅通，而自上而下的信息流一般情况下渠道不畅或流量不够，在水土保持工程监理中应予以克服。信息流的畅通是信息有效使用的基础，进一步的工作尚需解决一些技术问题。一般可分为以下3个阶段或3个层次：

①数据处理阶段。主要侧重于提高工作效率，采用一定的技术设备进行数据加工。使用一些简单的或单项的程序解决孤立的问题。

②管理信息系统阶段。这一阶段，管理者（监理工程师）已认识到信息及时转化为价值的重要性，从而把信息主要用于监理的目标控制。采用先进的计算机与功能齐全的软件系统综合处理数据。

③辅助决策阶段。重视引进和开发智能型的管理软件，如建设监理专家系统、决策支持系统等，从而能够对一些中型决策问题（如施工质量的检查及处理索赔支付等）进行优化诊断，提供选择方案。

目前，水土保持工程建设监理中的信息使用已达到第一阶段内容的要求，但利用管理信息系统进行信息管理还不够成熟，尚没有一套较为完善及普遍适用于水土保持工程建设监理的信息系统，建设监理专家系统更有待进一步开发。

7.4.7 组织协调

7.4.7.1 组织协调的内容

一切与工程有关的事宜，如合同管理、工程进度、工程质量与技术问题的处理，工程款项的管理，建设单位与施工单位、施工单位与设计单位、施工单位之间的矛盾、干扰等，均属于施工组织协调的范围。

7.4.7.2 组织协调的原则与方法

(1) 组织协调的原则

坚持科学性、公正性和廉洁性，在与第三方交往中始终注意维护维护国家及建设各方的利益。坚持规范标准与实事求是相结合。在协调处理施工中的技术问题时，既要坚持按规范办事，又要实事求是。在不违背规范标准的前提下，允许施工单位根据实际情况采取一些切实可行的措施进行工作。

(2) 组织协调的方法

施工中一旦发生矛盾、干扰或者质量技术、合同管理等方面问题和纠纷，监理单位应立即进行协调处理，使工程顺利进行，不允许扯皮、推诿、搪塞责任。为有效协调处理施工中的问题，监理单位应与建设单位和施工单位保持畅通和良好的工作关系，定期召开协调会议。监理单位经常及时地把工程情况及工程师的决定向建设单位通报，重大问题决策前及时征求建设单位意见，以争取建设单位支持。监理单位应尊重施工单位，不干预施工单位的内部事务和安排，不直接指挥施工人员施工。如认为施工单位安排不妥，应与施工单位项目经理进行建议性讨论。监理单位应秉公办事，行为公正，做出决定、指令时，应及时向建设单位和施工单位说明情况。

(3) 协调各方关系的措施

①协助建设单位定期或不定期召开协调会，做好建设过程中建设各方关系的协调工作。

②组织召开设计交底会，设计变更、质量事故及索赔等重大事情的专题研究会。

③协助建设单位做好日常建设过程中的各参建方关系的协调工作。

④明确建设单位、施工单位、监理人的义务职责，具体如下：

a. 建设单位义务。包括向施工单位提供施工现场的气象、水文、地质及水文地质资料，组织现场查勘；向施工单位提供施工及工程占地及道路等；向施工单位提供测量基准点、线等；按规定向施工单位支付工程款；对由于自身原因造成的索赔等承担损失；做好对外(土地、林业、交通、公安、财政等部门)的协调工作。

b. 施工单位义务。包括按合同文件和施工规程、规范要求提供设备、材料和劳动力等；按合同规定和监理指示绘制施工详图；按合同规定和技术要求提供合格产品；遵守工程师指令；完建后，做好缺陷责任期工作；合同要求的其他工作。

c. 监理单位职责。为建设单位提供技术咨询和决策依据；提示施工、建设单位执行合同。协助建设单位选定合格的分包人；维护建设单位的利益和施工单位的权益，合理下达监理指令；处理合同其他问题，避免出现合同纠纷。

7.5 监理成果编写

7.5.1 水土保持工程监理报告

水土保持工程监理报告编写主要内容和格式如下：

一、项目及项目区概况

(一)项目概况

(二)地理位置

说明项目在行政区划中所处的位置。点型工程介绍到乡(镇)，线型工程应说明起点、走向、途经县(市)、主要控制点和终点。

1. 主要技术经济指标。包括建设性质、规模与等级等主要技术经济指标。

2. 项目组成及布置。说明项目组成(主要建设内容)、主要建(构)筑物、工程布置等。

3. 施工组织及工期。介绍土建施工标段划分、施工场地布置、施工道路、工期等。

4. 工程投资。包括工程概算总投资、土建投资、投资方等。

5. 工程占地。介绍工程实际永久占地、临时占地面积及类型。

6. 土石方情况。介绍工程实际发生的土石方挖填数量。建设生产类项目还应说明年排放灰渣(矸石、尾矿等)量及利用情况。

7. 拆迁(移民)安置与专项设施改(迁)建。简要说明拆迁(移民)安置、专项设施改(迁)建内容、规模和实施单位。

二、项目区概况

1. 自然条件。简要介绍项目涉及区域的地形地貌、气象、水文、土壤、植被等情况；点型工程介绍到县，跨省的线型项目介绍到省，不跨省的线型项目介绍到市。

2. 水土流失及水土保持情况。介绍项目所涉及区域的水土保持分区、水土流失类型、容许土壤流失量等，点型工程介绍到县(市)所属全国水土保持区划中的三级区，线型工程介绍到全国水土保持区划中的二级区。介绍涉及的国家及省级水土流失重点预防区和重点治理区，崩塌、滑坡危险区和泥石流易发区。

三、水土保持方案和设计情况

1. 主体工程设计。简要说明前期工作相关文件取得情况、不同阶段设计文件的审批情况等。

2. 水土保持方案编报审批及后续设计。简述水土保持方案编制、批复和水土保持初步设计、施工图设计等后续设计情况。

3. 水土流失防治责任范围。介绍批复方案的防治责任范围。

4. 水土流失防治目标。介绍批复方案的水土流失防治目标。

5. 水土保持措施和工程量。介绍批复方案的防治分区、水土保持措施体系、布局及工程量。

6. 水土保持投资。介绍批复方案的水土保持投资。

7. 水土保持变更。介绍水土保持重大变更及审批情况，简要介绍其他变更情况。

四、水土保持方案实施情况

1. 水土流失防治责任范围。介绍建设期实际的水土流失防治责任范围，与水土保持方案对照，简要说明变化的原因。

2. 取(弃)土场。列表介绍取(弃)土场数量、位置、取(弃)方量、使用前后现状等特性；与水土保持方案对照，简要说明变化的原因。

3. 水土保持措施总体布局。介绍水土保持措施体系及总体布局情况；与水土保持方案对照，简要说明变化的原因。

4. 水土保持设施完成情况。总体介绍水土保持工程措施、植物措施、临时防护工程完成情况。按照水土流失防治分区列表说明各项措施位置、内容、实施时间、完成的主要工程量等。

5. 水土保持投资完成情况。列出水土保持工程实际完成投资。

五、水土保持工程质量

1. 质量管理体系。建设单位、设计单位、监理单位、质量监督单位、施工单位质量保证体系和管理制度。

2. 各防治分区水土保持工程质量评价。

3. 工程项目划分及结果。按照水土流失防治分区结合工程特点，说明所有单位工程、分部工程、单元工程划分过程及划分结果。

4. 各防治区工程质量评价。按照分部工程列表说明质量评价结果，并附所有分部工程验收签证和单位工程验收鉴定书。

5. 总体质量评价。根据各防治分区质量评价结果，说明总体质量评价。涉及尾矿库、灰场、排矸场、排土场等需要说明其稳定安全问题的，说明其安全评价情况。

六、工程初期运行及水土保持效果

1. 运行情况。介绍各项水土保持设施建成运行后，其安全稳定和度汛情况，工程维修、植物补植情况。

2. 水土保持效果。

3. 水土流失治理。介绍水土流失治理度、土壤流失控制比、渣土防护率、表土保护率的计算过程及结果。

4. 生态环境和土地生产力恢复。介绍林草植被恢复率和林草覆盖率计算过程和结果。说明复耕、土地生产力恢复情况等。

5. 公众满意度调查。介绍公众满意度调查情况。

七、水土保持管理

1. 组织领导。说明水土保持工作机构、人员、责任分工及运行情况等。

2. 规章制度。包括建立的各类水土保持规章、制度等。

3. 建设过程。介绍水土保持工程招标投标和合同执行情况等。

4. 监测监理。说明水土保持监测、监理工作开展情况。

5. 水行政主管部门监督检查意见落实情况。介绍水行政主管部门对工程的监督检查时间、方式和检查意见等，说明检查意见的整改落实情况。

6. 水土保持补偿费缴纳情况。说明批复方案中的和实际缴纳的水土保持补偿费情况。

7. 水土保持设施管理维护。说明水土保持设施管理机构、人员、制度以及运行维护情况等。

八、结论及下阶段工作安排

1. 自验结论。做出水土保持设施的自验结论，明确是否达到批复水土保持方案的要求。

2. 下阶段工作安排。说明是否存在遗留问题，提出对遗留问题的处理措施。

九、附件及附图

1. 附件。包括水行政主管部门关于水土保持方案批复、水土保持初步设计资料、水土保持重大变更批复、水行政主管部门的监督检查意见、分部工程验收签证和单位工程自验鉴定书及相关材料、重要水土保持单位工程自验核查照片及其他有关资料。

2. 附图。包括主体工程总平面图、水土流失防治责任范围及措施总体布置图及其他相关图件。

7.5.2　水土保持工程监理规划

(1) 基本概念

工程建设监理规划是指工程建设监理单位在接受建设单位委托后编制的指导项目监理组织，全面开展监理工作的纲领性文件。任何项目的正常管理都始于规划。进行有效规划，首先必须确定项目的目标。当目标确定后，要制订实现目标的可行性计划。计划确定之后，计划中涉及的工作将落实到责任人，工作细化到组织机构。为了使项目管理组织机构有效发挥职能，必须明确该组织机构中每个人的职责、任务和权限。项目管理组织机构的负责人的指挥能力是相当重要的，应配备恰当人选。管理的控制功能用来确定计划的执行情况，管理目标的运行情况，要不断进行实际与计划的对比，找出差距，分析原因，采取措施，进行调整。整个过程中会涉及组织机构内部、外部机构间关系的协调。只有这样，才能实现项目的总目标。可见监理单位对工程项目的监督管理过程就是对项目组织、控制、协调的过程，工程建设监理规划则是项目监理组织对项目管理过程设想的文字表述。这也是编制工程建设监理规划的最终目的。

(2) 监理规划编制依据

工程建设监理规划必须根据监理委托合同和监理项目的实际情况来编制。编制前要收集有关资料作为编制依据，包括设计图纸和有关资料，有关工程建设法律、法规、规章，施工承包合同，监理单位自身条件等。

(3) 监理规划编制要求

①监理规划的内容应具有针对性、指导性。监理规划作为指导监理单位全面开展监理工作的纲领性文件，监理规划应和施工组织设计一样，应具有很强的针对性、指导性。对工程项目而言，没有两个项目是相同的，每个项目都有其特殊性，因而对于每个项目都要求有自己的监理规划。每个项目的监理规划既要考虑项目自身的特点，也要根据承担这个项目监理工作的建设监理单位的情况来编制，只有这样，监理规划才有针对

性，才能真正起到指导作用，因而才是可行的。在监理规划中要明确规定项目监理单位在工程实施过程中每个阶段的工作分工和要求，只有这样的监理规划才能起到有效的指导作用，真正成为项目监理单位进行各项工作的依据，才能成为指导监理工作的纲领性的文件。

②由项目总监理工程师主持建设监理规划的编制。我国工程项目建设监理实行总监理工程师负责制。监理规划的编制必须在总监理工程师的主持下进行，同时要广泛征求各专业监理工程师和其他监理人员的意见。在监理规划的编制过程中还要听取建设单位和被监理单位的意见，以便使监理工程师的工作得到有关各方的支持和理解。

③监理规划的编制要遵循科学性和实事求是的原则。坚持科学性和实事求是是做好每一项工作的前提和重要保证，在编制监理规划时必须遵循这两个原则。

④监理规划的书面表达方式。书面表达应注意文字简洁、直观、意思确切。因此，表格、图示及简单文字说明是经常采用的基本表达方式。

⑤分阶段编制监理规划。建设监理单位在编制监理规划时应掌握大量与工程有关的信息，这样才能使编制的监理规划有针对性，切合实际。工程项目的实施都是分阶段逐步实现。每个阶段的工程信息都将作为下一阶段规划编制的基础资料，不可能一开始就掌握工程实施过程的全部信息。所以应根据工程的特点和合同的规定，分阶段、分步骤编制监理规划。

（4）监理规划的主要内容

监理规划比监理大纲在内容与深度上更为详细和具体，监理大纲是编制监理规划的依据。在项目总监理工程师的主持下，以监理合同、监理大纲为依据，根据项目的特点和具体情况，充分收集与项目建设有关的信息和资料，结合监理单位自身的情况认真编制。其主要内容包括以下几方面。

一、总则

1. 工程项目基本概况。简述工程项目的名称、性质、等级、建设地点、自然条件与外部环境；工程项目组成及规模、特点；工程项目建设目的。

2. 工程项目主要目标。工程项目总投资及组成、计划工期（包括项目阶段性目标的计划开工日期和完工日期）、质量目标。

3. 工程项目组织。工程项目主管部门、发包人、质量监督机构、设计单位、承包人、监理单位、材料设备供货人的简况。

4. 监理工程范围和内容。发包人委托监理的工程范围和服务内容等。

5. 监理主要依据。列出开展监理工作所依据的法律、法规、规章，国家及相关部门颁发的技术标准，批准的工程建设文件和有关合同文件、设计文件等的名称、文号等。

6. 监理组织。现场监理机构的组织形式与部门设置，部门分工与协作，主要监理人员的配置和岗位职责等。

7. 监理工作基本程序。

8. 监理工作主要方法和主要制度。制定技术文件审核与审批、工程质量检验、工程计量与付款签证、会议、施工现场紧急情况处理、工作报告、工程验收等方面的监理工作具体方法和制度。

9. 监理人员守则和奖惩制度。

二、工程质量控制

1. 质量控制的原则。

2. 质量控制的目标。根据有关规定和合同文件，明确合同项目各项工作的质量要求和目标。

3. 质量控制的内容。根据监理合同明确监理机构质量控制的主要工作内容和任务。

4. 质量控制的措施。明确质量控制程序和质量控制方法，并明确质量控制点、质量控制要点与难点。

5. 明确监理机构所应制定的质量控制制度。

三、工程进度控制

1. 进度控制的原则。
2. 进度控制目标。根据工程基本资料，建立进度控制目标体系，明确合同项目进度的控制性目标。
3. 进度控制的内容。根据监理合同明确监理机构在施工中进度控制的主要工作内容。
4. 进度控制的措施。明确合同项目进度控制程序、控制制度和控制方法。

四、工程投资控制

1. 投资控制的原则。
2. 投资控制的目标。依据施工合同，建立投资控制体系。
3. 投资控制的内容。依据监理合同，明确投资控制的主要工作内容和任务。
4. 投资控制的措施。明确工程计量方法、程序和工程支付程序以及分析方法。明确监理机构所需制定的工程支付与合同管理制度。

五、合同管理

1. 变更的处理程序和监理工作方法。
2. 违约事件的处理程序和监理工作方法。
3. 索赔的处理程序和监理工作方法。
4. 担保与保险的审核和查验。
5. 分包管理的监理工作内容与程序。
6. 争议的调解原则、方法与程序。

7. 清场与撤离的监理工作内容。

六、协调

1. 明确监理机构协调工作的主要内容。
2. 明确协调工作的原则与方法。

七、工程验收与移交

明确监理机构在工程验收与移交中工作的内容。

八、保修期监理

1. 明确工程保修期的起算、终止和延长的依据和程序。
2. 明确保修期监理的主要工作内容。

九、信息管理

1. 信息管理程序、制度及人员岗位职责。
2. 文档清单及编码系统。
3. 文档管理计算机管理系统。
4. 文件信息流管理系统。
5. 文件资料归档系统。
6. 现场记录的内容、职责和审核。
7. 现场指令、通知、报告内容和程序。

十、监理设施

1. 制订现场交通、通信、试验、办公、食宿等设施设备的使用计划。
2. 制定交通、通信、试验、办公等设施使用的规章制度。

十一、其他

其他根据合同项目需要应包括的内容。

7.5.3　水土保持工程监理实施细则

(1) 监理实施细则的概念和作用

监理实施细则又称监理工作细则。如果把建设监理看作一项工程，那么监理实施细则就好比这项工程的施工图设计。监理实施细则是在监理规划指导下，在落实了各专业监理责任后，由专业监理工程师针对项目的具体情况编制的更具操作性的业务文件。监理实施细则在编制时间上常滞后于建设监理规划，其编制主持人一般就是项目监理单位的各专业或各子项目的负责人，其内容具有其局限性，是围绕本专业或子项目的主要工作来编制的。它起着具体指导监理实施工作的作用。

(2) 监理实施细则编制要点

①监理实施细则应在专项工程或专业工程施工前,由项目和专业监理工程师编制完成,相关各监理人员参与,并经总监理工程师批准。

②监理实施细则应符合监理规划的基本要求,充分体现工程特点和合同约定的要求,结合工程项目的施工方法和专业特点,具有明显的针对性。

③监理实施细则要体现工程总体目标的实施和有效控制,明确控制措施和方法,具备可行性和可操作性。

④监理实施细则应突出监理工作的预控性,充分考虑可能发生的各种情况,针对不同情况制订相应的对策和措施,突出监理工作的事前审批、事中监督和事后检验。

⑤监理实施细则可根据实际情况按进度、分阶段进行编制,但应注意前后的连续性、一致性。

⑥总监理工程师在审核时,应注意各个监理实施细则间的衔接与配套,以形成系统完整的监理实施细则体系。

⑦在监理实施细则条文中,应具体写明引用的规程、规范、标准及设计文件的名称、文号;文中涉及采用报告、报表时,应写明报告、报表所采用的格式。

⑧在监理工作实施过程中,监理实施细则应根据实际情况进行补充、修改和完善。

⑨监理实施细则的主要内容及条款可随工程不同而有所调整。

(3) 监理实施细则的主要内容

监理实施细则的主要内容如下:

一、总则

1. 编制依据。包括施工合同文件、设计文件与图纸、监理规划、经监理机构批准的施工组织设计及技术措施(作业指导书),由生产厂家提供的有关材料、构配件和工程设备的使用技术说明,工程设备的安装、调试、检验等技术资料。

2. 适用范围。写明该监理实施细则适用的项目或专业。

3. 负责该项目或专业工程的监理人员及职责分工。

4. 适用工程范围内使用的全部技术标准、规程、规范的名称、文号。

5. 发包人为该项工程开工和正常开展应提供的必要条件。

二、开工审批内容和程序

1. 单位工程、分部工程开工审批程序和申请内容。

2. 混凝土浇筑开仓审批程序和申请内容。

三、质量控制的内容、措施和方法

1. 质量控制标准与方法。根据技术标准、设计要求、合同约定等,具体明确工程质量的质量标准、检验内容以及质量控制措施,明确质量控制点及旁站监理方案等。

2. 材料、构配件和工程设备质量控制。具体明确材料、构配件和工程设备的运输、储存管理要求,报验、签认程序,检验内容与标准。

3. 工程质量检测试验。根据工程施工实际需要,明确对承包人检测试验室配置与管理的要求,对检测试验的工作条件、技术条件、试验仪器设备、人员岗位资格与素质、工作程序与制度等方面的要求;明确监理机构检验的抽样方法或控制点的设置、试验方法、结果分析以及试验报告的管理。

4. 施工过程质量控制。明确施工过程质量控制要点、方法和程序。

5. 工程质量评定程序。根据规程、规范、标准、设计要求等，具体明确质量评定内容与标准，并写明引用文件的名称与章节。

6. 质量缺陷和质量事故处理程序。

四、进度控制的内容、措施和方法

1. 进度目标控制体系。将进度目标分解为不同的分目标和阶段性目标，由此构成建设项目进度控制的目标系统。

2. 进度计划的表达方法。如横道图、柱状图、网络图（单代号、双代号、时标）、关联图、"S"曲线、"香蕉"曲线等，应满足合同要求和控制需要。

3. 施工进度计划的申报。明确进度计划（包括总进度计划、单位工程进度计划、分部工程进度计划、年度计划、月计划等）的申报时间、内容、形式、份数等。

4. 施工进度计划的审批。明确进度计划审批的职责分工、要点、时间等。

5. 施工进度的过程控制。明确施工进度监督与检查的职责分工；拟定检查内容（包括形象进度、劳动效率、资源、环境因素等）；明确进度偏差分析与预测的方法与手段（如采用的图表、计算机软件等）；制定进度报告、进度计划修正与赶工措施的审批程序。

6. 停工与复工。明确停工与复工的程序。

7. 工期索赔。明确控制工期索赔的措施和方法。

五、投资控制的内容、措施和方法

1. 投资目标控制体系。投资控制的措施和方法；各年的投资使用计划。

2. 计量与支付。计量与支付的依据、范围和方法；计量申请与付款申请的内容及应提供的资料；计量与支付的申报、审批程序。

3. 实际投资额的统计与分析。

4. 控制费用索赔的措施和方法。

六、施工安全与环境保护控制的内容、措施和方法

1. 监理机构内部的施工安全控制体系。

2. 施工单位应建立的施工安全保证体系。

3. 工程不安全因素分析与预控措施。

4. 环境保护的内容与措施。

七、合同管理主要内容

1. 工程变更管理。明确变更处理的监理工作内容与程序。

2. 索赔管理。明确索赔处理的监理工作内容与程序。

3. 违约管理。明确合同违约管理的监理工作内容与程序。

4. 工程担保。明确工程担保管理的监理工作内容。

5. 工程保险。明确工程保险管理的监理工作内容。

6. 工程分包。明确工程分包管理的监理工作内容与程序。

7. 争议的解决。明确合同双方争议的调解原则、方法与程序。

8. 清场与撤离。明确承包人清场与撤离的监理工作内容。

八、信息管理

1. 信息管理体系。包括设置管理人员及职责，制定文档资料管理制度。

2. 编制监理文件格式、目录。制定监理文件分类方法与文件传递程序。

3. 通知与联络。明确监理机构与发包人、承包人之间通知与联络的方式与程序。

4. 监理日志。制定监理人员填写监理日志制度，拟定监理日志的格式和内容，以及管理办法。

5. 监理报告。明确监理月报、监理工作报告和监理专题报告的内容和提交时间、程序。

6. 会议纪要。明确会议纪要记录要点和发放程序。

九、工程验收与移交程序和内容

1. 明确分部工程验收程序与监理工作内容。

2. 明确阶段验收程序与监理工作内容。

3. 明确单位工程验收程序与监理工作内容。

4. 明确合同项目完工验收程序与监理工作内容。

5. 明确工程移交程序与监理工作内容。

6. 其他根据项目或专业需要应包括的内容。

复习思考题

1. 水土保持监理的目的和意义是什么？
2. 简述水土保持监理的程序和方法。
3. 简述水土保持工程质量评定项目划分。
4. 简述工程变更的程序。
5. 简述水土保持工程监理实施细则编写的主要内容。

第 8 章

生产建设项目水土保持设施验收

8.1 概述

8.1.1 基本概念

生产建设项目水土保持设施验收是依据《水土保持法》第二十七条、第五十四条，对依法应当编制水土保持方案的生产建设项目中的水土保持设施，在生产建设项目竣工验收前或竣工验收时开展的一项专项验收工作，是落实"同时设计、同时施工、同时投产使用""三同时"要求的重要一环，也是检验生产建设中水土流失防治效果、水土保持措施建设成果的重要手段。生产建设项目水土保持设施是生产建设项目投产使用的前置条件，水土保持设施未经验收或者验收不合格的，生产建设项目不得投产使用。生产建设项目水土保持设施验收的责任主体是建设单位，要求由建设单位开展自主验收，组织相关参建单位参加，共同出具验收鉴定意见，作出验收鉴定结论。

开展生产建设项目水土保持设施验收的目的主要是核查生产建设项目依法履行水土流失防治义务情况，核查批准的生产建设项目水土保持方案水土流失防治措施实施情况，水土流失防治目标和水土流失防治效果达到情况。

(1) 验收组织形式及过程

在验收前，由建设单位组织第三方机构编制水土保持验收报告，水土保持验收报告编制完成后建设单位组织召开验收会议，验收报告编制单位、水土保持监测单位、水土保持监理单位、水土保持设施施工单位、方案编制单位等参建方参加，通过现场查勘，并对验收报告、监测总结报告等进行审查、评议，提出鉴定意见和明确验收结论。水土保持设施验收合格后，应及时将水土保持设施验收鉴定书、水土保持设施验收报告和水土保持监测总结报告向社会公开，一般实行网络公示（生产建设单位其官方网站或者其他公众知悉的网站，需要保密的项目除外），公示时间不得少于 20 个工作日。

(2) 验收范围和内容

验收范围包括批准的生产建设项目水土保持方案报告书、水土保持方案变更报告书或水土保持方案（弃渣场补充）报告书、后续设计等确定的全部水土流失防治责任范围、水土流失防治各项措施等。

水土保持设施验收的主要内容包括：对水土保持方案、水土保持后续设计、方案变更报告、弃渣场补充报告的编制、审批情况进行分析说明，明确结论；对水土保持方案及后续设计实施情况进行调查、分析，编写报告并做出评价结论；对水土保持工程质量进行调查，并编写报告；对项目初期运行及水土保持效果；对水土保持管理落实情况进行调查分析等。

8.1.2 历史沿革

建设项目中的水土保持设施，必须与主体工程同时设计、同时施工、同时投产使用。建设工程竣工验收时，应当同时验收水土保持设施，并有水行政主管部门参加。

为加强水土保持"三同时"制度落实，促进人为水土流失防治，规范开发建设项目水土保持设施验收，2002年，水利部颁布了《开发建设项目水土保持设施验收管理办法》（2017年废止）。该办法第四条明确规定开发建设项目水土保持设施经验收合格后，该项目方可正式投入生产或者使用。第五条明确了县级以上人民政府水行政主管部门或其委托的机构负责开发建设项目水土保持设施验收工作的组织实施和监督管理工作。第九条明确规定"国务院水行政主管部门负责验收的开发建设项目，应当先进行技术评估。省级水行政主管部门负责验收的开发建设项目，可以根据具体情况参照前款规定执行。"

2017年，《国务院关于取消一批行政许可事项的决定》将生产建设项目水土保持设施验收事项改为由生产建设单位自主验收，为贯彻落实该文件精神，水利部印发了《水利部关于加强事中事后监管规范生产建设项目水土保持设施自主验收的通知》和《生产建设项目水土保持设施自主验收规程（试行）》，进一步明确了水土保持设施自主验收的工作内容、程序和验收标准。自主验收实施后，生产建设项目水土保持设施验收工作的责任主体，由水行政主管部门转移至生产建设单位。随之，验收程序等也发生了变化。但水土保持设施验收工作主要检查的内容仍然为：生产建设单位是否履行了水土保持方案及重大变更编报审批程序，是否开展了水土保持监测和监理工作，是否履行了水土保持补偿义务，弃土弃渣是否综合利用或堆放在水土保持方案确定的专门存放地，水土流失防治任务是否完成、水土流失防治效果是否达标，以及是否落实水土保持设施运行管护责任等工作。

生产建设项目水土保持设施验收行政许可审批撤销，改为由生产建设单位按照有关要求自主开展验收，水行政主管部门、生产建设单位和第三方机构（验收报告编制单位）等参与方的职责发生了变化（表8-1）。

表8-1 自主验收实施前后各主要参与单位职责变化

单 位	自主验收实施前职责	自主验收实施后职责
水行政主管部门	委托有关机构进行水土保持设施验收技术评估工作；组织行政主管部门代表及专家组成验收组，主持行政验收，查看相关资料和现场，提出验收结论；事后不再进行核查	水行政主管部门的职责是加强事中、事后监管和核查，核查项目法人是否履行自主验收程序，是否满足验收标准和条件，督促生产建设单位落实水土保持设施验收和管理维护主体责任；对发现的违法违规行为依法作出处罚和追责

(续)

单 位	自主验收实施前职责	自主验收实施后职责
生产建设单位	依据批复的水土保持方案落实各项水保措施，开展水保监测、监理工作并组织编制自查初验报告；组织完成自查初验；提交验收申请；配合行政验收等	除落实水保措施，组织开展水保监测、监理等工作之外，还包括：①组织水土保持技术评估单位编制水土保持设施验收报告；②组织水土保持设施的自主验收，形成验收鉴定书；③在官方网站或者公众平台向社会公示水土保持设施验收情况及相关材料；④报备水土保持设施验收材料；⑤接受水行政主管部门的核查和监管
第三方机构（验收报告编制单位）	受业主委托，对项目进行水土保持设施验收技术评估工作，为工程项目的行政验收提供技术支持和评判依据，明确提出行政验收前后需要处理的问题	编制生产建设项目水土保持设施验收报告。全面了解项目设计及建设情况；全面查勘工程现场；全面查验相关数据及成果的来源与依据；全面分析评价水土保持情况；查验和评价项目水土流失防治效果，对存在的遗留问题提出整改和处理建议，做出水土保持设施是否达标的结论

8.1.3 验收依据

验收工作的依据主要包括法律法规、规章、技术规范，规范性文件、技术资料，主要有设计、监理、合同、验收、施工资料、工程变更说明、财务决算等内容。

(1) 法律法规

《水土保持法》《水土保持法实施条例》及其他有关法律及各省（自治区、直辖市）制定的法规。

(2) 部委规章

《水利部关于加强事中事后监管规范生产建设项目水土保持设施自主验收的通知》《生产建设项目水土保持设施自主验收规程（试行）》《水利部关于进一步深化"放管服"改革全面加强水土保持监管的意见》《水利部办公厅关于印发生产建设项目水土保持监督管理办法的通知》《水利部办公厅关于推进水土保持监管信息化应用工作的通知》《水利部办公厅关于进一步加强生产建设项目水土保持监测工作的通知》《水利部办公厅关于实施生产建设项目水土保持信用监管"两单"制度的通知》《水利部办公厅关于印发生产建设项目水土保持问题分类和责任追究标准的通知》《水土保持生态环境监测网络管理办法》及各地的其他水土保持规定。

(3) 规范标准

《生产建设项目水土保持技术标准》《生产建设项目水土流失防治标准》《水利水电工程水土保持设计规范》(SL 575—2012)、《关于印发水利水电工程水土保持技术规范(SL 575—2012)补充技术要点（试行）的通知》《水土保持工程设计规范》《生产建设项目水土保持监测与评价标准》《水土保持工程施工监理规范》《水土保持工程质量评定规程》《水利工程施工监理规范》(SL 288—2014)、《水利水电工程施工质量检验与评定规程》(SL 176—2007)、《水土保持综合治理技术规范》(GB/T 16453—2008)、《水土保持综合治理效益计算方法》《水土保持综合治理验收规范》（GB/T 15773—2008）、《水土保持综合治理规划通则》《土壤侵蚀分类分级标准》《造林技术规程》（GB/T 15776—2016）、《防洪标准》（GB 50201—1994）、《生态公益林建设导则》（GB/T 18337.1—2001）、《生态公益林建设规划设计通则》（GB/T 18337.2—2001）、《生态公益林建设技术规程》（GB/T 18337.3—2001）、《水利水电工程制图标准-水土保持图》（SL 73.6—2015），以及煤炭、公路、铁路等其他行业的设计规范、施工规范和监理规范等。

(4) 技术文件和技术资料

①水行政主管部门对水土保持方案的批复意见及方案报告书、水土保持方案（弃渣场补充）报告书及批复意见，或者水土保持方案变更报告书及批复意见。

②包含水土保持后续设计的相关设计报告及图纸、批复文件等。

③有关设计变更的批复文件。

④主体工程监理及水土保持监理的相关资料。

⑤水土保持监测资料（包括实施方案、监测季报、按规范要求需要提供的监测年报和监测总结报告等）。

⑥主体工程具有水土保持功能措施的施工资料、水土保持措施施工资料。

⑦水土保持方案实施工作总结报告、技术报告和有关验收资料。

⑧关于主体工程中具有水土保持功能工程的竣工验收资料。

8.1.4 验收要求和条件

水土保持设施竣工验收是工程竣工验收前必须进行的一项专项验收，是众多专项验收中的一项（如水利工程的专项验收包括建设征地补偿及移民安置专项验收、档案专项验收、水土保持专项验收、环境保护专项验收等）。水土保持设施验收中的财务情况，一般只考虑工程结算与水土保持投资的关系，不考虑决算问题。

(1) 验收基本要求

①生产建设项目主体工程投产使用或竣工验收前，应及时组织开展水土保持设施竣工验收。主体工程分段（片、项）验收的可分段（片、项）进行水土保持设施验收，各段（片、项）验收合格的成果及结论汇编成册，可作为该工程竣工验收的支撑材料。

②生产建设项目涉及的农村移民安置、城（集）镇迁建、工矿企业迁建、防护工程、专项设施迁（复）建等移民安置工程（不含货币安置和分散安置），水土保持设施验收宜与主体工程一并验收，也可单独开展验收。

③生产建设项目主体工程开展阶段验收的，涉及水土保持的应根据行业有关规定对水土保持设施相应开展验收。涉水工程截流、蓄水验收阶段应重点对淹没的水土保持设施进行验收。工程阶段水土保持设施验收的成果与结论应作为工程竣工水土保持设施验收的基础资料并纳入相应报告中。

④生产建设项目的弃渣场、取料场、施工临建设施等临时占用土地时间周期长且需先期移交的，可根据有关规定，结合工程实际情况，移交前对水土保持设施开展相应验收。临时占地水土保持设施验收成果及土地移交手续应纳入工程竣工水土保持设施验收报告中。

⑤水土保持设施验收应在涉及水土保持的分部工程和单位工程(含独立的水土保持分部工程和单位工程)验收合格的基础上开展,且分部工程和单位工程验收应符合相关要求。

⑥水土保持设施验收应包括水土保持法定义务履行情况、水土流失防治任务完成情况、水土流失防治效果情况、水土保持工作组织管理情况等内容。

⑦水土保持设施验收相关资料的制备应由建设单位负责组织,有关单位制备的资料应加盖制备单位公章,并对其真实性负责。

⑧水土保持设施验收通过后,其他需履行的手续应按照国家和地方法律法规的相关规定执行。

(2)验收基本条件

水土保持设施验收,含分段(片、项)水土保持设施验收、移民安置工程水土保持设施验,其中有关水土保持的验收内容应符合下列基本条件:

①水土保持法定义务履行情况验收内容和条件应符合下列条件:符合国家法律法规的规定和批复的水土保持方案及水土保持后续设计文件的要求;涉及方案、弃渣场等重大变更的,应报原审批部门进行审批;涉及一般变更的,应有参建方履行相关程序;水土保持监理、监测工作按规定持续开展并完成相应报告;水土保持补偿费已缴纳。

②水土流失防治任务完成情况验收内容和条件应符合下列条件:相应水土保持设施已按批复的水土保持方案及水土保持后续设计要求建成,涉及水土保持的分部、单位工程已完成验收;涉及工程阶段水土保持设施验收的,工程阶段水土保持设施验收工作已完成,档案资料完备;涉及临时占地水土保持设施验收的,土地移交意向书等资料完备;涉及4级(含)以上弃渣场、存在水土流失危害及隐患的5级弃渣场已完成弃渣场安全稳定评估工作,且结论为安全稳定的。

③水土流失防治效果情况验收内容和条件应符合下列条件:水土保持设施的功能基本发挥,水土流失基本得到控制,不存在明显的水土流失现象;重要防护对象水土流失危害隐患已排除;水土流失防治指标达到批复的水土保持方案防治目标要求。

④水土保持工作组织管理情况验收内容和条件应符合下列条件:后期水土保持设施管护责任和水土流失防治责任已明确;各级水行政主管部门水土保持监督检查意见已落实;已编制水土保持设施验收报告;相应水土保持档案资料完备。

⑤水土保持的分部工程和单位工程(含独立的水土保持分部工程和单位工程)验收中,有关水土保持的验收内容和条件应符合下列条件:涉及水土保持的所有单元工程质量合格,其中有关质量评定的内容、条件和程序,宜按行业有关标准的规定和《水土保持工程质量评定规程》执行;单位工程所包含的分部工程,全部经过验收合格;水土保持措施体系完整、功能正常发挥,重点关注陡坡、裸露土地植被恢复,弃渣场堆置、取料场开采方式及防护措施体系,存在溜渣的边坡治理等情形。

8.1.5 参建单位职责

水土保持工程主要参建单位包括建设单位(项目法人)和水土保持方案编制、设计、施工、监理、监测单位。建设单位应制定详细的水土保持管理制度,明确各参建单位职责。

(1)建设单位

建设单位的主要职责包括：委托设计单位完成水土保持方案设计、初步设计、施工图设计及变更设计，完成报批工作；开工前及时通过招标确定水土保持监测单位，完成全过程的水土保持监测工作；委托有经验的水土保持施工单位，全面按照方案、初设和变更的批复实施；招标确定水土保持监理单位，完成全部水土保持设施的施工监理，保证工程质量；成立水土保持建设机构，确定专人负责，制定规章制度，依法依章办事；委托第三方机构完成水土保持设施验收报告的编制；完成水土保持设施自主验收及报备工作；配合水行政主管部门的跟踪检查与验收核查，并对督查问题进行整改和回复；对于施工中发生的水土保持事件，负责组织监测、设计、监理和施工单位，根据具体情况及时研究解决处理方案，并追究责任单位的责任；负责对监测、设计、监理和施工单位工作绩效考核。

(2)水土保持方案编制单位

水土保持方案编制单位的主要职责包括：根据委托完成水土保持方案，取得水行政主管部门的行政许可；完成后续可能发生的水土保持方案设计变更。

(3)水土保持方案设计单位

水土保持方案设计单位的主要职责包括：完成初步设计、施工图设计等后续设计阶段的水土保持设计内容；对水土保持设计成果负责。在设计中全面贯彻落实项目水土保持方案及行政许可决定中明确的措施和费用，特别是取(弃)土场、施工场地、施工便道的措施和费用；配合完成设计交底；完成施工过程中出现的一般设计变更；指派设计代表经常深入施工现场，指导实施水土保持措施，发现设计存在问题及时完善处理。

(4)水土保持监测单位

水土保持监测单位的主要职责包括：负责开展水土保持监测工作并对水土保持方面存在的问题提出整改意见；定期开展水土保持监测、指导实施水土保持措施，发现存在的问题，分析后及时提出处理意见并协调组织处理；定期向各级水行政主管部门上报水土保持监测季报和年报(如有必要)。

(5)水土保持工程建设施工单位

水土保持工程建设施工单位的主要职责包括：负责具体水土保持方案和措施的落实和实施。在开工前，施工单位要制订施工期间详细的水土保持方案及措施并报监理批准；在施工图纸现场核对及参加设计交底时了解施工现场的环境特点和施工图中列入的水土保持工程内容，掌握设计对水土保持的措施及要求；配合水土保持行政主管部门定期进行施工期的监督检查工作；由于施工单位的过失、疏忽、未及时按图纸规定和监理工程师指示完成水土保持措施(含永久性和临时性)、未落实水土保持措施等原因导致需要采取保护措施而发生的费用由施工单位承担。

(6)水土保持工程建设监理单位

水土保持工程建设监理单位的主要职责包括：对施工单位水土保持措施方案的落实情况进行监督检查；审查施工组织设计时，对施工单位在施工过程中的水土保持措施、方案、实施办法进行审核，提出审查修改意见；编制监理规划时，专门列出水土保持监理工作内容，编制监理实施细则；施工过程中对施工单位的水土保持措施落实情况进行跟踪检查，对水土保持措施及项目进行检查验收；对施工现场巡视调查，发现问题及时协调解决。

8.2 资料收集

8.2.1 资料收集的内容

资料收集应主要包括下列内容(表 8-2):

表 8-2 收集资料清单表

序号	资料名称	提供单位
1	主体工程设计相关资料	主体工程设计单位
2	移民专项工程设计资料	主体工程设计单位
3	水土保持方案及方案变更(含弃渣场补充)资料	水土保持方案编制单位
4	水土保持施工图设计资料	水土保持方案设计单位
5	征占地资料及临时征地移交协议、弃渣综合利用协议、购土协议及砂石料外购协议	建设单位
6	工程建设基本情况、水土保持实施管理相关资料	建设单位
7	施工过程资料	施工单位
8	弃渣场安全稳定评估资料	弃渣场安全稳定评估单位
9	水土保持工程质量评定资料、水土保持监理过程资料及监理总结报告	水土保持工程建设监理单位
10	水土保持监测过程资料及监测总结报告	水土保持监测单位
11	水行政主管部门监督检查意见及落实情况资料	建设单位
12	水土保持工程及相关招投标、合同、结算资料等	建设单位
13	水土保持公众意见调查	建设单位

①工程建设基本情况有关资料。工程建设地点、主要技术指标、项目投资、项目组成及布置、施工组织及工期、项目区概况,工程建设和水土保持重大事件等。

②水土保持方案(含变更)、水土保持后续设计、设计变更等相关设计资料。水土保持方案及批复文件、方案变更(含弃渣场补充)报告及批复文件、初步设计报告及批复文件、水土保持施工图设计及其审批(审查、审定)意见、工程地理位置图、主体工程总平面布置图等。

③项目法人(或建设单位)水土保持实施管理相关资料。水土保持工作机构、水土保持工作人员、水土保持责任分工、水土保持规章制度、水土保持工程招投标、水土保持运行管理机构情况等。

④水土保持施工和监理等相关资料,重点是涉及水土保持措施的单元工程、分部工程、单位工程资料。

⑤水土保持措施结算资料、临时措施影像资料。符合《水土保持工程质量评定规程》要求的水土保持单位工程质量评定资料、分部工程质量评定资料、单元工程质量评定资料、项目划分及结果、水土保持监理实施方案、水土保持监理日志、水土保持监理月报,水土保持监理总结报告等。

⑥水土保持监测等相关资料，重点是监测实施方案、季报、专项报告、总结报告等资料。水土保持监测实施方案、水土保持监测季报、水土保持监测年报(工期3年以上的项目)，取土场、弃渣场设置情况，项目实际发生的挖方、填方、借方、弃方数量及调运情况，水土保持监测总结报告等。

⑦水行政主管部门监督检查意见及落实情况资料。各级水行政主管部门历年的监督检查意见，建设单位针对监督检查意见的整改落实情况资料，还包括工程征占地、土石方、弃渣及取料协议等相关资料，永久征地资料、临时占地资料及移交协议，弃渣综合利用协议、购土协议及砂石料外购协议等。

⑧其他有关资料。主体工程可行性研究报告及批复文件、移民专项设计报告及批复文件、弃渣场安全稳定评估资料(对4级及以上弃渣场开展稳定性评估，其他弃渣场根据弃渣场选址、堆渣量、最大堆渣高度和周边重要防护设施情况，开展必要的稳定性评估)、水土保持工程招投标文件及合同、水土保持补偿费缴费单和水土保持工程建设管理费、设计费、监理费、监测费、验收报告编制费用。

8.2.2 资料收集的要求

各类设计报告要求为报批稿、弃渣场安全稳定评估报告为最终稿，签字、盖章齐全。设计报告的批复文件、征占地资料及临时征地移交协议、水土保持相关合同及结算资料、水行政主管部门监督检查意见及落实情况、水土保持补偿费缴费单等为原件的扫描件或复印件。

弃渣综合利用协议、购土协议及砂石料外购协议等由建设单位签订，明确水土保持防治责任主体。

水土保持监理过程资料及监理总结报告、水土保持监测过程资料及监测总结报告、水土保持工程质量评定资料、项目划分等符合相关法律、法规及规范的要求。

8.3 现场查勘

水土保持验收报告编制工作包括现场查勘、报告编制等内容。现场查勘应在收集、整理、分析必要资料的基础上开展。现场查勘是开展水土保持设施验收的重要内容和工作方法，通过深入项目现场展开必要的调查、测量，不仅可以对项目水土保持工作完成情况有一个必要的感性认识，而且通过处理分析现场查勘采集的数据可对各项水土保持验收内容进行定量的评价，还可以通过现场查勘对收集资料的真实性、可靠性进行验证，从而保证水土保持设施验收工作的客观性、准确性和科学性。在实际工作中，现场查勘和资料收集往往是相互配合、同时进行、互为补充和验证的，两者充分结合才能更好地完成水土保持设施验收的前期工作。

下面分别介绍现场查勘的具体内容、重点区域、主要要求和方法。

8.3.1 查勘内容

一般来说，在进行水土保持设施验收时进行现场查勘的具体项目包括水土流失防治责任范围、水土保持工程措施、水土保持植物措施、水土保持临时措施、水土保持措施体系完整性、弃土(渣)场、取土(料)场和水土流失现象、危害或隐患情况等。

(1)水土流失防治责任范围

在展开现场查勘时，通过收集工程建设基本情况、水土保持方案(含设计变更)、水土保持后续设计资料、工程征占地资料和水土保持监测等相关资料，验收技术人员已经掌握了项目建设期实际水土流失防治责任范围的初步数据，并对实际发生的水土流失防治责任范围和水土保持方案设计值有一个初步对比结果。

验收技术人员实地量测重要防护对象、重点工程、重要节点实际发生的水土流失防治责任范围，复核收集资料的真实性和准确性。如已经初步掌握防治责任范围变化情况，可以通过走访、座谈、调查等方式了解发生变化的原因。

(2)水土保持工程措施

水土保持工程措施的查勘内容主要有措施类型、规格、数量和外观质量等。具体来说，现场查勘时按照防治分区调查实施的水土保持工程措施类型以及各项工程措施的分布情况和防治效果；量测已实施工程的断面尺寸，查验是否满足设计标准及运行要求；查验已实施各项工程措施的工程量(长度、面积、体积等)；查勘工程措施外观的完整性，有无断裂、破损等损毁或缺陷情况，核查表面平整度、顺直度及砌体排列等外观质量，还应查验运行一段时间后的工程措施运行状况和安全隐患发生情况。

(3)水土保持植物措施

水土保持植物措施的查勘内容主要有植物类型、数量和生长状况等。针对乔木和灌木，主要调查项目区栽植乔(灌)木的种类、数量，各类植物措施的分布情况以及保存率和成活率。针对草地、草坪、地被植物等，主要调查栽植植物的种类和面积、各类植物措施的分布情况，以及秃斑情况和面积。

(4)水土保持临时措施

水土保持临时措施大部分在施工过程中实施，在验收阶段基本都已无法看到。因此，该类措施查勘的内容主要是通过收集相关支撑材料核实已实施的各项临时措施的类型、数量和分布情况。

(5)水土保持措施体系完整性

主要调查现场实施的水土保持工程措施、植物措施、临时措施的类型和在各防治分区内的分布情况；分析各防治分区是否按照批复水土保持方案及水土保持后续设计的标准和要求建成，水土保持措施体系是否完整，水土保持功能是否降低。

(6)弃土(渣)场

弃土(渣)场的查勘内容主要包括弃土(渣)场特性、水土保持措施、下游及周边敏感因素和水土流失现象、危害或隐患情况等。具体来说，现场查勘时调查各弃土(渣)场的类型、级别、占地面积、堆渣量、最大堆渣高度、分级数量、台阶宽度、堆渣坡比等具体参数；调查已实施的水土保持工程措施、植物措施和临时措施的类型、数量、外观质量，分析措施体系是否完整；调查各弃土(渣)场选址是否合理，下游及周边有无敏感因素；调查各弃土(渣)场是否存在水土流失现象、危害或隐患情况。

(7)取土(料)场

取土(料)场的查勘内容主要包括取土(料)场特性、水土保持措施、下游及周边敏感因素和水土流失现象、危害或隐患情况等。具体来说,现场查勘时调查各取土(料)场的类型、占地面积、取料量、最大取料深度(高度)、边坡分级、边坡坡比等具体参数;调查已实施的工程、植物和临时措施的类型、数量、外观质量,分析措施体系是否完整;调查各取土(料)场下游及周边敏感因素情况;调查各取土(料)场是否存在水土流失现象、危害或隐患情况。

(8)水土流失现象、危害或隐患情况

主要调查项目现场特别是取土(料)场、弃土(渣)场等重要防护对象是否存在水土流失现象,是否存在沙化、崩塌、滑坡、泥石流等水土流失灾害,是否存在发生水土流失或水土流失灾害的隐患。

8.3.2 查勘重点区域

生产建设项目类型不同,相应的建设内容、特点、水土流失特征等也不尽相同,因此在开展现场查勘时,应先明确查勘的重点区域,有针对性地开展工作。查勘重点区域一般为土石方扰动较强、水土流失防治措施集中、投资份额较高以及容易造成水土流失危害的区域。

(1)点型生产建设项目

点型生产建设项目包括水利枢纽、水电站、电厂、机场、矿山、城市建设等。点型生产建设项目查勘重要区域及重要单位工程见表8-3。

表8-3 点型生产建设项目查勘重要区域及重要单位工程

项目	项目建设内容	重要区域	重要单位工程
矿山	厂区、井塔、卷扬机、压风机、通风机、井巷、硐室等工程	厂区、矸石山(场)	弃土(渣)场防护设施与厂区园林绿化工程
电厂	办公楼、主厂房、冷水塔及停车场等工程	厂区、贮灰场	贮灰场防护设施及办公楼周边园林绿化工程
水利枢纽	枢纽大坝、泄洪系统、坝后电站、灌溉取水系统等工程	大坝区、弃土(渣)场、取土(料)场	弃土(渣)场及取土场防护设施、管理区园林绿化
水电站	大坝、引水隧洞、调压井、斜井、压力管道等工程	大坝区、弃土(渣)场、取土(料)场	弃土(渣)场及取土场防护设施、管理区园林绿化
机场	机场主体、供水管线、输电线路、通信线路、移民安置及临建设施等工程	机场主体、弃土(渣)场及取土(料)场	弃土(渣)场及取土场防护设施、机场办公区园林绿化

(2)线型生产建设项目

线型建设项目包括引调水、公路、铁路、管道等工程布局跨度较大、呈线状分布的生产建设项目。各类线型生产建设项目查勘重要区域及重要单位工程见表8-4。

表 8-4　线型生产建设项目查勘重要区域及重要单位工程

项目	项目建设主要内容	重要区域	重要单位工程
引调水工程	渠道、管涵、泵站、水闸、渡槽、桥下涵、农桥等工程	主体工程沿线附近的弃土（石、渣）场、取土（石、料）场、山丘区伴行（临时）道路、大开挖穿（跨）越河（沟）道、管理站所等扰动	弃土（渣）场、取土场防护设施、泵站、渠道城区段及引出水渠段等园林绿化工程
铁路工程	路基、桥涵、隧道、轨道及站场等工程		弃土（渣）场、取土场防护设施、站场园林绿化工程
公路工程	路基、桥梁、涵洞、隧道		弃土（渣）场、取土场防护设施、立交桥附近、城区段边坡等园林绿化工程
管道工程	管线线路、站场、阀室、道路等工程		弃土（渣）场、取土（料）场防护设施

8.3.3　查勘要求

(1) 点型项目

点型项目占地和扰动比较集中，需逐一开展弃土（渣）场、取土（料）场及其他防治区现场查勘。

(2) 线型项目

线型项目扰动面积比较大，占地范围广，全部进行查勘难度大、成本高、效率低。但针对弃土（渣）场、取土（料）场还需逐一开展现场查勘。

其他防治区可以采用抽查有代表性的查勘场地调查水土保持措施完成情况、水土保持措施效果和水土流失现象、危害或隐患情况，其中主体工程区抽查数量（片区或区段个数），平原区不少于总数的20%，山丘区不少于总数的30%；施工生产生活区、施工道路区等其他各类防治区抽查数量（片区或区段个数），平原区不少于总数的30%，山丘区不少于总数的50%。

对于各防治区抽查到的查勘场地，水土保持措施的抽查比例要求如下：各类型工程措施的抽查点位不少于3个；草坪样方总数不少于3个；乔木和灌木按树种组成每个类型的样方数量不少于3个。针对防治责任范围的查勘，可以按永久占地和临时占地分类进行查验，避免漏项，按照防治分区、施工标段抽取有代表性的扰动断面进行实地查勘。

8.3.4　查勘方法

8.3.4.1　防治责任范围查勘

(1) 实地测量法

实地测量可以分为简易测量和使用全站仪、经纬仪、水准仪等仪器测量。

简易测量是指以手持GPS、测距仪、皮尺、测绳、测尺等作为主要测量工具量测主要节点之间的长度或查勘区域的面积，运用平面几何知识，计算查勘区域的防治责任范围。简易测量虽操作简单，但仅适用于占地面积较小、边界较为规则的区域，测量成果精度相对较差。

除简易测量外，还可以使用全站仪、经纬仪、水准仪等仪器测量查勘区域的防治责任范围。这类仪器测量精度高，适用于各类型的生产建设项目查勘，但相对简易测量操作复杂，现场测量成果需要内业进一步处理，需要具备一定的测量学知识。

(2) 填图法

填图法可以采用 1：(1000~5000) 地形图作为工作底图，进行现场勾绘。实际查勘中可以使用手持 GPS 作为辅助工具，通过现场查勘，记录各防治分区节点、边界点等重要位置的坐标或记录轨迹，将记录的坐标、轨迹反馈到工作底图上，结合现场查勘情况、遥感影像资料等，勾画各防治分区的边界线，通过平面几何计算或运用程序软件进一步计算各分区的防治责任范围；或者利用项目区平面布置图，选取各防治分区中有代表性的区域，在项目现场实地判读平面布置图边界与实际扰动边界的一致性，然后利用 CAD、ArcGIS 等软件进行内业修正、勾画，最终统计出实际发生的防治责任范围。

填图法适用于掌握项目区大比例尺地形图、占地面积较小或较为集中的项目，精度与工作底图精度和现场勾绘的准确度直接相关。在实际操作中填图法可以与遥感测量法结合使用。

(3) 遥感测量法

遥感测量法是指运用遥感影像进行量测，根据遥感影像获取平台的不同，可以分为遥感卫片测量和遥感航片测量两类。

①遥感卫片测量法。宜采用高分辨率影像，可以使用 Landsat、SPOT、高分系列、资源系列等卫星遥感数据作为工作数据，通过软件对卫片进行校正、解译等内业处理，结合项目区平面布置和现场调查情况，在处理好的卫片上勾画各防治分区的边界线，计算各分区防治责任范围。例如，掌握不同时间分辨率的卫片数据，可以通过不同时段的对比，分析、核实防治责任范围的变化情况。遥感卫片测量法的优点是尺度大、范围广、调查范围全面，缺点是卫片处理耗费时间，需具备一定的遥感基础知识，同时卫片的时间分辨率和空间分辨率相对较低，适用于占地范围大、无法使用无人机或使用无人机飞行困难的项目。

在实际操作中，常使用奥维地图、91 卫图、BIGEMAP、GoogleEarth 等软件作为数据处理平台，根据实际工作需要加载合适的遥感数据作为工作底图，结合影像纹理特征、项目区平面布置图、现场调查记录坐标或轨迹等勾画防治责任范围面积。这种卫片测量法不需要进行卫片的内业处理，节省了部分时间，存在的主要问题也是受限于卫片的时间分辨率和空间分辨率，导致调查精度不能很好地满足实际需求。

②遥感航片测量法。是指使用航空相片作为数据源的测量方式，常用遥感平台包括飞机 (包括有人机和无人机)、气球、飞艇等。近些年，随着无人机技术的发展和成熟，无人机 (包括固定翼无人机和旋翼无人机) 作为采集低空相片的一种平台，具有轻小、影像实时传输、成本低、高分辨率、机动灵活等优点，在实际使用中获得了越来越广泛的应用，是卫星遥感与有人机航空遥感的有力补充。使用无人机调查防治责任范围时，一般先使用无人机按照固定航迹拍摄正射照片，经软件处理后获取查勘场地正射影像，结合项目区平面布置图和现场调查情况，勾画各防治分区的边界线，再通过软件计算各分区扰动面积。

8.3.4.2 水土保持措施查勘

(1) 实地测量法

针对水土保持工程措施,既可以通过现场调查措施外观完好和完整程度,使用手持GPS、测距仪、皮尺、测绳、测尺等仪器量测措施的断面尺寸和长度、面积等工程量,也可以根据需要使用全站仪、经纬仪、水准仪等仪器进行定位和测量,获取已实施工程措施的准确工程量。

针对水土保持植物措施,可以通过样方法抽查样地内的植物类型和生长状况,采用样地法或样线法调查乔(灌)木的保存率和成活率。

(2) 填图法

填图法仅适用于调查各项水土保持措施的长度、面积等工程量情况。

针对水土保持工程措施,可以采用1∶(1000~5000)地形图作为工作底图,使用手持GPS记录需查勘工程措施边界各节点,将记录的坐标、轨迹反馈到工作底图上,勾画各项措施的边界线,通过平面几何计算或者运用软件进一步计算各项措施的长度、面积等工程量;或者利用项目区施工图或竣工图,选取典型措施,在项目现场实地判读措施边界与图纸中边界的一致性,然后利用CAD等软件进行内业修正、勾画,最终统计出实际实施的数量。

水土保持植物措施长度、面积等工程量情况的统计方法与工程措施基本一致。

(3) 遥感测量法

各类水土保持措施相比防治责任范围分布更为集中、面积更小、时间动态变化更大,因此,在实际操作中使用卫星遥感、有人机航空遥感等遥感影像往往受限于空间分辨率和时间分辨率,调查精度、匹配度和准确度相对较差,较为实用和准确的遥感测量方法是使用无人机获取低空遥感数据。

针对水土保持工程措施,可以使用无人机拍摄覆盖目标区域的单幅图像,通过人眼定性识别获取目标区域工程措施实施情况。按照固定航迹拍摄正射照片,经软件处理后获取查勘场地正射影像,结合项目区水土保持措施施工图和现场调查情况,勾画各类措施边界线,再通过软件计算措施面积。除了位置、长度、面积、分区情况等信息,还可以利用无人机倾斜摄影技术同时采集查勘样地的正向和侧向照片,进行三维立体模型构建,从三维模型上直观观察工程防护措施的完整程度等内容。

水土保持植物措施的查勘方法与工程措施一样,可以使用无人机拍摄覆盖目标区域的单幅图像,定性识别目标区域植物措施实施情况。通过获取正射影像调查各类植物措施的位置、长度、面积、分布情况、秃斑面积等具体信息,经过软件处理分析获取植被保存率、成活率、覆盖率等信息。当林冠较为茂盛无法通过正射影像获取更多信息时,也可以用无人机获取数据构建三维模型直观观察树木的成活率和保存率。

8.3.4.3 水土流失现象、危害或隐患情况查勘

(1) 现场巡查法

通过实地调查、走访项目区建设相关人员或周边居民等方式调查实际造成的水土流失分布情况、水土流失对主体工程和周边重要设施等造成的影响及危害、存在的隐患等定性

内容。

(2) 实地测量法

水土流失面积可以参照防治责任范围的调查方法采用手持 GPS、经纬仪、水准仪、全站仪等设备测量。如发生崩塌、滑坡、泥石流等水土流失灾害，可以采用测绳、测尺、测距仪、手持 GPS 等设备实测滑坡体体积以及损毁的主体工程和重要设施的尺寸、面积、体积等具体信息。

(3) 遥感测量法

与水土保持措施类似，水土流失现象和危害等信息分布集中、面积较小、时间动态变化更大，使用卫星遥感、有人机航空遥感等遥感影像调查效果相对较差，较为实用和准确的遥感测量方法也是使用无人机获取低空遥感数据。

通过无人机拍摄覆盖目标区域的单幅图像，可以定性判读水土流失分布情况、水土流失对主体工程和周边重要设施等造成的影响及危害、存在的隐患等内容。通过采集数据获取正射影像，结合现场调查情况，可以准确解译水土流失分布情况，勾绘水土流失图斑，测量面积。通过无人机采集数据构建三维模型，可以更为直观地观察水土流失对主体工程和周边重要设施等造成的影响及危害、存在的隐患，并采集相应的数据。

8.3.4.4 弃土(渣)场、取土(料)场查勘

弃土(渣)场、取土(料)场是现场查勘的重点和难点，也是必须逐一查勘的内容。弃土(渣)场、取土(料)场的查勘内容涵盖了防治责任范围、水土保持措施、周边敏感因素、水土流失现象、危害和隐患情况等诸多要素，在实际调查中要根据调查内容和场地条件灵活选取合适的查勘方法。

弃土(渣)场查勘案例

弃土(渣)场、取土(料)场的占地面积可以参照防治责任范围的调查方法获取，实施的各类工程和植物措施可以参照水土保持措施的调查方法获取，水土流失现象、危害和隐患情况可以参照上述同类内容的调查方法获取。弃土(渣)场和取土(料)场的水土流失现象、危害和隐患情况可以采用实地测量法和遥感测量法获取。

(1) 实地测量法

可以采用测绳、测尺、测距仪、手持 GPS 等设备调查弃土(渣)场的最大堆渣高度、分级数量、台阶宽度、堆渣坡比以及取土(料)场的最大取料深度(高度)、边坡分级、坡比等具体特性参数。针对堆渣量和取料量的调查，可以使用经纬仪、水准仪、全站仪等设备开展测量获取地形图，并利用项目区原始地形图数据，计算得到较为精确的数据。

(2) 遥感测量法

弃土(渣)场、取土(料)场都是分布集中、动态变化大的点型区域，采用大尺度、时间滞后的卫星遥感、有人机航空遥感进行调查适用性较差，较为实用和准确的遥感测量方法是使用无人机获取低空遥感数据。

除了获取弃土(渣)场和取土(料)的尺寸、面积等平面信息外，非常重要的内容是获取高度、体积等三维信息。因此，在调查中除了使用无人机拍摄单幅照片和生成正射影像外，往往需要通过无人机采集数据构建三维模型。

通过正射影像，勾画项目区内的弃土（渣）场、取土（料）场，标识详细位置并计算其数量和面积，利用数字高程模型计算堆高，利用三维模型依据体积的计算方式计算方量。需要注意的是，通过软件分析计算得到的体积，其准确性很大程度取决于弃渣或取料前的原始高程，如有条件，在堆渣或取料前最好先使用无人机采集原地貌数据或结合水准仪、全站仪、RTK 等测量方法获取准确高程。

8.4 实施情况分析

实施情况分析是对验收时需关注的各项水土保持工作内容在资料收集、现场查勘的基础上进行归纳整理、综合评判的过程。其具体分析内容包括水土保持法定义务履行情况、水土流失防治任务完成情况、水土保持工作组织情况等。

8.4.1 水土保持法定义务履行情况

水土保持法定义务履行情况的主要内容是项目法人项目前期工作和施工过程中的水土保持相关程序性工作，对其是否符合《水土保持法》和相关法规要求做出客观评价，以合规性、完备性作为验收的主要标准。主要包括以下内容：

(1) 水土保持（变更）方案编报及审批情况

水土保持（变更）方案是水土保持设施验收最重要的依据之一，因此宜在验收工作初始阶段就收集水土保持方案并熟悉方案设计的各项内容，依次查验是否编制了水土保持方案，是否报送水行政主管部门，是否获取了水行政主管部门的批复，同时查验方案编制、报送、取得批复等时间节点与项目开工日期的关系。

验收时需严格对照国家相关法律法规关于水土保持方案变更的规定，将项目实际实施情况与水土保持方案报告设计内容进行比对，逐项查验是否满足水土保持方案变更条件，应特别注意项目建设过程中出现水土保持方案经批准后生产建设项目地点、规模发生重大变化，水土保持措施发生重大变化，弃土（渣）场的弃渣量及位置发生变化等情况，对于查验发现的重大变更，应详细列表说明变更原因、内容、过程、合理性评价等要素。如发现满足变更条件，需依次核实是否编制了水土保持方案变更报告、是否报送水行政主管部门、是否获取了水行政主管部门的批复。

本项内容的查验方法以资料查阅为主，辅以现场调查。

(2) 水土保持后续设计开展情况

水土保持后续设计验收时，应对照水土保持方案和已编制的水土保持分部工程清单和单位工程清单，按水土保持分部工程和单位工程逐一查验，确定初步设计是否开展，资料是否齐全。对于缺少初步设计的分部工程和单位工程，应列出清单并调查缺失原因。

随着设计阶段的深化和细化，工程设计的内容也会随之调整和完善，相应的水土保持设计也可能会发生变化，除上述发生水土保持重大变更需编报水土保持方案变更报告书的情况外，项目建设中还有可能发生一般设计变更。针对一般设计变更，不需要履行水土保持方案变更手续，但需查验是否履行了设计变更手续，变更内容是否符合水土保持方案批复和水土保持标准、规范的要求。

本项内容的查验方法以资料查阅为主。

(3) 水土保持监测开展情况

水土保持监测开展情况通过系统查验监测实施方案、监测原始点位记录表、监测季报、监测年报、监测意见、监测总结报告、监测原始影像资料等监测成果，逐一分析核实监测工作是否同步开展，监测点的布置是否合理，监测频次是否满足规范的要求，监测报告是否完备，重要防护对象的影像记录保存情况是否完整等内容，重点是复核各资料数据的相符性、数据与影像的协同性、数据与现场的一致性。如监测进场较晚，应对监测缺失时段数据的来源和准确性进行重点查验。最后对水土保持监测工作是否合规，监测结果是否合格做出明确结论。

本项内容的查验方法以资料查阅为主，辅以现场调查。

(4) 水土保持监理开展情况

水土保持监测开展情况通过系统查验监测规划、实施细则、日志、月报、总结报告、项目划分和质量评定材料等监理成果，逐一分析核实监理是否同步开展，水土保持监理工作的组织机构，监理的质量、进度和投资控制情况，监理的措施和方法等内容。重点是复核监理资料是否齐全，数据是否准确，监理职责是否履行，同样最后需对水土保持监理工作是否合规，监理结果是否合格做出明确结论。

本项内容的查验方法以资料查阅为主。

(5) 水土保持补偿费缴纳情况

水土保持补偿费缴纳情况主要通过查验水土保持补偿费缴纳原始单据，明确补偿费缴纳数量、时间及缴纳的对象是否满足国家或地方关于水土保持补偿费缴纳的要求。对于存有减免水土保持补偿费缴纳的情况，应对照国家或地方关于减免的要求，核实减免原因是否属实。

本项内容的查验方法以资料查阅为主。

8.4.2 水土流失防治任务完成情况

水土流失防治任务完成情况是水土保持设施验收的重点内容，涉及较多数据，是验收工作的难点内容。在工作开展中除查阅资料外，还应结合现场调查、遥感影像复核等方式，采取必要的测量方法，获取尽量准确、翔实的现场数据，判断项目建设过程中是否完成了各项水土流失防治任务，并对能否通过水土保持设施竣工验收做出明确结论。主要包括以下内容：

水土流失防治任务完成情况编报案例

(1) 复核水土流失防治责任范围

验收时通过查阅项目建设过程中征占地资料、水土保持监测资料，结合前述关于防治责任范围的查勘方法，统计工程建设征占地面积，对照批复的水土保持方案，分析项目实际水土流失防治责任范围的变化情况及原因。对于线型项目，可以按防治分区、施工标段抽取扰动断面查验。对于弃土(渣)场等重要防护对象，应利用无人机、遥感影像、全站仪等设施和技术手段逐一查验。

(2) 水土保持措施实施完成情况

水土保持措施是防治工程建设水土流失的关键内容，是水土保持方案和后续设计的核心环节之一,因而是水土保持设施竣工验收的重点内容之一。

验收时应参照水土保持方案和后续设计内容,根据所涉及水土保持措施的分部工程和单位工程验收鉴定书(或签证),结合前述关于水土保持措施的查勘方法,按照防治分区统计水土保持的措施类型、数量和投资情况。

对于工程措施和植物措施,应对照设计内容,对工程的断面尺寸、材料或品种、外观描述等进行现场核查和量测,查验是否满足设计标准和运行要求,分析是否按照批复水土保持方案及后续设计的要求完成。对于与设计不相符的,应征求设计单位意见,进一步确认是否满足水土流失防治要求。

(3) 弃土(渣)场堆置及防护情况

弃土(渣)场堆置及防护情况是水土保持验收的重点、难点和关键工作,查验难度高、工作量大、技术要求高、安全责任重大,应引起高度重视。

通过前述关于弃土(渣)场查勘方法,结合查阅资料,重点分析土石方平衡及流向情况,以及弃土(渣)场堆置方案及防护措施是否符合批复水土保持方案及后续设计的要求。

具体来说,需明确弃土(渣)场选址是否合理,特别是位于沟道、山谷以及周边有敏感设施的弃土(渣)场,应科学严谨地做出结论,还需对弃渣来源和流向、土石方平衡、是否存有弃渣、弃渣是否综合利用、弃渣堆置情况、防护设施实施情况是否满足防治要求进行仔细查验。如弃渣在施工过程中综合利用,需有相关利用协议。针对等级较高、风险较大、需要开展稳定性评估的弃土(渣)场,应该对稳定性评估的资料是否完整、数据是否准确、结论是否属实进行重点查验。

(4) 取土(料)场开采及防护情况

取土(料)场开采及防护情况也是水土保持验收的重点、难点和关键工作,应引起高度重视。

采取前述关于取土(料)查勘方法,结合查阅资料,重点分析取土(料)场开采方案及防护措施是否符合批复水土保持方案及后续设计的要求。具体来说,需对取土(料)场的选址的合理性、土石方平衡情况、取料使用情况、开采方案合理性、防护设施实施情况是否满足防治要求等内容逐一开展核查。

(5) 表土剥离保护情况

通过查阅项目施工、监理监测记录及影像资料,确认表土剥离实施情况;复核各防治区是否按批复水土保持方案及后续设计要求完成表土剥离和保护,重点复核堆置位置和时间、采取的防护措施、表土利用情况等内容,综合评价表土剥离是否落实到位,防护措施是否有效。

8.4.3 水土流失防治效果情况

水土流失防治效果的验收工作以查阅资料、现场查勘为主,通过定量和定性相结合的分析,对项目水土保持工作开展完成情况进行最终评判。主要包括以下内容:

(1) 水土流失控制及水土保持设施的功能发挥情况

验收过程中,主要以现场巡查为主,结合查阅监理、监测等材料,通过调查项目建设过程中扰动范围是否得到有效控制、工程和植物措施实施是否及时、临时措施落实是否到位，以及现场是否有侵蚀沟、滑塌等水土流失现象发生，综合判断水土流失是否得到有效控制。同时，通过调查水土保持设施是否按设计建成，运行是否正常，是否有渣体溢出、排水不畅、质量缺陷、植被恢复不到位、地表裸露等问题，来综合评价水土保持措施是否正常运行并发挥应有的功能。

(2) 重要防护对象水土流失危害及隐患排查情况

重要防护对象是指容易发生水土流失危害及隐患的工程部位。验收时重要防护对象需全部进行核查，建议利用无人机等设备对周边进行全面核查。具体来说，需要重点分析弃土(渣)场是否存在稳定安全隐患，是否需要开展稳定安全评估，已开展稳定安全评估工作的弃土(渣)场是否有明确结论等内容。

(3) 水土流失防治目标达到情况

主要通过查阅监理、监测等资料，结合现场查勘，分析水土流失防治各项指标是否达到水土保持方案确定的目标。

针对验收时可量测的指标，通过现场实测复核评价结果的真实性；针对验收时不可量测的指标，主要通过查阅过程资料，评价结果的合理性。如存在不达标的指标，需说明客观原因，评价其对水土流失防治效果的影响及发展趋势。

8.4.4 水土保持工作组织情况

生产建设项目水土保持工作涉及建设单位、设计单位、施工单位、监理单位、监测单位等多家参建和水土保持技术服务单位，各单位组织结构、人员配置、工作流程差异较大，需水土保持设施验收报告编制单位对相关内容进行系统、完整的梳理。水土保持工作组织情况验收也是通过以资料查阅为主、辅以现场调查的方法，对各参建单位工作组织的程序完整性、资料完备性、流程规范性、数据真实性等内容进行定性评价。主要包括以下内容：

水土保持工作组织情况编报案例

(1) 建设单位的水土保持管理机构、人员、制度等建立情况

主要通过查阅相关文件，检查建设单位的水土保持管理机构是否完整明确、人员是否健全、制度是否建立等情况，综合评价建设单位是否有效实施了水土保持管理。

(2) 水土保持监测资料的规范性、完整性和可靠性

主要通过查阅水土保持监测资料和成果，分析水土保持监测资料的规范性、完整性和可靠性。重点分析是否完成了水土保持监测实施方案并有效实施监测，是否按期提交了监测季报、总结报告和影像资料等成果，监测成果是否满足规程规范的要求。

(3) 水土保持监理资料的规范性和完整性

主要通过查阅水土保持监理资料和成果，重点分析是否完成了水土保持监理规划或实施细则并有效实施监理、涉及水土保持措施的单元工程质量评定、分部工程和单位工程鉴定书(或签证)，是否按期提交了监理月报、总结报告等成果，监理成果是否满足规程规范的要求。

(4) 水行政主管部门水土保持监督检查意见的落实情况

项目建设过程中，各级水行政主管部门会对项目建设中的水土保持工作开展情况进行监督检查，并对存在的问题提出具体的意见。因此，验收时需逐条梳理监督检查意见，查验意见回复情况和落实完善情况,并对落实完善工作的真实性、时效性和有效性进行综合评价。

(5) 水土保持设施的运行、管理及维护情况

水土流失防治工作并不是随着竣工验收而终结,项目运行过程中水土保持设施能否持续发挥水土保持效益、水土流失防治工作是否明确责任主体是验收工作结束后的重要问题,因此,验收时需通过查阅相关手续、协议等资料,核实分析水土保持设施运行、管理和维护机构的人员及责任是否落实到位、责任主体是否具备相应能力等相关内容。

8.5 验收报告

水土保持设施验收报告主要包括 8 个章节内容的编制,扫码查看具体内容。

8.6 现场验收与报备

8.6.1 自验前开展的工作

水土保持设施建成后,建设单位(或项目法人)对照验收内容和条件,组织水土保持方案编制、设计、施工、监理、监测等单位开展工程竣工水土保持设施验收准备工作。基本具备验收条件后,组织编制水土保持设施验收报告。

(1) 自查内容

建设单位(或项目法人)水土保持自查的内容包括:水土保持方案及方案变更(含弃渣场补充)的批复情况、后续设计落实情况;水土保持措施的实施情况以及涉及水土保持措施的分部工程、单位工程的验收情况;水土保持监理、监测工作开展情况;弃渣场安全稳定评估工作开展情况;水行政主管部门监督检查意见的落实情况;水土保持补偿费的缴纳情况。

(2) 自查要求

项目法人(或建设单位)在组织编制水土保持设施验收报告前、自查准备完成后应达到下列条件:水土保持方案及方案变更(含弃渣场补充)已批复,后续设计已落实;水土保持措施已基本实施完成,涉及水土保持措施的分部工程、单位工程验收已基本完成;水土保持监理、监测工作已开展;弃渣场安全稳定评估工作已开展;水行政主管监督检查意见已基本落实;水土保持补偿费已足额缴纳。

(3) 自查程序

生产建设项目水土保持设施验收一般应按照编制验收报告→组织竣工验收→公开验收情况→报备验收材料的程序开展。

编制水土保持方案报告书的生产建设项目,其生产建设单位应当组织第三方机构编制水土保持设施验收报告。水土保持设施验收报告结论为具备验收条件的,生产建设单位组织开展水土保持设施竣工验收,形成的水土保持设施验收鉴定书应当明确水土保持设施验收合格与否的结论。

编制水土保持方案报告表的生产建设项目,不需要编制水土保持设施验收报告。生产建设单位组织开展水土保持设施竣工验收时，验收组当中应当有至少一名省级水行政主管部门水土保持方案专家库专家参加并签署意见，形成的水土保持设施验收鉴定书应当明确水土保持设施验收合格与否的结论。

8.6.2 现场验收的组织实施

水土保持设施现场验收应在第三方提交水土保持设施验收报告后、生产建设项目投产运行前完成。现场验收由建设单位(或项目法人)组织开展，并成立由建设单位(或项目法人)和水土保持设施验收报告编制、监理、监测、方案编制、设计、施工等有关单位代表组成的验收组。建设单位(或项目法人)可根据生产建设项目的规模、性质、复杂程度等情况邀请水土保持专家加入验收组。现场验收一般包括现场查勘、资料查阅、验收会议等环节。

现场验收应具备下列条件：水土保持设施按批准的水土保持方案及其设计文件的要求建成；水土保持方案变更及设计变更手续完备；水土保持设施具备正常运行条件，且能持续、安全、有效运行，重要防护对象不存在严重水土流失危害隐患；验收准备和验收报告编制中发现的主要问题和质量缺陷已基本处理完毕，尾工基本完成；水土保持设施的管理、维护责任已落实；水土保持验收报告、方案(含变更)编制、后续设计、施工、监理、监测、管理等档案资料等齐备；符合国家规定的其他条件。

现场验收程序符合下列规定：确定验收组；现场检查水土保持设施建设及其运行情况，选择有代表性、典型性的水土保持设施进行查看，有重要防护对象的应重点查看；查阅水土保持验收材料及档案资料，对验收资料进行重点抽查，并对抽查资料的完整性、合规性提出意见。验收组查阅内容参见表8-5和表8-6。召开验收会议，相关参建单位对工作开展情况进行汇报，验收组开展质询讨论，形成验收意见。

表8-5 水土保持设施自主验收资料清单

序号	资料名称	单位工程验收	竣工验收
1	项目立项(审批、核准、备案)文件	—	√
2	主体工程设计相关资料	√	√
3	水土保持分部工程、单位工程验收资料	—	√
4	水土保持方案(含变更)及其批复文件	√	√
5	水土保持初步设计和施工图设计及其审批(审查、审定)意见	√	√
6	各级水行政主管部门监督检查及落实情况	√	√
7	水土保持监理总结报告及原始资料	—	√
8	水土保持监测总结报告及原始资料	—	√
9	水土保持设施验收报告	—	√

表8-6 验收备查的资料清单

序号	资料名称	竣工验收
1	主体工程设计相关资料	√
2	移民专项工程设计资料	√

(续)

序号	资料名称	竣工验收
3	水土保持分部工程质量评定资料	√
4	水土保持单位工程质量评定资料	√
5	水土保持监理过程资料（监理规划、实施细则、监理日志、月报、年报等）	√
6	水土保持监测过程资料（监测实施方案、监测记录、季报、专项报告等）	√
7	水土保持有关管理制度、文件、会议纪要及重大事件资料等	√
8	水土保持工程及相关招投标、合同等资料	√
9	水土保持有关结算资料	√
10	水土保持公众调查意见	√
11	上述材料的电子文件资料	√
12	其他资料	√

召开验收会议按以下程序执行：宣布验收会议议程；宣布验收组成员名单；观看水土保持影像资料；水土保持方案编制、监理、监测、施工、验收报告编制等单位分别汇报相应工作及成果；验收组质询、讨论并发表个人意见；讨论形成验收意见和结论；验收组成员在"验收意见"上签字，验收合格意见必须经 2/3 以上验收组成员同意并签字，保留意见或持有异议的，应有明确记载并签字。水土保持设施验收通过现场后，按要求制订相应的水土保持设施验收鉴定书。

8.6.3 验收通过

自主验收合格具备下列条件：水土保持方案（含变更）编报、初步设计和施工图设计等手续完备；水土保持监测资料齐全，成果可靠；水土保持监理资料齐全，成果可靠；水土保持设施按经批准的水土保持方案（含变更）、初步设计和施工图设计建成，符合国家、地方、行业标准、规范、规程的规定；水土流失防治指标达到了水土保持方案批复的要求；重要防护对象不存在严重水土流失危害隐患；水土保持设施具备正常运行条件，满足交付使用要求，且运行、管理及维护责任得到落实。

存在下列情况之一的竣工验收结论应为不通过：未依法依规履行水土保持方案及重大变更的编报审批程序的；未依法依规开展水土保持监测或补充开展的水土保持监测不符合规定的；未依法依规开展水土保持监理工作；废弃土石渣未堆放在经批准的水土保持方案确定的专门存放地的；水土保持措施体系、等级和标准未按经批准的水土保持方案要求落实的；重要防护对象无安全稳定结论或结论为不稳定的；水土保持分部工程和单位工程未经验收或验收不合格的；水土保持监测总结报告、监理总结报告等材料弄虚作假或存在重大技术问题的；未依法依规缴纳水土保持补偿费。

8.6.4 报备

(1) 公开验收情况

除按国家规定需要保密的情形外，生产建设单位应当在水土保持设施验收合格后，通过其官方网站或其他便于公众知悉的方式向社会公开水土保持设施验收鉴定书、水土保持设施验收报告书和水土保持监测总结报告，公开时间不得少于 20 个工作日。对于公众反映的主要问题和意见，生产建设单位应当及时给予处理或回应。

(2) 报备材料准备

编制水土保持方案报告书的生产建设项目，其水土保持设施验收报备材料包括建设单位自主验收报备申请函、自主验收报备申请表、水土保持设施验收鉴定书、水土保持设施验收报告书、水土保持监测总结报告和光盘各两套。编制水土保持方案报告表的验收材料为水土保持设施验收鉴定书。

材料要求：

①建设单位自主验收报备申请函。建设单位正式红头文件，加文号、加盖公章。建设单位自主验收报备申请表，加盖建设单位公章，格式详见《水利部水土保持司关于印发生产建设项目水土保持设施自主验收报备申请、报备回执及验收核查意见参考式样的通知》。

②水土保持设施验收鉴定书。验收组签字要原件，封面加盖公章原件。格式符合《水利部关于加强事中事后监管规范生产建设项目水土保持设施自主验收的通知》规定的式样文本，并满足《水利部办公厅关于印发生产建设项目水土保持技术文件编写和印制格式规定(试行)的通知》的规定。

③水土保持设施验收报告、水土保持监测总结报告。责任页要手签字原件，封面或扉页加盖公章原件，章节目录符合示范文本要求，并满足《水利部办公厅关于印发生产建设项目水土保持技术文件编写和印制格式规定(试行)的通知》的规定。

④光盘。PDF 格式(全部扫描，不要漏页)：包括建设单位的报备申请函、水土保持设施验收鉴定书、水土保持设施验收报告、水土保持监测总结报告(含监测周期内季报第一期和最后一期)、监测资料(所有季报、年报)。同时提供视频资料(视频内容包括生产建设项目水土流失防治全景式低空航拍和重要单位工程水土流失防治措施和效果等影像，格式为 RM、RMVB 和 MPEG4、MP4 等通用格式)。

生产建设单位应当在水土保持设施验收通过 3 个月内，向审批水土保持方案的水行政主管部门报备水土保持设施验收材料。生产建设单位、第三方机构和水土保持监测机构分别对水土保持设施验收鉴定书、水土保持设施验收报告和水土保持验收报告和水土保持监测总结报告等材料的真实性负责。

对编制水土保持方案报告表的生产建设项目，其水土保持设施验收及报告的程序和要求，各省级水行政主管部门可根据当地实际适当简化。

(3) 报备管理

对生产建设单位报备的水土保持设施验收材料完整、符合格式要求且已经向社会公开的，各级水行政主管部门在 5 个工作日内出具水土保持设施验收报备证明，并在门户网站进行公告。对报备材料不完整或者不符合相应格式要求的，应当在 5 个工作日内一次性告知生产单位需要补正的全部内容。水利部审批水土保持方案的生产建设项目(《水利部关于〈下放部分生产建设项目水土保持方案审批和水土保持设施验收审批权限〉的通知》已下放审批权限的除外)，生产建设单位应向水利部进行报备。

复习思考题

1. 生产建设项目水土保持设施验收与水土保持方案编制、水土保持监测、水土保持监理的联系是什么？

2. 试简要概述水土保持设施验收现场查勘的重点和主要方法。

3. 请简要分析水土保持设施验收工作中验收报告编制单位、生产建设单位的主要职责和工作内容。

参 考 文 献

符素华,刘宝元. 土壤侵蚀量预报模型研究进展[J]. 地球科学进展,2002(1):78-84.
郭廷辅,段巧甫. 水土保持径流调控理论与实践[M]. 北京:中国水利水电出版社,2004.
贺康宁,王治国,赵永军. 开发建设项目水土保持[M]. 北京:中国林业出版社,2009.
姜德文,亢庆. 生产建设项目水土保持天地一体化监管技术研究[M]. 北京:中国水利水电出版社,2016.
姜德文. 科学精准高效推进水土保持放管服改革[J]. 中国水利,2021(22):41-43.
蒋学玮,姜德文. 水土保持方案质量与实效提升方向[J]. 中国水土保持,2023(1):8-12,5.
刘晨曦,蒲坚,李建明,等. 无人机技术在水土保持措施设计精细化中的应用与研究[J]. 中国水土保持,2022(3):12-15.
水利部水利水电规划设计总院. 水土保持设计手册:专业基础卷[M]. 北京:中国水利水电出版社,2018.
孙中峰,杨文姬. 生产建设项目水土保持植物措施对位配置理论与实践[J]. 中国水土保持,2020(11):23-26.
唐克丽. 黄土高原水蚀风蚀交错区治理的重要性与紧迫性[J]. 中国水土保持,2000(11):13-14,19,44.
唐克丽. 中国土壤侵蚀与水土保持学的特点及展望[J]. 水土保持研究,1999(2):3-8.
王礼先,朱金兆. 水土保持学[M]. 北京:中国林业出版社,2005.
于贵瑞,李文华,邵明安,等. 生态系统科学研究与生态系统管理[J]. 地理学报,2020,75(12):2620-2635.
余新晓,毕华兴. 水土保持学[M]. 3版. 北京:中国林业出版社,2014.
张玉斌,王昱程,郭晋. 水土保持措施适宜性评价的理论与方法初探[J]. 水土保持研究,2014,21(1):47-55.
赵英时. 遥感应用分析原理与方法[M]. 北京:科学出版社,2003.
中国水土保持学会水土保持规划设计专业委员会. 生产建设项目水土保持设计指南[M]. 北京:中国水利水电出版社,2011.
住房和城乡建设部. 生产建设项目水土保持技术标准:GB 50433—2018[S]. 北京:中国计划出版社,2018.
住房和城乡建设部. 生产建设项目水土保持监测与评价标准:GB/T 51240—2018[S]. 北京:中国计划出版社,2018.
住房和城乡建设部. 生产建设项目水土流失防治标准:GB/T 50434—2018[S]. 北京:中国计划出版社,2018.
住房和城乡建设部. 水土保持工程调查与勘测标准:GB/T 51297—2018[S]. 北京:中国计划出版社,2018.
住房和城乡建设部. 水土保持工程设计规范:GB 51018—2014[S]. 北京:中国计划出版社,2018.
DOTTERWEICH M. The history of human-induced soil erosion: Geomorphic legacies, early descriptions and research, and the development of soil conservation—A global synopsis[J] Geomorphology, 2013, 201:

1-34.

HUANG X, FANG N F, SHI Z H, et al. Decoupling the effects of vegetation dynamics and climate variability on watershed hydrological characteristics on a monthly scale from subtropical China[J]. Agriculture, Ecosystems & Environment, 2019, 279: 14-24.

MAETENS W, POESEN J, VANMAERCKE M. How effective are soil conservation techniques in reducing plot runoff and soil loss in Europe and the Mediterranean? [J]. Earth-Science Reviews, 2012, 115: 21-36.

SHI Z H, FANG N F, WU F Z, et al. Soil erosion processes and sediment sorting associated with transport mechanisms on steep slopes[J]. Journal of Hydrology, 2012, 454: 123-130.

XIONG M, SUN R, CHEN L. A global comparison of soil erosion associated with land use and climate type[J]. Geoderma, 2019, 343: 31-39.

XIONG M, SUN R, CHEN L. Effects of soil conservation techniques on water erosion control: A global analysis [J]. Science of the Total Environment, 2018, 645: 753-760.